eye

守望者

——

到灯塔去

江苏省高校一流本科专业建设经费

两种文明的决裂

卢梭与休谟共和思想比较研究

陆一歌 著

南京大学出版社

图书在版编目(CIP)数据

两种文明的决裂：卢梭与休谟共和思想比较研究/陆一歌著. —南京：南京大学出版社，2023.3
 ISBN 978-7-305-26405-4

Ⅰ. ①两… Ⅱ. ①陆… Ⅲ. ①卢梭(Rousseau, Jean Jacques 1712-1778)-哲学思想-研究 ②休谟(Hume, David 1711-1776)-哲学思想-研究 Ⅳ. ①B565.26 ②B561.291

中国版本图书馆 CIP 数据核字(2022)第 244610 号

出版发行	南京大学出版社
社　　址	南京市汉口路 22 号　　邮　编 210093
出 版 人	金鑫荣
书　　名	两种文明的决裂：卢梭与休谟共和思想比较研究
著　　者	陆一歌
责任编辑	甘欢欢
照　　排	南京紫藤制版印务中心
印　　刷	江苏扬中印刷有限公司
开　　本	880 mm×1230 mm　1/32　印张 11　字数 247 千
版　　次	2023 年 3 月第 1 版　2023 年 3 月第 1 次印刷
ISBN	978-7-305-26405-4
定　　价	62.00 元

网　　址　http://www.njupco.com
官方微博　http://weibo.com/njupco
官方微信　njupress
销售咨询　025-83594756

* 版权所有，侵权必究
* 凡购买南大版图书，如有印装质量问题，请与所购图书销售部门联系调换

目 录

绪论 / 001

第一章　卢梭与休谟共和思想产生的背景 / 025
　第一节　学术生平与成就 / 026
　　一、卢梭及其学术轨迹 / 026
　　二、休谟及其学术成就 / 031
　第二节　时代背景与学术影响 / 035
　　一、18世纪启蒙运动与启蒙哲学家 / 035
　　二、卢梭与法国启蒙哲学家的交往 / 038
　　三、休谟与法国启蒙哲学家的关系 / 041
　第三节　18世纪文人共和国的内在紧张：
　　　　　"卢梭-休谟事件" / 046
　　一、"卢梭-休谟事件"的历史语境 / 046
　　二、卢梭与休谟矛盾的激化 / 050
　　三、事件的影响及其反思 / 053

第二章　卢梭与休谟的共和主义自由观 / 061
　第一节　卢梭的共和主义自由观 / 064
　　一、社会契约与公民自由 / 064

二、公意与公共利益 / 070

三、法律与社会自由 / 075

第二节　休谟的共和主义自由观 / 080

一、个人利益与公共利益 / 080

二、财产权的正义规则论 / 088

三、商业与公民自由 / 093

第三节　卢梭与休谟自由观的碰撞 / 102

一、自然权利学说的争辩：拓展与批驳 / 103

二、社会契约论的辩驳：革新与批判 / 109

三、商业社会公民自由的论争：赞扬与抨击 / 114

第三章　卢梭与休谟的共和主义政体观 / 121

第一节　卢梭的共和主义政体观 / 122

一、主权者与政府 / 122

二、人民主权论 / 128

三、政体类别的三种划分：单一政体的缺陷 / 137

第二节　休谟的共和主义政体观 / 145

一、政府权威与公民服从理论 / 146

二、文明政体与野蛮政体 / 153

三、君主政体的辩护：自由君主制与专制君主制 / 157

第三节　卢梭与休谟政体观的冲突 / 168

一、人民主权 VS 议会主权 / 169

二、古代共和国 VS 现代共和国 / 173

三、小型共和国 VS 大型共和国 / 176

四、塑造人性 VS 防范人性 / 179

第四章 卢梭与休谟的共和主义德性观 / 184

第一节 卢梭的德性观及其政治美德 / 185
一、卢梭的共和主义德性观与公民美德 / 185
二、卢梭政治美德的情感基础:自爱与同情 / 194
三、卢梭人性理论的两个向度 / 198

第二节 休谟的德性观及其同情论 / 206
一、休谟德性理论的基本观点 / 207
二、正义是人为之德 / 212
三、休谟的同情论与基本道德原则 / 215

第三节 卢梭与休谟德性观的分歧与调和 / 218
一、自爱 VS 自私:人性善恶之辩 / 219
二、卢梭与休谟道德情感论的二元维度 / 231
三、情感主义进路上的调节与互补 / 239

第五章 卢梭与休谟共和思想的评估 / 242

第一节 卢梭与休谟共和思想的历史价值 / 243
一、卢梭共和思想的历史影响 / 243
二、休谟共和思想的历史意义 / 248

第二节 卢梭与休谟共和思想的现实意义 / 255
一、卢梭共和思想的现代价值 / 255
二、休谟共和思想的借鉴意义 / 262

结语 / 267

附录:卢梭与休谟通信集(1762—1766) / 275

参考文献 / 330

后记 / 343

绪 论

一、研究背景

卢梭与休谟所处的 18 世纪，正是西方由近代社会转型到现代社会的关键时期，也被称为"启蒙时代"。选择同一历史时期的卢梭和休谟的共和思想这一切入点进行研究，是因为卢梭与休谟都可称为启蒙时代法国与英国共和主义理论的代表人物。在法国和英国由传统社会向现代文明社会转型的过程中，卢梭与休谟提供了两种不同的政治观念与共和思想资源以及各自的理论支撑。本书以 18 世纪卢梭与休谟的共和主义思想为主要研究对象，并回顾西方在由传统社会向现代社会转型的过程中，其思想界提供了什么样的理念和思想资源，表现出了怎样的反思、挣扎，矛盾与无奈。同时，我们也需要不断追问，这些转型时期的思想理念对西方文明的意义究竟是什么？以英法为代表的西方早期近代国家在现代化的道路过程中遇到的种种问题，我们可能不一定都会遇到，但是它们的经验可以给我们重要启发。

共和主义（republicanism）是西方政治思想传统中历史最悠久的观念之一。当前很多国家名称中都有"共和"一词，尤其是在国家建国运动所推翻的旧政权为君主政体的情况下会使用。从这个意义上看，共和乃是与君主政体相对立的政治体制，并以独立自由为根本的政治价值观。共和主义完整的表达方式为"公民共和主义"（civic republicanism），就其原始意义而言，这两个单词都是围绕古罗马城邦共和国所形成的观念。"共和"一词是英文"republic"的中文译法，来自拉丁语"res publica"，指罗马公民的共同财产、共同利益以及公共事务。如此看来，西方政治思想传统的主轴是以公民为核心的政治共同体。近代早期的英国作家喜欢用"commonwealth"而非"republic"来翻译拉丁文"res publica"。但是直到英国革命爆发的时候，它还没有反君主制的含义。随着英国君主制的废除，由马基雅维利等人首先使用的、与君主制相对立的"共和"开始流行。①从霍布斯开始，在指称"国家"这个概念上，"state"逐渐取代"commonwealth"。总的来看，"commonwealth"作为国家的概念到 18 世纪初已经终结，"republic"和"commonwealth"的含义已经趋同并基本定形，都指与君主制相对立的概念，共和主义者或共和派就是指反对国王和君主制的人。在同时期的法国，情况也差不多。"共和"一词的法文是"république"，其含义也是逐渐由一般意义上的国家转向反君主制的含义。卢梭在《社会契约论》中明确指出以下几个法文词汇的概念是一致的：Cité, République, Corps politique, Etat, Souverain, Puissance（中文对照分别是：城邦、共和国、政治体、国家、主权者和政权）。由此可见，"共和"指国家在法国也是一种传

---

① John Pocock, "States, Republics and Empires: The American Founding in Early Modern Perspective," in *Political Innovation and the Constitution*, edited by Ball et al., University Press of Kansas, 1988, pp. 61-62.

统的用法。

作为西方最古老的政治思想传统,学界公认共和主义起源于古希腊与罗马,并且经历了文艺复兴时期的意大利城市共和国、17 至 18 世纪的荷兰与英国、建国和制宪时期的美国以及法国大革命这样的一些关键的历史时期,同时也确定了亚里士多德、西塞罗、马基雅维利、哈林顿、麦迪逊、卢梭这样的共和主义思想家的代表人物。在共和主义的核心原则、基本理念及组合方式上,不同的思想家有不同的看法,并且各有侧重和选择。因此,从历史脉络中探索这些议题的社会与政治背景、阐述不同思想家的理论价值,可以丰富和深化我们对共和主义传统的认知。

二、国内外研究现状

(一)国外研究现状

共和主义思想的理论研究从英国剑桥思想史学派诞生开始进入了一个新的历史时期,在国际学术界的代表人物有波考克(John Pockock)和斯金纳(Quentin Skinner)。波考克强调共和主义中的人文主义因素,一方面关注以德性为中心的共和主义模式和作为自由主义前身的以法律为中心的范式;另一方面,波考克尤其关注风俗在共和主义中的意义。而斯金纳则较多地致力于调和以个人权利为内涵的消极自由和以公民德性为目的的政治自由。这两位学者对于共和主义的看法存在着根本差异:波考克较多关注传统的共和主义与现代政治的差异,而斯金纳则更多地关注两者的统一性。从德性与信仰向均权与法制的深化,则是共和主义政治思想历史发展的基本脉络。

国际学术界从 20 世纪 80 年代起开始关注"共和主义",直到今天共和主义研究热潮仍然方兴未艾。斯金纳的学生、国际著名学者戴维·伍顿主编的《共和主义、自由与商业社会(1649—1776)》[1]一书中收录了当今世界范围内对共和主义思想研究最为著名的学者的研究成果,其中包括布莱尔·沃登(Blair Worden)、琳达·科克(Linda Kirk)、保尔·拉厄(Paul A. Rahe)、理查德·谢尔(Richard B. Sher)等一流学者的最新研究成果,这些学者重点研究了17—18世纪欧美国家的共和主义,并描述了英国、日内瓦、荷兰与威尼斯的共和政府的历史实践,如英国革命时期的共和主义、日内瓦的共和主义、第一个现代意义上的商业共和国荷兰的共和主义、苏格兰启蒙运动中的共和主义思想、美国建国时期的共和主义等等。当代共和主义政治哲学的主要阐释者、美国普林斯顿大学教授佩蒂特(Pettit)所著《共和主义———一种关于自由与政府的理论》[2]一书也被译介给国内学界。他提出了无支配的自由观的概念,在斯金纳论证古典共和主义的当代意义上更进一步,为当代共和主义提出了一种新的构建模式。这种自由概念复活和展现了一种既有历史渊源又具有当代相关性的重要政治想象,从而为制度构建和包括分配正义在内的公共政策问题提供了一种多维的、立体的概念支撑。

国外对卢梭共和思想研究的学者数量较多,呈现出多样、体系化的趋势,并处于日趋完善的发展态势中。但是英语学界的研究成果更为国内所熟知,笔者将在本书中更多地探讨法语学界的研究成果,力图展现更加丰富全面的国外研究现状。国外学界对休谟的研究也是非常立体全面的,涌现了不少研究休谟的专家。相对而言,国内学界对卢梭与休谟共和思想的研究较为薄弱,主

---

[1] David Wootton, *Republicanism, Liberty, and Commercial Society*, 1664-1776, Stanford University Press, 1994.
[2] 参见佩蒂特:《共和主义———一种关于自由与政府的理论》,刘训练译,江苏人民出版社,2009年。

要还停留在对他们专著的翻译以及一般性的介绍上。其中涌现出的一些研究成果较为碎片化,还缺乏对他们共和思想专门化、体系化的研究。

国外学者对卢梭的共和主义思想研究已经有不少成果,在英语学界如施特劳斯《论卢梭的意图》[1],力图解开《论科学和文艺》的写作意图之谜。他认为卢梭与古典思想家最大的不同在于他的民主意图,不但在于义务方面启蒙人民,而且在权利方面启蒙人民。普拉特纳(Plattener)所著《卢梭的自然状态》(*Rousseau's State of Nature*)[2]展示了卢梭关于自然人的看法与他对于更完善的政治秩序的看法之间的联系。英语学界研究卢梭政治哲学的奠基性著作,即马斯特(Roger D. Master)所著的《卢梭的政治哲学》(*The Political Philosophy of Rousseau*)[3]一书业已被翻译成中文出版,此书较为细致地解读了卢梭的所有重要政治著作,并尝试做出自己的评议。另外还有一系列研究卢梭社会政治思想的作品,例如马修·辛普森(Matthew Simpson)[4]和丹尼尔·库伦(Danniel E. Cullen)[5]的作品。施克莱的《人与公民:卢梭社会理论研究》[6]可以说是对卢梭社会政治理论最出色的研究,其书名本身就准确地揭示了卢梭政治思想中的核心关切之一。克里斯蒂·麦克唐纳(Christie Macdonald)与斯坦利·霍夫曼

---

[1] Leo Strauss, "On the Intention of Rousseau," in *Social Research* XIV (Dec. 1947), pp. 255 – 287.
[2] 普拉特纳:《卢梭的自然状态》,尚建新等译,华夏出版社,2008年。
[3] 马斯特:《卢梭的政治哲学》,胡兴建等译,华东师范大学出版社,2013年。
[4] Matthew Simpson, *Rousseau's Theory of Freedom*, Continuum, 2006.
[5] E. Cullen Daniel, *Freedom in Rousseau's political philosophy*, Nothern Illinois University press, 1993.
[6] Judith N. Shklar, *Men and citizens: A study of Rousseau's social theory*, Cambridge University press, 2009.

(Stanley Hoffmann)主编的论文集《卢梭与自由》①则主要关注卢梭有关自由的思想。由于英文作为通用语种的关系,国内出现的大都是英语学界的研究成果。

  需要指出的是,卢梭的母语是法语,他的著作均由法语写成,因而法语学界对卢梭思想的研究成果的重要性不言而喻。在法国,卢梭的思想具有十分特殊的地位。法国大革命前,卢梭主要被看成一个小说家、一个传递自身文化信息的怪人以及一个教育家;法国大革命后,他的共和思想则被变成一股政治势力。在肯定卢梭共和思想的著作中,比较重要的是于贝尔的《卢梭与百科全书:论卢梭政治观念的形成》②,作者反驳了对卢梭思想的批判。索布尔的两篇文章《启蒙的听众:大革命时期的平民阶层与卢梭学说》③以及《卢梭与雅各宾主义》④表明卢梭的共和思想能够为各种不同类型的思想提供支撑。斯塔罗宾斯基对卢梭的研究也取得了丰硕的成果,他分析了卢梭的所有作品,指出卢梭的毕生追求是恢复童年的坦率和纯真,他在《卢梭与思想的冒险》⑤一文中揭示了现代心理学从卢梭随意记录的思想骚动中所汲取的养

---

① *Rousseau and freedom*, edited by Christie McDonald and Stanley Hoffmann, Cambridge University press, 2010.

② René Hubert, *Rousseau et l'Encyclopédie: Essai sur la formation des idées politiques de Rousseau*, J. Gamber, 1928.

③ Albert Soboul, "Audience des lumières; classes populaires et rousseauisme sous la Révolution," *Annales historiques de la Révolution française*, XXXIV, 1962, pp. 421–438.

④ Albert Soboul, "Jean-Jaques Rousseau et le jacobinisme," in *Etudes sur le Contrat social de Jean-Jaques Rousseau*, 1964, pp. 405–424.

⑤ Jean Starobinski, "Jean-Jaques Rousseau et le péril de la réflxion," *L'oeil vivant*, 1961, pp. 91–190.

分;此外,他的另一篇文章《从〈论不平等的起源〉到〈社会契约论〉》[1]则找到了这两部有着显著差异著作之间存在的本质上的统一性。

著名法国学者、卢梭问题研究专家德拉泰所著的《卢梭的理性主义》[2]以及《卢梭与他的时代的政治科学》[3],完整地对卢梭的政治理论进行了深入的分析。尤其是后者,全面而系统地向我们展示了卢梭共和主义思想的来源、发展及其影响。此外,还有德贝尔当所著的《卢梭政治论文选》[4]和《卢梭政体模式理论》[5];克拉夫特所写的《卢梭的政治学:被低估的一面》[6]也颇具研究价值。近些年来,在法语学界又不断涌现出研究卢梭的新成果,如杰拉尔蒂娜所著《卢梭与爱国主义》[7]系统论述了卢梭共和思想中社会契约与共和国、自然人与公民的关系;艾莉亚娜所著《卢梭与启蒙思想家的社会意识》[8]则揭示了卢梭作为一个哲学家具有一个严密逻辑的思想体系,一改此前学界大多对卢梭较为感性的认知。

---

[1] Jean Starobinski, "Du Discours de l'inégalité au Contrat social," in *Etudes sur le Contrat social*, pp. 97-109.

[2] Robert Derathé, *Le rationalisme de Jean-Jacques Rousseau*, Presses Universitaires de France, 1948.

[3] Robert Derathé, *Jean-Jacques Rousseau et la Science Politique de son Temps*, Librairie philosophique J. Vrin, 2009.

[4] Bertrand de Jouvenel, "Essai sur la Politique de Rousseau," in *Du Contrat Social*, Éditions du Cheval Ailé, 1947.

[5] Bertrand de Jouvenel, "Théorie des Formes de Gouvernement chez Rousseau," in *Le Contrat social*, VI (Nov-Dec. 1962), pp. 343-351.

[6] Olivier Krafft, *La Politique de Jean-Jacques Rousseau: Aspects Méconnus*, Librairie Générale de Droit et de Jurisprudence, 1958.

[7] Géraldine Lepan, *Jean-Jacques Rousseau et le patriotisme*, Honoré champion, 2007.

[8] Eliane Martin-Haag, *Rousseau ou la conscience social des Lumières*, Honoré champion, 2009.

有关法国学者比较研究的成果,主要是涉及卢梭与启蒙思想家之间的分歧。比较有影响力的有法布雷的论文《兄弟阋墙:狄德罗与卢梭》[1],论述了卢梭与狄德罗之间冲突的原因涉及两人不同的人性思想,他认为卢梭虽然对狄德罗抱有敌意,但依然是狄德罗的兄弟。亨利·古耶所著《卢梭与伏尔泰:两面镜子中的肖像》[2]则是专门讨论卢梭与伏尔泰之间的差别,其中也涉及卢梭与百科全书派的分歧。他把卢梭与伏尔泰之间的差别归纳为三个环节——哲学思想的差异、社会地位的差异和日内瓦剧场的纠纷,从中把握法国启蒙思想运动的内在矛盾。

　　国外学者对休谟的研究首推剑桥大学史学家邓肯·福布斯,他在1975年出版的《休谟的政治哲学》[3]对休谟的政治思想做了非常深入的研究,并在70年代开始陆续发表一系列相关研究论文:《休谟的政治科学》[4](1977)、《休谟政治科学中的欧洲与世界维度》[5](1978)以及《休谟和苏格兰启蒙运动》[6](1979)。英国学者大卫·米勒在其著作《休谟政治思想中的哲学与意识形态》[7]中认为休谟的政治哲学具有为当下存在的事物辩护的倾向,体现了

---

[1] Jean Fabre, "Deux frères ennemis: Diderot et Jean-Jacques," in *Diderot Studies*, Ⅲ, 1961, pp. 155 – 213.

[2] Henry Gouhier, *Rousseau et Voltaire: Portraits dans deux miroirs*, J.Vrin, 1983.

[3] Duncan Forbes, *Hume's Philosophical Politics*, Cambridge University Press, 1975.

[4] Duncan Forbes, "Hume's Science of Politics," in *David Hume Bicentenary Papers*, Morice Edinburgh University Press, 1977, pp. 39 – 50.

[5] Duncan Forbes, "The European or Cosmopolitan Dimension in Hume's Science of Politics," in *British Journal for Eighteenth-Century Studies*, 1978, 1, pp. 57 – 60.

[6] Duncan Forbes, "Hume and the Scottish Enlightenment," in *Philosophers of the Enlightenment*, edited by S. C. Brown, Harvester Press for the Royal Institute of Philosophy, 1979, pp. 94 – 109.

[7] David Miller, *Philosophy and Ideology in Hume's Political Philosophy*, Oxford University Press, 1981, p. 148.

保守主义的因素。另一位研究休谟的专家列文斯顿则在《休谟日常生活的哲学》一书中明确指出"休谟应当被视为第一个保守主义哲学家"①。

  自 20 世纪中叶以后,剑桥学派波考克和斯金纳等人的研究使共和主义传统开始被纳入思想史研究的视野。如波考克的著作《美德、商业与历史》②和《马基雅维利时刻》③都在共和主义话语中讨论休谟共和主义思想。此外,约翰·罗伯逊(John Robertson)的《苏格兰启蒙运动和民兵问题》④也从共和主义立场来解读休谟。戴维·伍顿主编的《共和主义、自由与商业社会:1649—1776》一书中收录了多位学者研究休谟共和主义的成果。古德史密斯·维多利亚(Goldsmith Victoria)在其《自由、美德与法治》一文中明确提出共和主义观念树立了休谟的政治思想结构,并对休谟的共和主义自由观做了较为详细的研究。保尔·A. 拉厄(Paul A. Rahe)撰写的《超越古代:批判古典共和主义》共和思想论述了休谟对宪政的思考,即在政府设计对制度的制衡时,每个人都应被设想成流氓,这其实体现了他分权的共和思想。理查德·谢尔(Richard B. Sher)则谈到了休谟与华莱士对古代共和国人口增长的论战,这也被视为古典共和主义者与现代主义者之间的冲突。詹姆斯·摩尔则在《休谟的政治科学和古典共和传统》⑤一文中全

---

① Donald W. Livingston, *Hume's Philosophy of Common Life*, *Politics and History*, Chicago University Press, 1984, p. 2.
② J. G. A. Pocock, *Virtue*, *Commerce and History*, Cambridge University Press, 1985.
③ J. G. A. Pocock, *The Machiavellian Moment*: *Florentine Political Thought and the Atlantic Republican Tradition*, Princeton University Press, 1975.
④ John Robertson, T*he Scottish Enlightenment and the Militia Issue*, Edinburgh University Press, 1985.
⑤ James Moor, "Hume's Political Science and the Classical Tradition of Republican," in *Canadian Journal of Political Science*, X(4), December, pp. 809 - 839.

面探讨了休谟对古典共和主义的批判，指出休谟在批判了古典共和主义的落后性、不平等性、分裂性的基础上提出了新的政治制度设计方案。他还在其另一篇论文《休谟正义与财产理论》中对学术界的休谟研究成果进行了总结："我们将日益认识到休谟的政治哲学将获得一种与柏拉图、霍布斯、卢梭及马克思等的政治哲学同等的地位。"[1]

（二）国内研究现状

国内学术界对共和主义的研究首先是对国外研究成果的翻译。《思想史研究》第二辑《共和主义：古典与现代》[2]一书以共和主义为核心，横向围绕"公民""德性""自由""宪政"四个核心概念展开；纵向则以理论层面和历史层面两条线索贯穿。我们注意到书中前四篇论文分别是"剑桥学派"以及"施特劳斯学派"的代表人物所写。波考克和庞格尔基于各自的思想史方法，分别接续了不同路向的思想史资源，对古典与现代共和主义之间相关性的理解存在明显分歧。尼德尔曼的文章则指出"当代共和主义者应当探索的或许不是关于共和主义的真正解释，而是一种在理论上和实践中最具说服力的共和主义学说，以应对21世纪来临之际我们所面临的诸多政治困境和挑战"。此外，由国内学者应奇与刘训练主编的《共和的黄昏——自由主义、社群主义和共和主义》[3]一书中，翻译了众多国际一流学者的研究成果，集中展示了20世

---

[1] James Moor, "Hume's Theory of Justice and Property," in *Political Studies*, Vol. XXIV, No.2, p.104.
[2] 参见任军锋主编：《共和主义：古典与现代——思想史研究第二辑》，上海人民出版社，2006年。
[3] 参见应奇、刘训练主编：《共和的黄昏——自由主义、社群主义和共和主义》，吉林出版集团有限责任公司，2007年。

纪 80 年代以来西方政治思想史上以自由主义、社群主义与共和主义的三方争论为主要基本架构的西方政治哲学论争。刘训练所著《共和主义——从古典到当代》[1]则较为全面地介绍了西方共和主义的发展演变的历史进程,即从古典共和主义到现代共和主义,再到当代共和主义及西方新共和主义的思潮,与此同时也展现了西方共和主义思想的理论更新,即亚里士多德的混合政体论、马基雅维利的古典共和主义、卢梭强调公民美德的爱国主义共和思想,同时也谈到了西方新共和主义的困境与未来。

国内学者对卢梭共和思想的研究目前还处于一个起步阶段,如李平沤所著《主权在民 Vs"朕即国家"——解读卢梭〈社会契约论〉》[2]一书,着重介绍了卢梭所提出的主权在民的共和主义思想:主权属于组成国家的人民;人民是主权者,主权是不可转让和分割的,政府只不过是主权者的执行人。那个时代在卢梭之前还没人提出过这样的观念。但是此书只是着重论述了卢梭共和思想的一方面,还未见涉猎卢梭共和思想的其他内涵。刘小枫所著《设计共和:施特劳斯〈论卢梭的意图〉绎读》[3]一书是对施特劳斯《论卢梭的意图》的一种解读,书中稿件基于作者开设的课程。此外,刘小枫主编的译著、卢梭的《政治制度论》[4](*Ecrits sur les institutions politiques*),其中包括《关于波兰政体的思考》《论政治经济》《科西嘉宪政规划》《论战争状态》,给我们提供了研究卢梭政治思想的素材。刘训练在《共和主义——从古典到当代》一书中

---

[1] 刘训练:《共和主义——从古典到当代》,人民出版社,2013年。
[2] 李平沤:《主权在民 Vs"朕即国家":解读卢梭〈社会契约论〉》,山东人民出版社,2001年。
[3] 刘小枫:《设计共和:施特劳斯〈论卢梭的意图〉绎读》,华夏出版社,2013年。
[4] 卢梭:《政治制度论》,刘小枫主编,华夏出版社,2013年。

则着重论述了卢梭共和主义思想体系中的公民美德。国内的博士论文专注于卢梭共和主义思想研究的并不多见，值得一提的是浙江大学彭刚的博士论文《卢梭的共和主义公民理论》(2009)，开始从共和主义的视角对卢梭的公民思想进行剖析。其后也出现了研究卢梭政治思想的论文，例如李敬巍的博士论文《重塑内在与外在两个世界——卢梭政治思想研究》(2011)，复旦大学任崇彬的博士论文《自然与德性——卢梭政治思想研究》(2014)则着重探讨了卢梭的自然状态理论及其德性思想。总的来看，对卢梭共和主义思想的研究引用英语学术界的材料居多，尚处于起步阶段。

对休谟的共和思想研究的国内学者的成果相对更少，我们发现不少研究休谟的文章发表，但是对其政治思想进行探讨的寥寥无几，而专门去研究休谟共和思想的更是罕见。比如20世纪90年代罗中枢的《人性的探究：休谟哲学述评》[①]、周晓亮所著《休谟哲学研究》[②]尚未触及休谟的共和主义思想。其后，高全喜所著的《休谟的政治哲学》[③]一书则开始对休谟的政治思想进行探讨，并对休谟的共和制政体有了初步探讨。在博士论文方面，值得一提的是华东师范大学历史系的周保巍，他的博士论文《走向"文明"——休谟启蒙思想研究》(2004)是第一篇以休谟为研究对象的国内博士论文。其后也出现了以休谟政治思想及其政治哲学为研究主题的博士论文，例如南京大学徐志国博士的《休谟政治思想研究》(2011)、复旦大学汶红涛博士的《人性、自由与正义——休谟政治哲学研究》(2012)以及山东大学高国升的博士论

---

① 罗中枢：《人性的探究：休谟哲学述评》，四川大学出版社，1995年。
② 周晓亮：《休谟哲学研究》，人民出版社，1999年。
③ 高全喜：《休谟的政治哲学》，北京大学出版社，2004年。

文《休谟经验主义政治思想研究》(2013)。这几篇博士论文从各自不同的侧重点出发，开始对休谟的政治思想进行进一步的探讨。需要指出的是徐志国的论文涉及了卢梭与休谟的比较研究，他认为卢梭与休谟的争吵事件从侧面反映了两个人的思想观点的差别，体现了思想本质上的对立性。南京大学于文杰教授所撰写的《休谟的共和主义思想及其历史意义》①，则是为数不多的较为全面地研究了休谟共和思想的内涵的文章之一，他认为休谟不仅形成了自己的共和思想体系，而且他的共和思想为英国政治制度的历史发展提供了重要的参照系。

三、研究基本架构

本书第一章主要梳理卢梭与休谟各自的生平及学术简史，了解他们各自所处的社会环境以及所取得的声誉影响。材料主要来自卢梭的《忏悔录》②以及莫斯纳(E.C.Mossner)所著《休谟的一生》。③

法国百科全书派是卢梭与休谟在文人圈共同的交集，研究他们之间的关系将有助于我们理解卢梭与休谟事件的社会背景。卢梭1741年秋到巴黎，经人介绍认识了哲学家狄德罗。狄德罗是百科全书派的代表人物，他对卢梭的影响很深，对卢梭的事业也给予了很大的支持，但是后来两人思想观念的分歧也是明显的。因而，卢梭与百科全书派交恶看来也是不可避免的。休谟在1763年被任命为驻法国巴黎大使馆的秘书，大概由于法国人阅读到了他的著作，休谟受到法国人的热烈欢迎，在法国，休谟结识了

---

① 于文杰：《休谟的共和主义思想及其历史意义》，《世界历史》2006年第3期。
② Jean-Jacques Rousseau, *Les confessions*, in *Collection complète des oeuvres*, Edition du Peyrou et Moultou, 1780-1789, vol.10.
③ Ernest Campbell Mossner, *The Life of David Hume*, Oxford University Press, 2011.

百科全书派的启蒙学者,并与达朗贝尔等人交往密切。在事件发生之前,卢梭对休谟的看法体现在他的著作《忏悔录》中,在卢梭看来,"休谟先生在法国很有名气,尤其是在百科全书派那帮人中间的名气更大,因为他写了一些关于商业和政治的论著"①。

虽然休谟没有和卢梭进行过理论上的直接交锋,但两人的一段并不愉快的交往在18世纪的文人共和国引起了轩然大波,成了一个历史事件。我在《休谟书信集》②中获得了有关这个历史事件的第一手材料。1766年,在休谟的帮助下,卢梭在德贝郡的一个乡间别墅沃顿安顿了下来。不久之后,卢梭和休谟之间就发生了纠纷。纠纷的直接原因是,休谟为卢梭向英国国王申请了一笔年金,卢梭并不想接受,而后来沃波尔(Walpole)伪造的普鲁士国王写的奚落他的信件最终让卢梭恼羞成怒。卢梭在最后的决绝信中指责休谟背叛他、取笑他甚至想谋害他,称休谟是一个"最阴险的人",在信的结尾处他写道:"我再说一次,如果您是无辜的,请屈尊为您辩护;假如您不是,那么就此诀别。"③休谟收到信件后感到十分冤枉,极力澄清和劝说卢梭,但为时已晚。他觉得卢梭挑起的这个事端让自己深受伤害,为了回应卢梭的攻击,休谟发表了他们交往的信件,说明了卢梭当时多疑和偏执的性格状况,这又加深了卢梭对休谟的怀疑和憎恨。休谟公开发表的信件材

---

① Jean-Jacques Rousseau, *Les confessions*, in *Collection complète des oeuvres*, Edition du Peyrou et Moultou, 1780 - 1789, vol.10.
② J. Y. T. GREIG eds., *The Lettres of David Hume*, Volume II, The Clarendon Press, 1932, pp. 382 - 401.
③ J. Y. T. GREIG eds., *The Lettres of David Hume*, Volume II, The Clarendon Press, 1932, p. 401.

料《休谟先生与卢梭先生争执的简要陈述》①于 1766 年 8 月在巴黎出版,卢梭的死对头达朗贝尔是法文版的译者,目前掌握的法文材料是其再版。此外,莫斯纳在《休谟的一生》中也对此事件有详尽的记载评论。我们认为,休谟与卢梭的分道扬镳,和卢梭多疑敏感的性格不会不无关系,但似乎也意味着两位哲学家的政治哲学思想的确存在着一些根本性的差异和分歧。

第二章主要针对卢梭与休谟共和主义自由观的主要内涵进行深入解读与比较。卢梭的共和主义思想中法律机制、公共利益以及社会契约具有非常重要的意义;这些思想集中体现在他的著作《社会契约论》中。国内研究卢梭的学者李平沤在其著作《主权在民 Vs"朕即国家":解读卢梭〈社会契约论〉》中对其主权在民思想也有过充分的论述。有关休谟的共和思想集中体现在他的著作《政治经济论文选》②(*The Philosophical Works of David Hume*, Vol.3: Essays, Moral, Political, and Literary)中,休谟对政府起源和政府契约理论进行了批判,强调政治秩序。他的共和思想体系也强调均权及法律机制,认为良好的法律机制是共和政体的根本保障。卢梭的公民观念主要体现在公民自由、公民道德和公民教育及其相互关联上。他的所有政治著作都体现了他对古代公民理想的缅怀、对现代社会中公民德性的沦丧的批判以及对理想社会之公民自由和公民教育的构想。在他看来,现代人与古代人相比是更不幸福、更不自由的。卢梭的古典共和主义观集中体现在他的两部著作里,首先是《论人类不平等的起源和基

---

① David Hume and D'Alembert, *Exposé succint de la contestation qui s'est élevée entre M. Hume et M. Rousseau*, Litograf, 2009.
② Hume, *The Philosophical Works of David Hume*, Vol.3: *Essays, Moral, Political, and Literary*, Thoemmes Press, 1996.

础》,表达了对古代社会"自由"的向往,以及对现代商业社会的谴责,尤其是对奢侈风气的谴责。①此外就是他的《忏悔录》,在书中他批判了休谟对商业以及奢侈的辩护。卢梭读过休谟的《斯图亚特家族史》,根据别人告之的情况,认为休谟"有彻底的共和主义思想,但又掺杂了英国崇尚奢侈的怪习气"②。

休谟是维护商业共和国的代表,他的《政治经济论文选》认为现代商业、科学与艺术的发展是自由的必要条件,没有这些现代文明的发展,公民自由将是不可能的。商业社会的到来是社会发展的高级阶段,在现代商业社会之下,人们不仅在经济上比较富足,而且在道德与政治上也比古代更加进步。此外,波考克在他的著作《马基雅维利时刻》③中对休谟的商业共和国理念也有专门论述,他认为休谟将商业视为社会进步的力量,明确拒绝古典共和主义关于积极公民的理念。不难发现,休谟是一个现代商业文明的乐观的辩护者,而卢梭则是一个现代商业文明悲观的批评者。

休谟还对公民正义、公民道德以及财产权做了探讨,他认为人类社会的派系是不可消除的,我们不可能通过消除私利、强化道德的方式来建设共同体,这样做只会产生极端的压迫和强化派系斗争。良好政治秩序的构建必须以"无赖假设"为原则,并以派系之间相互制衡的制度建设为中心目标,使得自私的个人或派系

---

① Jean-Jacques Rousseau, *Discours sur l'origine et les fondements de l'inégalité parmi les hommes*, *Ouvrages de politique*, in *Collection complète des oeuvres*, Edition du Peyrou et Moultou, 1780 – 1789, vol. 1, p.149.

② Jean-Jacques Rousseau, *Les confessions*, in *Collection complète des oeuvres*, Edition du Peyrou et Moultou, 1780 – 1789, vol. 17, livre Ⅻ, p.102.

③ J. G. A. Pocock, *The Machiavellian Moment: Florentine Political Thought and the Atlantic Republican Tradition*, Princeton University Press, 1975, p.497.

只有为公共利益服务才能实现自己的利益。休谟并不像卢梭那样认为立法权是至高无上的,立法机关也会追求自身的利益,因而必须有行政权与之对抗才能保持政体平衡。他认为一个文明社会,应遵循三个正义原则和四个政府治理原则,斯蒂沃特(J. B. Stewart)在其论文《休谟的道德与政治哲学》中进行了这样的概括总结。① 总之,休谟认为一个自由的社会应当是一个以公平的制度规则为基础的多元主义社会,这样的社会具有更多的现代性。而卢梭的理想社会则是一个在公共精神支配之下的单一社会,他认为只有古代城邦的公民才有真正的自由。

第三章是卢梭与休谟共和主义政体观的比较研究。有关卢梭的共和政体理论,首先集中体现在他的著作《社会契约论》中,另外还有《论波兰的治国之道及波兰政府的改革方略》②以及《科西嘉制宪意见书》③。著名的卢梭研究专家德拉泰(Derathé)在其著作《卢梭与他的时代的政治科学》一书中也对卢梭的共和政体思想做了详尽的论述,尤其提到卢梭与孔狄亚克、狄德罗交往甚密,受到这些哲学家、思想家思想的影响。他认为卢梭的哲学、政治思想深受洛克思想的影响。④ 卢梭的著作《忏悔录》中也有很多

---

① John B. Stewart, *The Moral and Political Philosophy of David Hume*, Columbia University Press, 1963, pp. 109 – 126.

② Jean-Jacques Rousseau, *Considérations sur le gouvernement de Pologne et sa réforme projetée*, *Ouvrages de politique*, in *Collection complète des oeuvres*, Edition du Peyrou et Moultou, 1780 – 1789, vol. 1.

③ Jean-Jacques Rousseau, *Projet de Constitution pour la Corse*, in *Textes Politiques*, Editions l'Age d'Homme, 2007.

④ Robert Derathé, *Jean-Jacques Rousseau et la Science Politique de son Temps*, Librairie philosophique J. Vrin, 2009, p. 100.

材料记载了自己研读过洛克、笛卡尔等哲学家的大量书籍的史实。①

洛克的思想其实对法国启蒙运动影响也很深刻,伏尔泰介绍了洛克的唯物主义经验论,称洛克是让他走出不幸获得真理的老师,孟德斯鸠将洛克关于国家的分权思想发展为资产阶级典型的分权学说。另外,国内学者于凤梧在其著作《卢梭思想研究》中也有论述洛克对卢梭政体思想的影响:"孔狄亚克、狄德罗、爱尔维修、霍尔巴赫等人都是洛克哲学思想的拥护者和传播者,他们把洛克尊为大师。……卢梭称赞他是'贤明的洛克。'"②卢梭对孟德斯鸠的《论法的精神》评价很高,受到孟德斯鸠思想影响,并在《社会契约论》中多次引证《论法的精神》。卢梭把自由、平等等作为良好的立法原则,但同时认为各国的立法又必须适合该国的特点。受孟德斯鸠的地理环境论影响,卢梭把人类居住的气候、国土、人口情况作为社会发展和政体的决定条件。此外,法国学者贝特朗(Bertrand)撰文《卢梭的政体理论》③,文中专门论述了卢梭契约论中的共和政体思想。在这些著作中,卢梭笔下的理想共和国是如日内瓦共和国那样的小国寡民体制,主张民主共和国政体。他的理想共和国是体现主权在民,共和政体是体现公共利益并且维护公共利益的政府。唯有公意占统治的政体才能是合法的,任何其他的政体,包括法国的君主政体、英国的混合政体都是不合法的,在这些政体中人们都生活在专制奴役之中。卢梭认

---

① Jean-Jacques Rousseau, *Les confessions*, in *Collection complète des oeuvres*, Edition du Peyrou et Moultou, 1780-1789, vol. 4, livre sixième, p. 317.
② 于凤梧:《卢梭思想研究》,北京师范大学出版社,2016年,第29页。
③ Bertrand de Jouvenel, "Théorie des Formes de Gouvernement chez Rousseau," in *Le Contrat social*, VI(Nov-Dec. 1962), pp. 343-351.

绪 论

为,一个政体或者是合法的、自由的,或者是非法的、不自由的,不存在中间地带。因而,卢梭的政治思想具有激进主义的特征。

休谟的共和政体理论集中在他的著作《政治经济论文选》中,他的理想共和国的论述,强调自由与秩序的同一,他显然认为英国君主立宪政体是一种好的共和政体,因为这样的君主立宪政体最大地维护了公民的自由以及他们的公共利益。休谟反对激进主义的社会革命的相关论述体现在他的著作《英国史》中,他对革命基本持不信任的态度,他认为革命后的新政府"必然被证实要比旧政府更糜费和严苛"①。他认为社会的发展目标应当以规则下的自由为目标,但是这种对自由的追求必须以现实的社会条件为基础,对于特定的社会来说,专制政体可能就是人们所能享受到的最大社会幸福。通过这样的比较研究,我们会从主权、政府以及公民的多层关系去探讨公意的体现与保障是评判一个共和政体重要标准。当然,霍布斯与洛克的共和政体理论也对休谟有着重要的影响。相比于霍布斯,休谟对洛克的政治主张更多是批判大于继承,尤其是他的自由主义政治哲学。此外,在共和政体观上,立场与休谟最为接近的就是法国启蒙思想家孟德斯鸠。休谟与法国众多启蒙思想家交往密切,他与孟德斯鸠书信往来频繁,彼此互相欣赏,有关共和政体的观点有很多一致的地方,并且两者也都极力推崇君主立宪政体。

第四章主要探讨卢梭与休谟共和主义德性观的主要观点。卢梭主张政治隶属于伦理,法律和权力是第二位的。公民必须具有为共同体服务与献身的情感与品质,因而公民道德建设应当成

---

① David Hume, *The history of England*, *from the invasion of Julius Caesar to The Revolution in 1688*(1672), edited by Willam Todd, Liberty Classics, 1983, p. 520.

为自由共同体建设的核心内容。爱国主义是共和国的最高道德,它是其他一切道德的源泉;有关卢梭对共和国公民美德及爱国主义的论述,我参考了吉拉迪娜·勒庞(Géraldine Lepan)的著作《卢梭与爱国主义》。作者认为卢梭除了对社会契约、艺术、科学与社会进步之间的著名论断以外,也有对共和国公民美德的论述。在公民道德的问题上,卢梭的思想不但从属于共和主义传统,而且是此传统之集大成者。在共和主义德性观上,卢梭与休谟同属情感主义阵营,他们都认为同情是人类道德情感的秉性。18世纪欧洲思想界有两种主要道德理论,一种是以唯理主义为代表,认为理性可以发现永恒的道德原则,人们的生活方式及社会秩序是可以通过理性发现的;另一种则是经验主义立场,认为理性是无能的,人们只能依赖生活中的经验及信念。休谟虽然对唯理主义进行了批判,但也不是完全依赖传统的经验主义,虽然他说"理性是情感的奴隶",但也并没有说理性是无能的。理性通过对经验的反思,可以发现我们某些意见是正确或者是错误的。斯蒂沃特是这样总结休谟的德性观的:"道德的基础虽然是情感,但是理性能改变我们对于一个行为、政策或者法律的道德判断,并改变道德的内容。"[1]

第五章中,卢梭与休谟的人性思想也为我们研究其共和主义理论提供了很好的参照系。他们的人性哲学思想始终贯穿在其政治思想之中,而政治理念又很好地体现了各自的哲学关怀。我们会从各自哲学文本出发,卢梭的著作《爱弥儿》[2]体现了他对自

---

[1] John B. Stewart, *Opinion and Reform in Hume's Political Philosophy*, Princeton University Press, 1992, p. 142.

[2] Jean-Jacques Rousseau, *Emile ou de l'éducation*, tome Ⅰ & Ⅱ, in *Collection complète des oeuvres*, Edition du Peyrou et Moultou, 1780-1789, vol. 4&5.

然人、人的自然状态的哲学思想,是对人性本善的哲学分析。他认为"无论何物,只要出于自然的创造,都是好的,一经人手就变坏了"①,在他看来人天生就是幸福善良的,但是社会使他堕落,使他变坏了。休谟的著作《人性论》则体现了他的道德哲学和人性本恶的思想。他认为"在自然性情方面,我们应该认为自私是最大的"②。邓肯·福布斯在他的著作《休谟的政治哲学》③中也持有这样的观点,其核心观点认为必须从休谟的哲学角度出发理解他的政治思想,他的政治思想与其哲学主张存在某种连续性。我们在本章中将他们的哲学理念差异首先进行比较,从中尝试分析他们的政治理论及共和主义思想分歧的根本原因。

四、研究思路与方法

作为一种在西方源远流长的政治思想传统,共和主义并不限于反君主制这一单薄的现代词典含义;相反,共和主义有着特定的议题、思想要素和理论结构。总的来看,共和主义包括以下一些基本理念:一、依据自治来理解政治自由,这是共和主义自由观讨论的议题;二、在政治制度上主张混合政体或平衡政体,强调法治,肯定民众的政治参与,并且未必反对君主制,这是共和主义政体观的基本要素;三、共和主义最显著区别于其他政治思想流派的特征就是对公民德性的诉求,这也构成了共和主义德性观的核心内容。全书也将以共和主义自由观、政体观及德性观这三个基本理念为经线,以卢梭与休谟的共和思想为纬线来展开比较研究

---

① Jean-Jacques Rousseau, *Emile ou de l'éducation*, tome Ⅰ, in *Collection complète des oeuvres*, Edition du Peyrou et Moultou, 1780-1789, vol. 4, livre premier, p. 2.
② David Hume, *A Treatise of Human Nature*, eds. L. A. Selby-Bigge, The Clarendon Press, 1896, Book Ⅲ, p.486.
③ Duncan Forbes, *Hume's Philosophical Politics*, Cambridge University Press, 1975.

与分析，这也构成了本书写作思路的基本框架。

研究卢梭与休谟的共和主义思想首先从体现他们的政治哲学的文本出发。有关卢梭的共和思想，涉及的文本有1762年发表的《爱弥儿》以及《社会契约论》。在他看来，人性本善是他论著的核心议题。他自幼生长在小国寡民的日内瓦，他向往古代城邦的直接民主，处处以斯巴达为范本。他的理想国是从来不曾，也永远不会存在的。卢梭有着浓厚的诗人气质，他的政治思想也是非常个性化的。《爱弥儿》主要体现了卢梭的哲学主张，卢梭以自然的名义明确了对社会的全盘批判和对一切政治秩序的反对，并指出一切形式的政府都必定不完善和不能持久。在《社会契约论》中，卢梭论证了两种共和主义思想：一是自然权利论，即人生而是自由平等的；二是人民主权论，即主权在民，政府是人民自由意志的产物，所以人民有权废除一个违反自己自由意愿、剥夺自己自由的政府。我们可以看出卢梭的政治思想体制体现了他的浪漫主义色彩，是一种激进的思想体系。

休谟的政治论文收集在1741年和1742年分作两卷发表的《道德和政治论文集》以及1752年发表的《政治论》专集之中。总的来说，休谟的政治理论和经济理论都是以人性论作为基础的。他认为人类大都自私、贪婪、嫉妒而又富于野心，喜好统治别人，强调依靠法治和良好的政治体制，而不是寄希望于人治，指出健全的法制和良好的政治体制可以促使人人奉公守法，不让邪恶的人长期执政。这是休谟的共和思想的核心。如果进一步来看休谟的共和思想体系，对于政府的起源，休谟一方面认为政府是建立在公众信念之上的，另一方面认为古往今来的政府从来不是由于民众认可而产生的。他认为政府是依靠暴力维持的，没有暴力，任何政府都难以存在。关于政府体制，尽管他认为民主共和国最好,但他害怕所谓暴民专政,说没有什么比建立民众政府更为可怕。在感情上他更倾向于君主立宪制,反对东方式的君主专制。他反对建党立派,认为党派会损害政府,瘫痪法律,并在同一民族中造成严重的敌对情绪。在社会变革上,尽管休谟承认用武力摧毁旧的政府几乎是世界上从古到今一切新建政府的起源,但他又反对激烈变革和暴力革命,主张渐进的革新。从以上所述可以看出,休谟的政治思想体系是偏于保守的、充满矛盾的。

文献研究法以及比较研究法将会贯穿全书写作中,通过对国内外学术史以及研究动态的梳理,我们把卢梭与休谟的共和主义思想作为具体研究对象,运用比较研究的方法,尝试有所突破与创新。卢梭与休谟的著作涉及哲学、政治、伦理、宗教等诸多领域,如何准确地理解与把握这些著作中所蕴含的共和思想,这也就涉及采用怎样的方法论的问题。本书将会借鉴斯金纳教授在《历史与理论》中提出的思想史写作的方法论,摒弃自己的固有信念,并深入卢梭与休谟所处的启蒙时代,了解他们的家庭与教育背景,理解那个时代社会的精神状态和价值观,体会他们写作的社会、政治和经济环境,从而更好地实现在18世纪的语境下解读卢梭与休谟写作的真实思想布景。

首先涉及如何解读文本的问题,斯金纳认为"研究思想史恰当的方法,首先应该描绘出根据惯例在既定场合做出特定言论时所完成的交流序列,然后追踪特定言论与语言背景之间的关系"[1]。也就是说,我们研究文本时要弄清楚作者在为他所针对的读者写作时,实际上想要通过他的言论传达什么。这就需要我们

---

[1] Quentin Skinner, "Meaning and Understanding in the History of Ideas," in *History and Theory*, Vol.8, No.1(1969), p.49.

认清作者的写作思路,从而挖掘他真实的写作意图。所以,我们不能仅仅专注于文本本身,研究18世纪的思想史,某些关键字的字面意思随着时间的改变也发生了变化,这也就导致作者所论述的事情并不同于呈现在我们面前的事情。所以,我们应该基于那个特定的时代与环境,来解读不同人物在不同情境下所要表达的不同意图。其次,不同的文化和时代所面临的问题是不同的,我们并不会期望从卢梭与休谟的思想中寻求一个可以解决我们目前社会所面临问题的直接答案。当代社会所面临的思想论争的问题与18世纪的社会是不同的,我们自身所处的不同制度安排的社会也与西方是不一样的。要从思想史中找出我们自身问题的解决办法是不切实际的。一方面我们自己的制度选择是我们特有的历史和社会发展的产物,在思想史上不存在同一个普遍的概念,而是各种社会共存的各种不同的概念。另一方面,社会约束了我们自身的想象力,在看待其他不同社会的概念时,我们也不能忘记存在这样的限制。

第一章

卢梭与休谟共和思想产生的背景

卢梭与休谟都是启蒙时代的核心人物,那个盛行理性主义的时代强调理性在人类生活的方方面面所扮演的至高无上的作用,尽管他们都以自己的方式与之拉开了距离。卢梭与休谟关于理性的推理表明,理性只能为我们做这么多。因此,对于卢梭而言,要想认识世界,我们不仅需要理性,而且需要感性;对休谟而言,理性绝无法为道德或宗教提供一种支撑。但是除此以外,他们所着意攻击的目标是不同的:卢梭攻击的对象是人们对于人与社会之间关系的普遍认知,以及启蒙运动对于人类进步的渲染,即人类的生存状况已经取得了进步,而且随着理性和知识的系统应用,人类进步的速度将会日甚一日;而休谟关心的则是更为根本性的问题,即人与世界的关系,以及人类的此类言论。卢梭与休谟之间的交往根基相对比较薄弱,是对彼此成就的敬重,是彼此共同的朋友圈以及那个时代的风俗和礼仪才使他们走到一起。在本章中,通过研究卢梭与休谟的往来信函,我们发现这两位时代娇子即便是在探讨同一问题时,他们的意见也大相径庭。

第一节　学术生平与成就

卢梭与休谟作为同时代的启蒙思想家,他们年龄相仿,卢梭出生于1712年,休谟长卢梭一岁。他们都给后世留下了许多不朽的论著,我们也正是基于这些作品,在18世纪的语境下来理解他们共和主义思想的内涵。

一、卢梭及其学术轨迹

1712年6月28日,让-雅克·卢梭(Jean-Jacques Rousseau)出生于瑞士日内瓦一个钟表匠家庭。卢梭的祖先是法国人,父亲依萨克·卢梭(Isaac Rousseau)是一位法国新教教徒。卢梭出生后没几天,他的母亲苏珊娜·贝尔纳(Suzanne Bernard)就去世了。母亲逝世后,卢梭便由姑母苏珊娜·卢梭(Suzanne Rousseau)抚养,姑母经常唱些美妙的小调和歌曲,这给卢梭提供了音乐启蒙教育。① 卢梭说:"我从童年时候起就喜欢音乐,它是我一生中唯一始终喜爱的艺术。"②卢梭的父亲则让卢梭读些小说和故事书,到1719年,卢梭读完母亲留下的小说,开始读一些历史学家及哲学家的著作,包括《名人传》等不少好书,养成了好读书的习惯。卢梭童年有一个良好的家庭教育和生活环境,他的父亲、姑母、乳娘、亲友和邻居对他虽然并非百依百顺,但他们都爱他,他也很爱

---

① Trousson Raymond, *Jean-Jacques Rousseau au jour le jour*, Honoré Champion Editeur, 1998, p.13.

② Jean-Jacques Rousseau, *Les confessions*, in *Collection complète des oeuvres*, Edition du Peyrou et Moultou, 1780-1789, vol. 10, livre sixième, p. 237.

他们。正如卢梭所说:"我耳濡目染的都是好榜样,我周围的全是好人。"①良好的家庭教育和生活环境为卢梭思想的形成和发展,为日后卢梭成为博学多才的思想巨子奠定了基础。

1728年,经人介绍,卢梭投奔德·华伦夫人,寄居华伦夫人家十余年,曾代华伦夫人管家,协助家庭制药手工业。这期间卢梭系统学习了天文、地理、物理、化学、历史、音乐和拉丁文,卢梭说:"多亏她的细心照顾,我在读书学习方面才日有长进。"②卢梭在尚贝里寄居华伦夫人家的那段日子是他一生最幸福的时光,卢梭说:"正是在这段最珍贵的时期,我杂乱而又缺乏系统的教育逐渐打下了坚实的基础,因而当我后来遇到暴风雨时,能够做到依然故我,保持我一生的本色。"③后来卢梭深入钻研了音乐,他天才地发明了《新记谱法》(*Un nouveau système sur les signes de la musique*),成功地用简单的数字记录乐谱,也就是现在所说的简谱。他说:"我早就想用表示数字的符号来记录乐谱了;用数字记录的乐谱,可以避免为了谱写一首小小的曲子也要画那么多线条和符号。我一时还不能解决的困难是如何表述八度音和节拍与时值。现在我又思考了这个问题;我发现,只要肯动脑筋,这个问题是不难解决的。我终于获得了成功:不论什么曲子,我都不仅可以用表示数字的符号非常准确地记录,甚至这种记录可以说十分容易。"④1743年,《新记谱法》以《论现代音乐》(*Dissertation sur la musique moderne*)之名在巴黎出版。同年卢梭去了意大利,经人

---

① Jean-Jacques Rousseau, *Les confessions*, in *Collection complète des oeuvres*, Edition du Peyrou et Moultou, 1780-1789, vol. 10, livre sixième, p.9.
② 卢梭:《忏悔录》,李平沤译,商务印书馆,2016年,第263页。
③ 卢梭:《忏悔录》,李平沤译,商务印书馆,2016年,第235页。
④ 卢梭:《忏悔录》,李平沤译,商务印书馆,2016年,第358—359页。

介绍担任法国驻威尼斯大使秘书,在此期间,他阅读了柏拉图、亚里士多德、格劳秀斯、洛克等大量政治学著作。此后一段时间,他常与狄德罗参加霍尔巴赫的"沙龙",这是当时流行的谈论文学艺术和政治问题的社交集会。

1749年10月的一天,卢梭步行去探望在巴黎万森监狱的狄德罗,在路上他看到《法兰西信使报》(Le Mercure de France)刊登了第戎科学院有奖征文消息,征文题目为《科学与艺术的进步是否有助于风俗的净化》("Si le rétablissement des sciences et des arts a contribué à épurer les moeurs")。① 他无比激动,决意应征,并得到了狄德罗的鼓励支持。文章写好后拿给狄德罗看,狄德罗很满意,并提出了几处修改意见。1750年7月,卢梭的应征论文《论科学与艺术》荣获首奖。这篇论文的获奖和发表是卢梭人生的重大转折。《论科学与艺术》是卢梭早期最重要的一篇论文,标志着卢梭早期反封建思想的形成,还蕴含他后来"天赋人权""自然状态"说的萌芽。卢梭指出,在文明社会,科学艺术与富有、奢侈紧密相连,并没有给人类带来好处,反而带来社会的伤风败俗。这篇文章看似在讲科学艺术,实际上是在批判封建制度和封建意识形态,抨击社会腐败、道德沦丧,揭露用科学艺术制造反人类的罪恶。

1753年11月,第戎科学院发表题为《人与人之间不平等的起源是什么?这种不平等是否为自然法所授予?》("Quelle est la source de l'inégalité parmi les hommes et si elle est autorisée par

---

① Trousson Raymond, *Jean-Jacques Rousseau au jour le jour*, Honoré Champion Editeur, 1998, p. 53.

la loi naturelle?")的征文启事,卢梭又报名应征。[①] 他钻进树林深处考察探索,寻找原始时代的景象,揭示人类的自然本性,经过潜心研究撰写了著名论著《论人与人之间不平等的起因和基础》(Discours sur l'origine et les fondements de l'inégalité parmi les hommes)。这部论著标志着卢梭思想的成熟,在西方政治思想史上影响深远,占有重要地位。他把《论人与人之间不平等的起因和基础》题献给日内瓦共和国,他说:"这部作品是献给共和国的"[②];"纯粹是出于一片爱国热忱而写的这篇献词"[③]。这部著作系统阐述了卢梭的社会发展观和平等观,揭示了私有制是人类不平等的起源,社会不平等并非自然命定,而是人为的。他号召人们暴力推翻封建专制暴政。这部著作还对《论科学与艺术》中的某些不正确的提法进行了修正,如卢梭认为,科学虽带来奢侈,但它是社会进步的产物,文明社会的贫困、奴役及全部罪恶都建立在私有制基础上,源于腐败的社会制度。

1756年4月9日,卢梭搬入退隐庐,在蒙莫朗西森林附近生活,他说,这天,才开始他的真正生活。他的三本重要著作《新爱洛伊丝》《社会契约论》和《爱弥儿》都是在这里完成的。如果说应征第戎科学院的两篇论文主要体现卢梭的批判性思考的话,那么在退隐庐完成的这三部著作则表明卢梭的构建性思考,他力图从理论上构建他理想社会的轮廓。卢梭所构建的理想社会主要包括三大环节:家庭、教育和国家制度。

1761年,卢梭发表了长篇书信体小说《朱丽或新爱洛伊丝》

[①] Trousson Raymond, *Jean-Jacques Rousseau au jour le jour*, Honoré Champion Editeur, 1998, p. 65.

[②] 卢梭:《忏悔录》,李平沤译,商务印书馆,2016年,第513页。

[③] 卢梭:《忏悔录》,李平沤译,商务印书馆,2016年,第514页。

(*Julie ou la Nouvelle Eloïse*),作品描写男女爱情悲剧,在法国文学史上占有重要地位。小说以爱洛伊丝和她的教师圣普尔相爱的故事,表达了卢梭理想中的家庭与社会关系:维系家庭的是纯洁的爱情和忠诚的义务,主导人际社会交往的是善心、友谊和淳朴的风俗。

1762年4月,卢梭的《社会契约论》出版,是卢梭所计划撰写《政治制度论》的一部分。《社会契约论》是关于国家构建的一个政治理想图式,全面阐述了卢梭政治学说的基本原理和建立以社会契约为基础的民主共和国理想国家制度的主张。该书以明晰的思维逻辑、透彻的分析、雄辩的论断彻底摧毁了为封建君主专制政权做理论辩护的可能性。《社会契约论》是世界政治学说史上最著名的古典文献之一,对各国资产阶级革命产生了深刻的影响。

1762年6月,卢梭的《爱弥儿,或论教育》(*Emile ou De l'Education*)出版,是他经二十年思考,用三年时间写成的最满意、最系统的著作。[①] 该书通过一个教师教育培养一个孩子的过程,表达了卢梭对教育哲学、伦理的思考,不仅是教育学名著,还阐发了他的哲学、政治、伦理和美学思想。卢梭认为教育目的应在于启发人的自然善性、良知,彻底否定当时流行的强制性、灌输性教育理念,他认为这是摧残人性的教育。在卢梭的理想中,社会应当由充满自然善性、自由发展的人组成。

1770年11月,卢梭完成了他的自传《忏悔录》,这部伟大的著作是他在长期颠沛流离、屡遭不公、历经曲折的坎坷背景下,为真理而不懈斗争生活的真实写照。卢梭发现,现实生活中的人会改

---

① 卢梭:《忏悔录》,李平沤译,商务印书馆,2016年,第502页。

变自己,或是变好,或是变坏,他写书更重要的目标,是研究这些变化的原因,研究控制这些变化的办法,从而引导人们变得更好,这才是对人类最有益的。卢梭说:"我写这部《忏悔录》所始终追求的伟大目标,以及我要把一切事情都如实描述的不可推卸的责任心,不容许我瞻前顾后而偏离我的目的。"①

卢梭晚年住在巴黎,生活凄惨辛酸,他感觉到好像所有怀着敌意的人都在盯着他。1776年2月,他写下幻觉式的《对话录,或卢梭批判让-雅克》(Dialogues, ou Rousseau juge de Jean Jacques)。1776年秋,他开始写《一个孤独散步者的遐想》(Rêveries du promeneur Solitaire),终篇还未写完,1778年7月2日清晨,他感到身体不适,让戴莱丝扶他到窗台看看外面风景。他感慨地说道:"全能的主啊!天气如此晴朗,没有一片云,上帝在等着我了。"说完,他便失去知觉,这位伟大的共和主义思想家由于尿毒症而引起的中风离开了人间。但是卢梭思想的熠熠光芒照亮了人们前行的道路。

二、休谟及其学术成就

1711年4月26日,大卫·休谟出生于苏格兰的爱丁堡。他比同时代的卢梭年长一岁,并且与法国有着深厚的渊源。父亲约瑟夫·霍姆(Joseph Home)是一位律师,母亲叫凯瑟琳·福克纳(Katherine Falconer),休谟两岁时父亲逝世,把他和哥哥、姐姐三个孩子留给了母亲。休谟12岁时就被送入爱丁堡大学学习,中途辍学,在家自学文学和哲学。最初休谟打算从事法律职业,但不久以后他发现"除了哲学和一般学问的钻研而外,我对任何东

---

① 卢梭:《忏悔录》,李平沤译,商务印书馆,2016年,第520页。

西都感到一种不可抑制的嫌恶"①。休谟在大学里阅读了许多哲学方面的书籍。"他很早就专注于哲学事业了。……他写道:'法律,作为我以前打算从事的一种职业,在我看来令人作呕。在这个世界上,除了做学者和哲学家,我再也想不出别的途径可以提高我的声誉。'"②在18岁时,休谟的哲学研究获得了重大突破,在读完洛克和贝克莱的著作后,他很是自信,下定决心"抛弃其他所有快乐和事业,完全奉献在这个领域上"③。于是他改变进修方向,放弃法学,专攻哲学。

由于"微薄家资"难以支持他走做学问的道路,1734年他到一家钱庄干活,但他对这个职业毫无兴趣,几个月后就不干了。然后他去了法国,在拉弗莱什住下,节衣缩食地从事研读和著述。1734—1737年,他隐居法国期间写下了他的重要著作《人性论》(*A Treatise of Human Nature*),回到英国后,《人性论》于1739—1740年间分三卷出版,前两卷在1739年出版,1740年出版第三卷。但不幸的是,书不畅销,遭到冷遇,休谟在自传里写道:"任何文学的企图都不及我的《人性论》那样不幸。它从机器中一生出来就死了,它无声无息的,甚至在狂热者中也不曾刺激起一次怨言来。"④但不久休谟便从失望的阴影中走出来了。他稍做调整,便着手写一些有关政治、经济方面的简短而生动的论文。

1741—1742年,休谟出版了他的《道德与政治文集》(*Essays, moral and political*),该书颇受欢迎,让他看到了新的希望。这

---

① 休谟:《人类理解研究》,关文运译,商务印书馆,1957年,第1页。
② 伊丽莎白·S.拉普克利夫:《休谟》,胡自信译,中华书局,2016年,第5页。
③ Hume, *My Own Life*, *Essays*: *Moral*, *Political and Literary*, edited by Eugene Miller, Liberty Classics, 1985, pp. xxxxii - xli.
④ 全增嘏:《西方哲学史》,上海人民出版社,1985年,第34页。

部文集体现了《人性论》的哲学思想,它的出版引起了强烈的社会反响。休谟总结了《人性论》失败的经验教训,认为失败不在观点上的不妥,而在于论述不当。他的《人性论》包括理解和情感,分别是认识论、伦理学两部分。《人性论》卷一论人类理解,卷二论情感,卷三论与理解、情感都有关的道德。后来,休谟对《人性论》进行了改写,将卷一改写成《人类理解研究(认识论部分)》(An Enquiry Concerning Human Understanding)并于1748年出版;卷三改写成《道德原理研究(伦理学部分)》(An Enquiry Concerning the Principles of Morals),于1751年出版。这两部著作引起了很大反响。

1752年,他的《政治论》出版,较受欢迎,为他在欧洲获得了声誉。全书包括十二篇论文,集中体现了休谟的共和主义思想。作者还将此书惠赠给孟德斯鸠,此后巴黎就有勒·布朗神父的法译本。休谟的著作在法国广为流传,因而他在法国的声誉比在英国高得多。1752—1765年间,休谟担任爱丁堡哲学学会主席,但未能获得格拉斯哥大学逻辑学教授席位。这期间,他作为爱丁堡律师协会图书馆馆员,利用图书馆有利条件收集资料,写了六卷本《英国史》(The history of England),该书于1754—1762年间出版,刚出版时,社会反应冷淡,但没出十年,已经闻名遐迩。1757年,休谟的《宗教的自然史》(The natural history of religion)出版。

1763年,休谟被任命为驻法国巴黎大使馆的秘书,大概由于阅读了他的著作,法国人对休谟热烈欢迎。在法国,休谟结识了卢梭和百科全书派的启蒙学者,与卢梭、霍尔巴赫、爱尔维修、狄德罗等人交往密切。后来卢梭受到法国政府的迫害无安身之处,1766年休谟邀请卢梭到英国去,但几个月后,因两人意见不合,卢梭又回到了法国。1767—1769年,休谟应邀赴伦敦任副国务卿,1769年辞职回到了爱丁堡。

休谟的另一部主要著作《自然宗教对话录》(*Dialogues concerning Natural Religion*)写成于1752年前,但因书中充满反对传统的宗教观念的内容,当时未敢出版。1776年8月25日,休谟与世长辞。休谟的学生和朋友亚当·斯密后来撰文纪念休谟,同时还发表了休谟简短的自传《我的一生》(*My own life*),但是"斯密遭到虔诚信徒的严厉申斥,休谟对上帝和死亡的公然蔑视使他们怒不可遏"①。

1779年,休谟的侄子出版了休谟的《自然宗教对话录》,1783年,休谟的《论自杀》和《论灵魂不朽》两篇文章也得以发表,匿名编辑写了按语,一道发表的还有卢梭《新爱洛伊丝》中关于自杀问题的讨论摘要,扉页上写道:

> 《论自杀》和《论灵魂不朽》两篇文章,作者是已故的大卫·休谟先生,这是首次发表。编者按旨在为这些文章所含毒素提供解药。同时刊载的,还有选自卢梭的《新爱洛伊丝》中两封论自杀的信。②

在哲学上,休谟的《人性论》是一个完整的体系,分认识论和伦理学两部分。在认识论方面,休谟"坚持感觉经验不仅是认识的唯一源泉,而且是唯一的存在,除此之外,物质实体或精神实体存在与否,都是不可知的"③。休谟批判了关于上帝存在的证明,

---

① 伊丽莎白·S. 拉德克利夫:《休谟》,胡自信译,中华书局,2016年,第5页。
② 伊丽莎白·S. 拉德克利夫:《休谟》,胡自信译,中华书局,2016年,第5页。
③ 冒从虎、王勤田、张庆荣:《欧洲哲学通史》(上卷),南开大学出版社,1985年,第407页。

否定了灵魂的永生性。在伦理学方面，休谟坚持情感主义的道德观。"情感主义的道德观是个人主义的，但不是自私自利的。追求快乐并不是唯一的道德原则，人性的'同情原则'和'比较原则'也是重要的伦理原则。"①

休谟的政治思想，主要是关于社会和政府的起源学说，他没有沿袭前人的自然状态和社会契约说，他反对单纯用社会契约说来解释国家的出现和存在。全增嘏说："休谟的社会政治思想包含了一些合理的因素，如他提出的关于人类一开始就生存于社会环境之中的思想，以及关于国家的出现同社会的财富和所有物的增加相联系的思想。但从总体上看，其社会政治思想还带有浓厚的保守性。按他的理论，人们具有的只是维持现有社会秩序使之不受破坏的义务，而绝无反抗统治者的权利。"②

第二节 时代背景与学术影响

18世纪启蒙运动的主角是启蒙哲学家，但不止于此。启蒙运动还是一种文化氛围，一种社会环境：启蒙哲学家在其中活动，从中发出反叛的鼓噪，也从中悄悄地获得许多思想，同时还试图对之推行自己的改革纲领。这也是我们研究卢梭与休谟共和思想的历史大背景。

一、18世纪启蒙运动与启蒙哲学家

1789年大革命前的法国是一个封建君主专制国家。这个时

---

① 赵敦华：《西方哲学简史》，北京大学出版社，2006年，第208页。
② 全增嘏：《西方哲学史》，上海人民出版社，1985年，第39页。

期的封建经济制度日趋衰落。封建专制危机重重,社会处在封建制度转向资本主义制度的大革命时代。1688年英国"光荣革命"后,建立了君主立宪制国家。随着英国资产阶级革命的完成及法国资本主义的发展和阶级矛盾的尖锐化,欧洲资产阶级革命的中心便渐渐从英国转移至法国。

传统的做法是把启蒙运动界定在英国革命与法国大革命之间的一百年。[①] 正好有两个便于记忆的生卒年份:孟德斯鸠生于1689年,霍尔巴赫死于1789年。尽管启蒙运动特有的观念源远流长,它们只是在18世纪才有了革命性的力量。可以说,启蒙运动是相互交叠而联系密切的三代人的共同成就。第一代以孟德斯鸠和长寿的伏尔泰为领袖,为以后的两代确定了基础。这一代是在洛克和牛顿的著作还是新鲜事物的时期成长起来的,在1750年以前完成了大部分成果。第二代是在18世纪中期进入成熟阶段的:休谟生于1711年,卢梭生于1712年,狄德罗生于1713年,孔狄亚克生于1714年,爱尔维修生于1715年,达朗贝尔生于1717年。正是这批作家把第一代已经变得时髦的反教权主义和科学思想融合成一套自圆其说的现代世界观。霍尔巴赫、康德和杜尔哥等属于第三代,他们与第二代及第一代的长寿者交往密切,并且进入了新的领域,包括唯物主义的形而上学、政治经济学、司法改革乃至实际的政治斗争。

启蒙哲学家通常指的是法国人,这个词出自法文 Les Philosophes,因为启蒙运动与现有体制在法国的冲突最具有戏剧性。我们知道,18世纪,法国国王强化封建专制统治,宣扬"君权神授"

[①] Peter Gay, *The Enlightenment: An Interpretation: The Rise of Modern Paganism*, Knopf, 1995, p. 18.

"法律皆出于我"等君权至上思想,实行独裁统治,人民都是他们的奴隶,没有自由。统治者横征暴敛,名目繁多的苛捐杂税让人民不堪重负,正如18世纪梅叶(Mellier)所言,当时的法国就只差风和云没有征税了。尤其是农民受压迫最重,最为贫困,农民经济濒临崩溃。统治者都利用天主教会和僧侣阶级竭力强化宗教神学的精神统治,迫害进步思想家,禁止进步思想的传播,封建专制统治成为严重阻碍资本主义发展的桎梏。当时,法国社会分为三个等级,"法国旧封建法规明文规定:'僧侣以祷告为国王服务,贵族以宝剑为国王服务,第三等级以财产为国王服务',这就界限分明地规定了各个等级的不同社会地位"①。第一等级是僧侣,第二等级是贵族,这两个等级是统治阶级,国王为总代表。第三等级是农民、手工业者、城市贫民、无产者和资产阶级,农民占全国人口的80%,处境最为悲惨。贵族的奢侈生活、政治的腐败以及不断增加的国家财政支出,使第三等级的负担日益加重。社会的等级区分所带来的不平等,使第三等级的人们不可能具备贵族上流社会的人们那样的智力和感情发展的条件和机遇,严重地压抑着他们自由地发展个性的需求。而教会的思想控制,则更为严重地禁锢着人们的思想。

在18世纪的法国,权力的滥用十分显眼,很容易招致最尖锐的批判,而压迫机器比较无能,使得批评者有足够的应对空间。卢梭对腐败的社会制度就深有感触,他在担任法国威尼斯大使馆大使秘书期间,受到大使不公正对待,大使任意克扣卢梭的薪金却得不到纠正,卢梭说:"我尽管有理,但申诉无门,这就在我的心中激起了对我们愚蠢的社会制度的愤恨。在这种社会制度里,真

---

① 于凤梧:《卢梭思想研究》,北京师范大学出版社,2016年,第4页。

正的公众利益和真正的正义总是被某种我只看到他的表面但不明白其实质的秩序所牺牲,而这种秩序,实际上是破坏性的。它将摧毁一切秩序,任由官府压迫弱者和袒护强者。"①

由此,法国就培育了从那时起被称作启蒙哲学家的那一类人;这是一些能说会道、高谈阔论而又善于交际的世俗文人。法国的启蒙哲学家最有战斗精神,也是最纯正的典型。② 此外,巴黎是启蒙运动的总部,法语是欧洲知识分子的通用语言。各国的启蒙哲学家都是法国作家的公开拥趸。休谟1763年说,法国"文人"都是"通达之士,彼此之间完全或几乎完全和睦相处,在道德上也几乎无可挑剔"③。吉本和休谟认为自己的历史意识很大程度上来自对孟德斯鸠著作的惊喜发现和贪婪阅读。卢梭把自己的社会学理解主要归功于孟德斯鸠。达朗贝尔为百科全书写的前言在苏格兰和欧洲大陆广为传播。亚当·斯密在1764—1766年旅居法国期间从重农学派那里获益不浅。边沁的功利主义在一定程度上得益于爱尔维修。康德承认自己是因为阅读了卢梭的著作而懂得了对普通人的尊重。

二、卢梭与法国启蒙哲学家的交往

1742年秋卢梭来到巴黎,以音乐家、剧作家的身份开始出现在"文人共和国"(republic of letters,这个术语出自17世纪,流行于18世纪,是一些学者和文化人对通过书信及著作而建立的国

---

① 卢梭著:《忏悔录》,李平沤译,商务印书馆,2016年,第426页。
② Peter Gay, *The Enlightenment: An Interpretation: The Rise of Modern Paganism*, Knopf, 1995, p. 11.
③ *The Letters of David Hume*, Volume Ⅰ, edited by J. Y. T. Greig, The Clarendon Press, 1932, Letters Ⅰ, p. 419.

际思想共同体的称呼）[1]的各种沙龙中。大体而言，18世纪的西欧文人共和国是一个松散的联合体，靠朋友聚餐、酒馆和咖啡馆里的非正式聚会和广泛的通信来维系文人间彼此的关系。[2] 但在法国，它被严格而有规则地吸纳进一个组织——法兰西学院，比如伏尔泰、布丰、达朗贝尔等人都曾当选法兰西学院院士。卢梭很快结识了许多文人精英，像伏尔泰、狄德罗、达朗贝尔、孔狄亚克等人。伏尔泰是卢梭十分关注的思想家，他是法国早期启蒙哲学家，也是法国思想界的泰斗。卢梭和伏尔泰一生只见过一面，他们都没有十分注重这一次会晤。根据不同的史料交叉和对照，他们很可能是在1750年春的一个巴黎沙龙里见的面。[3] 卢梭对伏尔泰的文章都仔细阅读过，卢梭说，伏尔泰的《哲学通信》"把我领上了细心读书和探求学问的正确道路。我这方面的兴趣一天比一天浓厚，而且从那个时候起，就一直没有消失"[4]。一次，伏尔泰作词、拉摩作曲的一部歌剧要改写，伏尔泰、拉摩正在创作另一部歌剧而忙不过来，有人就推荐卢梭去完成。卢梭写信征得伏尔泰的同意后，对原剧几个幕间剧的词和曲都加以修改，合作取得成功。卢梭与伏尔泰有书信往来。一次，伏尔泰将他写的题为《里斯本大灾难》的诗寄给卢梭，这首诗把灾难的责任归咎于上帝。卢梭认为伏尔泰备享尊荣，沉浸在幸福中，却把自己没有遭受到的灾难写得十分可怕，令人悲观失望，这是令人厌恶的。卢

---

[1] Peter Gay, *The Enlightenment*：*An Interpretation*：*The Rise of Modern Paganism*, Knopf, 1995, p.39.

[2] Peter Gay, *The Enlightenment*：*An Interpretation*：*The Rise of Modern Paganism*, Knopf, 1995, pp. 79-80.

[3] Henry Gouhier, *Rousseau et Voltaire*：*Portraits dans deux miroirs*, J.Vrin, 1983, p. 8.

[4] 卢梭：《忏悔录》，李平沤译，商务印书馆，2016年，第282—283页。

梭说:"我要向伏尔泰证明:在人生遭受的苦难中,没有一个可怪罪上帝,没有一个苦难的起因不是由人们滥用他们的才能者多,由于大自然造成者少。"①卢梭在给伏尔泰的回信中发表了不同的见解。从与伏尔泰的交往中,卢梭受益匪浅,不过这之中卢梭也受到不公正的对待。如卢梭改写伏尔泰、拉摩的歌剧获得成功,但是印发给观众的小册子上只有伏尔泰的名字,拉摩宁愿他的名字不写上,也不让他的名字与卢梭的名字并列。伏尔泰最初写给卢梭的信比较客气,后来的就很傲慢。因为各自政治立场及哲学主张的分歧,最终两人走向对立。他们之间的交往是有中介的:各自通过文章或者他人来认识对方。他们在各自的作品中相互寻找,这就是他们之间关系的独特之处。

另一位与卢梭交往密切的启蒙哲学家就是狄德罗,他是百科全书派的代表人物。狄德罗喜欢音乐,懂音乐理论,卢梭与狄德罗经常谈论音乐。卢梭说:"他还向我谈到了他的写作计划,这样,我们不久就建立了亲密的友谊。我们的友谊持续了十五年,要不是由于他的过错使我像他那样投入了作家这一行,我们的友谊很可能还会继续下去。"②狄德罗建议卢梭为他的《百科词典》写音乐部分,只给三个月时间,卢梭答应了,并如期完成,卢梭让人誊清文章,自掏腰包给了十个埃居。狄德罗告诉卢梭说书商将给卢梭报酬,但后来他一直没有提及此事,卢梭也没有开口要。卢梭撰写论文《论科学与艺术》,得到狄德罗的鼓励与支持,文章写成后,又送给狄德罗看,他看了很满意,还提出几条修改意见。文章获奖后,狄德罗给卢梭写短函称赞说:"这篇论文已轰动九霄",

---

① 卢梭:《忏悔录》,李平沤译,商务印书馆,2016年,第558页。
② 卢梭:《忏悔录》,李平沤译,商务印书馆,2016年,第376页。

"像这样成功的例子,以前还没有过"。① 后来,卢梭的歌舞剧《乡村巫师》成功上演,卢梭拒领国王的年金而狄德罗要卢梭领,两人发生了争吵。卢梭说:"一领了年金,我就不敢说真话,就失去了言行的自由,就不能勇敢行事了,我往后还能独立自主和远离名利吗?一接受了年金,我往后就得阿谀奉迎,或者闭着嘴巴,什么话也别说。"②同样的场景在后来卢梭与休谟的事件中再一次上演,由此可见在领取年金的问题上,卢梭的态度是一贯的。卢梭说:"我们两人后来的历次争吵,都属于这种类型:他硬要我做他认为我该做的事,而我却偏不做,因为我认为不应该那样做。"③狄德罗对卢梭的影响很深,对卢梭的事业也有很大的支持,但是后来两人思想观念的分歧也是明显的。

1740年,卢梭在里昂马布里家当家庭教师,结识了哲学家孔狄亚克。1741年,卢梭到了巴黎,与孔狄亚克的交往更加密切,卢梭后来说,孔狄亚克"当时同我一样,在文化界默默无闻,不过,就他的学识而论,他笃定是会成为今天这样的名人的"④。孔狄亚克当时正在撰写他的哲学著作《人类知识起源论》,但难以出版。卢梭将孔狄亚克介绍给狄德罗,狄德罗说服书商出版了《人类知识起源论》,给孔狄亚克带来了一百埃居报酬。孔狄亚克的著作对卢梭思想的形成与发展有一定影响。

三、休谟与法国启蒙哲学家的关系

1763年对于休谟来说无疑是他一生中重要的一年,因为就在

---

① 卢梭:《忏悔录》,李平沤译,商务印书馆,2016年,第472页。
② 卢梭:《忏悔录》,李平沤译,商务印书馆,2016年,第494页。
③ 卢梭:《忏悔录》,李平沤译,商务印书馆,2016年,第495页。
④ 卢梭:《忏悔录》,李平沤译,商务印书馆,2016年,第451页。

这一年,他迎来了其文学生涯的巅峰,被视为那一代人中最杰出的文人。无论是在哲学上,还是在政治学上,无论是在经济学上,还是在史学上,他都开辟出一片新天地。就在同一年,休谟迎来了其职业生涯的另一个重大变化,他成为欧洲文化之都——巴黎的一名外交官。在巴黎,法国各界人士以极其愉悦的心情来迎接他,而无论是在英格兰还是苏格兰,休谟都未曾得到这种礼遇。这并不是休谟第一次来法国了,法国在休谟的一生中扮演了非常重要的角色,他的第一部重要著作《人性论》就是在法国写成的。可以说,在政治上,英国是他的衣食父母,而在文化上,法国是其故土之外的另一个精神家园。

休谟推崇法国文化,十八岁时就开始学习法语。休谟比较熟识的法国启蒙哲学家有比较早期的孟德斯鸠和伏尔泰,来巴黎后又结识了卢梭,还有百科全书派的狄德罗、达朗贝尔以及霍尔巴赫。在启蒙哲学家们的圈子里,休谟是个好人的形象,"胖乎乎的休谟毫无嫉妒之心,善于交际,快乐宽厚。似乎只有他广受欢迎,是启蒙哲人家族中受宠爱的小舅舅"[1]。休谟在法国广受欢迎,也有一些重要的原因。首先从时代大环境来看,休谟赴巴黎任职8个月前,英法刚刚结束7年战争,并签署了和平协议。在那个盛行世界主义的时代,法国人或许把休谟这位苏格兰哲学家看成两国交好的一个象征。另外,在休谟到达法国之前,他的著作就被翻译成法文,并在法国知识界迅速传播。尤其是他的《政治论》[2]法文版在1754年发行,在法国反响热烈,从1754到1768年再版

---

[1] Peter Gay, *The Enlightenment: An Interpretation: The Rise of Modern Paganism*, Knopf, 1995, p. 6.

[2] David Hume, *Discours politiques*, traduit par l'Abbé Le Blanc, 2 vols, J. Schreuder & P. Mortier, 1754.

了不下8次。休谟的《政治论》为何在法国如此成功,究其原因,有这么几点:一、18世纪中期的英国已经崛起为一个政治和经济强国,法国人也非常希望通过休谟的这本著作了解英国崛起的秘密;二、由伏尔泰(可见其1734年出版的著作《哲学辞典》①)开创的比较政治的传统在法国已经被广泛接受,而后孟德斯鸠又在1748年出版的《论法的精神》②中高度赞扬了英国宪政的优越性。在这些因素的影响下,《政治论》受到法国读者追捧也就不足为奇了。

谈到伏尔泰与休谟,他们俩从未谋面,只是通过几次信,并且经常在与别人的通信中谈论对方。伏尔泰给予休谟极高的评价,在1762年,他对包斯威尔(Boswell)说休谟是个"真正的哲学家",十年后又告诉约翰·摩尔(Dr John Moore):"你一定要写信告诉他我是他的崇拜者,他是整个苏格兰还有英格兰的荣耀。"伏尔泰甚至还习惯称呼休谟为"我神圣的大卫"③。身为史学家的伏尔泰认为休谟"懂得用哲学的方式书写历史"④。他写世界史的方法与休谟是一致的。不过休谟并不完全以同样的高度评价伏尔泰,他也并不认为伏尔泰与他的方法是一致的。由于休谟的《斯图亚特王朝史》⑤出版于1754年,很多人认为休谟从三年前伏尔泰出版

---

① Voltaire, *Lettres philosophiques*, E.Lucas, 1734.
② Montesquieu, *De l'Esprit des Lois*, edited by V. Goldschmidt, 2 vols, 1748. Garnier-Flammarion, 1979.
③ Ernest Campbell Mossner, *The Life of David Hume*, Oxford University Press, 2011, p. 487.
④ Voltaire, *Le siècle de Louis XIV*, *Oeuvres complètes*, edited by L.Morland, 52 vols, Garnier Frères, 1877-85, XIV, p. 20.
⑤ David Hume, *The History of Great Britain*, Vol. I, printed by Hamilton, Balfour, and Neill, 1754.

的史学著作《路易十四时代》①中汲取了灵感。休谟对此用颇有讽刺的口吻给勒·布朗神父写信说道:"他们说我是他的(指伏尔泰)门徒,我写的历史是模仿他的《路易十四时代》。这个观点真是虚荣自负。不过事实是,早在这部美妙的著作问世之前,我写的历史就是一贯条例分明、结构严谨的。"②休谟似乎比较清楚地认为伏尔泰的史学著作缺乏严谨性。总体来说,伏尔泰与休谟之间的相互认知和评价是不对称的:一方面是伏尔泰高度评价休谟,并且为休谟在法国获得的良好声誉贡献不少,可是他对休谟的哲学思想或者主张存在着认知的偏差;另一方面是休谟对伏尔泰的评价不高,可是在他来到巴黎之后,却从未公开地表达他对伏尔泰的不同意见,这也在文人共和国加强了他们共属同一阵营的关系。

极力推崇英国君主立宪体制的孟德斯鸠与休谟也有较深渊源。孟德斯鸠是第一位与休谟通信的法国启蒙哲学家:孟德斯鸠在1748年《论法的精神》甫一出版就寄给休谟一本,同年秋天休谟在都灵阅读了这本著作,那时他在都灵执行外交任务。③ 之后休谟记下一些意见,并写信告知孟德斯鸠。孟德斯鸠也读到了休谟的政治论文,尤其是1748年出版的《论民族特性》(*Of National Character*),孟德斯鸠对此文十分赞赏。有关孟德斯鸠和休谟之间相互影响的问题一直有很多争论,要了解究竟是"谁

---

① Voltaire, *Le siècle de Louis* XIV, *Oeuvres complètes*, edited by L. Morland, 52 vols, Garnier Frères, 1877 - 85, Vol. XIV.

② *The Letters of David Hume*, "Letter to the Abbé Le Blanc," 5 November 1755, Volume Ⅰ, edited by J.Y.T. Greig, The Clarendon Press, 1932, Letters Ⅰ, p.226.

③ *The Letters of David Hume*, "Letter to President de Montesquieu," 10 April 1749, Volume Ⅰ, edited by J.Y.T. Greig, The Clarendon Press, 1932, Letters Ⅰ, p. 133.

影响了谁"可能永远没有答案。他们的思想有很多相似之处,在两者的著作中也有很多共同关心的话题,如民族性格、古代民族人口问题、政治体制等。如果说两位哲学家的思想存在着某种相近的联系,这种联系应该源于他们非常熟悉彼此的学说著作以及他们共同的知识来源。①不过,两者的观念依然有不同之处。在民族性格形成的原因上以及气候决定论上,孟德斯鸠和休谟的分歧是很深的。前者认为不同的地理气候环境是导致不同民族之间差异的成因。这也是《论法的精神》中的核心观点,也是孟德斯鸠开创并坚持的学说理论。休谟并不否认气候因素,但认为其影响有限,他认为一个民族的性格受到身体以及道德精神因素的影响,而后者的影响更为重要,他在《论民族特性》中写道:"一个民族的性格更多的是取决于道德精神因素,这对于最肤浅的观察者都是显而易见的。"②尽管如此,孟德斯鸠和休谟依然被归为理念较为相近的启蒙思想家,属于保守主义的阵营。勒·布朗神父在孟德斯鸠去世后写信给休谟:"在欧洲,您是唯一一个可以取代孟德斯鸠庭长的人。"③休谟与孟德斯鸠政体学说的一致性,具体来说就是主张君主立宪制并且推崇英国的宪政体制,对于休谟刚开始在巴黎受到的礼遇无疑是有帮助的。可是这样的情况在18世纪80年代就开始改变了,因为这样的理论被贴上了保守主义的标签。在法国,越是接近18世纪末期,英国的宪政体制就越是被批判。对孟德斯鸠思想的批判也就是对休谟思想的批判。孟德

---

① Roger B. Oake, "Momtesquieu and Hume," in *Modern Language Quarterly* II (1941) pp. 25-41, pp. 225-248.
② David Hume, *Of National Characters*, *Three Essays*, *Moral and Political*, A. Kincaid, 1748, p. 213.
③ *The Letters of David Hume*, Abbé Le Blanc, "Letter à David Hume," été 1757, Volume I, edited by J.Y.T. Greig, The Clarendon Press, 1932, Letters I, p. 259.

斯鸠学派的衰落恰恰迎合了一种更具有思辨主义而非经验主义的学说的兴盛，卢梭就是这个学派的代表，而休谟与他的分歧更加巨大。

第三节 18世纪文人共和国的内在紧张： "卢梭-休谟事件"

1766年在文人共和国发生了史称的"卢梭-休谟事件"。也许我们应该追溯到1757年，因为在这一年卢梭与法国启蒙哲学家们公开决裂，包括伏尔泰、百科全书派的代表狄德罗以及达朗贝尔等人。而从这以后便形成了两个对立的阵营，并不明白这个局势的休谟也将成为卢梭对立势力的工具。

一、"卢梭-休谟事件"的历史语境

1762年，在卢梭的《爱弥儿》出版后，巴黎最高法院下令禁止卢梭著作并逮捕作者。布芙勒伯爵夫人（la comtesse de Boufleurs）[①]当时认为卢梭定居英国可能要安稳些，她写信给休谟请求他的帮助。1762年6月，休谟在爱丁堡收到了他的一位仰慕者——布芙勒夫人的来信，后者从1761年3月就开始给休谟写信，休谟对她也是爱慕有加，两人一直保持通信直到休谟去世。在信中，布芙勒夫人对休谟说："日内瓦公民让-雅克·卢梭，您可能已经对他写的几部著作有所了解，刚刚写成四卷本有关教育的论著，并表达了反对时下政治及宗教的观点。在我看来，他值得

[①] 布芙勒伯爵夫人一直对卢梭非常钦佩，并给予很多物质和精神上的支持。正是因为她的牵线搭桥，休谟才得以结识卢梭。

您去认识,也配得上您给他的荣耀。"①在巴黎议会对卢梭发出逮捕令之后,休谟于 1762 年 7 月 2 日写信给卢梭让他来爱丁堡,他说:"自从孟德斯鸠庭长去世以后,您是欧洲文人中我最崇敬的一位,不仅因为您的惊人才华,而且因为您的伟大思想。"休谟没有提及自己的历史和哲学著作,又谈到他认为自己和卢梭的一些共同点:"我觉得自己的言行和个性与您很投","至少,我也喜欢隐居生活,不在乎世俗的偏见,蔑视趋炎附势之辈"。② 亨利·吉耶曼认为休谟的这封信"过于殷勤了"③。不过,卢梭的回信也充满崇敬之情,他说:"您高瞻远瞩,不偏不倚,天才绝伦,超群出众。并且您心地善良,人们愿意与您接近。元帅勋爵向我夸奖您友善而崇高,使我产生了希望能陪在您身边了此一生的热情。"④当然,双方的这种夸张之辞也不排除真诚。

休谟邀请卢梭究竟有哪些考量呢? 休谟在 7 月 1 日给布芙勒夫人的回信中谈到了让卢梭到英国避难的意义以及希望卢梭接受英国国王年金的想法:"卢梭选择到英国避难,对我们而言是多么大的一份荣誉。让我们感到高兴的是:我们现在的国王颇好文艺,我希望卢梭能从中受益,而他也不会拒绝来自一位伟大君主的馈赠。"⑤除此以外,休谟还透露了他的一些政治目的。我们

---

① *The Letters of David Hume*, Comtesse de Bouffleurs,"Letter à David Hume," 14 juin 1762, Volume Ⅱ, edited by J.Y.T. Greig, The Clarendon Press, 1932, p. 368.

② *The Letters of David Hume*, David Hume,"Letters to Jean-Jacques Rousseau," 2 July 1762, Volume Ⅰ, edited by J.Y.T. Greig, The Clarendon Press, 1932, pp. 364 – 365.

③ Henri Guillemin, *Les philosophes contre Jean-Jacques Rousseau*, « Cette affaire infernale », Plon, 1942, p. 3.

④ *The Lettres of David Hume*, Jean-Jacques Rousseau,"Letter à David Hume," le 19 fevrier 1763, Volume Ⅱ, edited by J.Y.T. Greig, The Clarendon Press, 1932, p. 382.

⑤ *The Letters of David Hume*, David Hume,"Letters to the Comtesse de Bouffleurs," 1 July 1762, Volume Ⅰ, edited by J.Y.T. Greig, The Clarendon Press, 1932, p. 361.

知道,当时英法正处于英法七年战争时期,休谟在给布芙勒夫人的信中写道:"法国不久以后就会为赶走这样一个天才而惋惜,也会因为失去这样的一个伟人而蒙羞。"① 7月5日,休谟在给他的密友吉尔伯特·艾利奥特(Gilbert Elliot)的信中又说道:"现在我们国家的国王和首相(Lord Bute)渴望被认为是学习的鼓励者,现在有一个机会可以向全世界展示他们的诚心。这将会是一次对法国的非凡胜利,保护这样一个被迫害的天才,值一百个明登(Minden)。"②尽管卢梭的回信都是赞美之辞,不过他并不喜欢英国。卢梭向来就不是一个亲英派人士,他对于英国人引以为傲的各种自由权向来没什么好感,代议制民主所传递的只是自由的幻象。在《社会契约论》中,卢梭写道:"英国人认为他们是自由的,他们大错特错了。他们只是在选举议员的时候是自由的;而一旦这些议员当选,选民就会受到奴役,仅此而已。"尽管卢梭在1763年2月给休谟的回信中表达了希望来到休谟身边的愿望,这也只是为了表达他的善意、尊重以及礼貌。所以,当时卢梭并没有打算去苏格兰,而且他也解释说因为身体状况欠佳而无法做长途旅行。或许还因为对休谟怀有某种不信任感,卢梭婉言谢绝了休谟的邀请。他选择了住在莫蒂埃(Moitiers),另一位苏格兰人——基斯伯爵元帅(George Keith)③的家中。不过到了1765年,卢梭住的地方遭到石块袭击,他不得不离开这里,这一次他接受了休

---

① *The Letters of David Hume*, David Hume,"Letters to the Comtesse de Bouffleurs," 1 July 1762, Volume Ⅰ, edited by J.Y.T. Greig, The Clarendon Press, 1932, p. 363.

② *The Letters of David Hume*, David Hume,"Letters to Gilbert Elliot of Minto," 5 July 1762, Volume Ⅰ, edited by J.Y.T. Greig, The Clarendon Press, 1932, p.367.

③ George Keith 是苏格兰世袭的伯爵元帅,卢梭称他为"父亲",伯爵则称卢梭为"儿子"。伯爵的另一层有益的关系是:他是大卫·休谟的挚友和仰慕者。

谟的邀请。在凡尔德兰夫人（Madame de Verdelin）①的请求下，休谟在10月22日给卢梭写了一封具有决定意义的信，全文用法文书写。在信中，休谟写道："最近，我和您要好的朋友凡尔德兰夫人进行了一次交谈，让我重新看到了可以缓和您现在处境的希望。"②休谟建议如果卢梭仍然想去伦敦，他会安排吉尔伯托·埃利奥特去照顾他。卢梭在12月4日给休谟回信："对于您的惠助，我无以回报。我将于五六天内启程，将自己置于您的庇护之下。这是我的保护人、朋友兼父亲伯爵元帅的建议，也是凡尔德兰夫人的意见，她的良识和仁慈不仅替我指明了人生方向，还抚慰了我受伤的心灵。"③

卢梭到达巴黎这一举动引起了极大的轰动，慕名前来拜访卢梭的人络绎不绝。休谟对巴黎群众的热情感到震惊，他说："无论是伏尔泰，还是其他什么声名显赫的文人，与卢梭相比都黯然失色、相形见绌。"④1766年1月4日，休谟陪同卢梭离开巴黎，前往伦敦。而在这之前，休谟在巴黎的启蒙哲学家朋友们对此感到十分担心，毕竟就相处而言，狄德罗、达朗贝尔、霍尔巴赫和格里姆都有前车之鉴。他们给休谟敲响警钟：警告他卢梭不仅生性多疑，而且患有"受迫害妄想症"。事实上，就在出发前的当晚，休谟

---

① 凡尔德兰侯爵夫人是卢梭的仰慕者，对卢梭的厄运充满同情，并在卢梭流亡伦敦的过程中发挥着重要作用。
② *The Letters of David Hume*, David Hume, "Letters to Jean-Jacques Rousseau," 22 Oct. 1765, Volume Ⅰ, edited by J.Y.T. Greig, The Clarendon Press, 1932, p. 526.
③ *The Letters of David Hume*, Jean-Jacques Rousseau, "Letter à David Hume," le 4 Décembre 1765, Volume Ⅱ, edited by J.Y.T. Greig, The Clarendon Press, 1932, p. 383.
④ *The Letters of David Hume*, David Hume, "Letters to Huge Blair," 28 December 1765, Volume Ⅰ, edited by J.Y.T. Greig, The Clarendon Press, 1932, p.529.

还去看了霍尔巴赫,他用冰冷的语气告诫休谟说:"您并不了解您要帮的这个人。我可以毫不隐讳地告诉您,您这是在揽蛇入怀,您就是那个农夫,他就是那条蛇。"[1]休谟对此不会没有触动,他找凡尔德兰夫人求证,询问有关卢梭这些故事的真实性。凡尔德兰夫人则竭力打消休谟的顾虑,叫他不要听从哲学家们的警告。9天后,休谟与卢梭来到了伦敦。卢梭的到来引发了整个伦敦城的关注,他是万众瞩目的焦点人物,甚至受到英国国王的青睐。休谟提到了他于1月23日陪卢梭去"德鲁里巷剧院"(Drury Lane Theatre)观看皇家演出在公众中引发的骚动,以及乔治三世对卢梭的关注。他写道:"我注意到,尊敬的国王和王后陛下与其说是在看戏,不如说是在看卢梭。"[2]休谟或许此时会因为卢梭所获得的欢迎而感到不安,显然,卢梭受到的欢迎程度已经遮盖了他自己的光芒。

二、卢梭与休谟矛盾的激化

1766年的3月份,卢梭在休谟的陪同下离开伦敦,来到达文波特(Davenport)为卢梭提供的隐居所——伍顿庄园(Wootton Hall)。在这期间,他们经历了不少波折,这一次也是两人的最后一次见面。而从这里,卢梭开始对休谟产生猜疑。

在他和休谟闹纠纷的那个时期,阴谋论的范畴开始进入卢梭的脑海。产生纠纷的一个直接原因就是年金事件。如果研究一下卢梭对待年金态度的历史,我们会发现他都是拒绝的态度。他和狄德罗就曾为申请年金问题争吵过,卢梭认为申请了年金就失

---

[1] Ernest Campbell Mossner, *The Life of David Hume*, Oxford University Press, 2011, p.515.

[2] Ernest Campbell Mossner, *The Life of David Hume*, Oxford University Press, 2011, p.518.

去了言论自由而不敢再说真话。休谟从一开始邀请卢梭来英国避难就有为卢梭申请年金的想法,并且认为卢梭应该会欣然接受。他们动身前往英国之前,在法国加莱港,休谟提到英王乔治三世有可能会赐予卢梭一笔年金。卢梭对此感到迷惑,既然他此前曾经拒绝过普鲁士国王腓特烈二世的年金,那么现在又怎能接受乔治三世的年金呢?而休谟则坚持说:这两件事截然不同,尽管他也说不清其间的差异到底何在。① 休谟在成功申请到国王年金后,为了不去刺激卢梭对年金的敏感,增加了一个年金保密约定。对于已经开始猜疑休谟的卢梭,起初他对此事并没有回应。休谟给卢梭写了第二封信,请他答应接受国王的年金,卢梭在6月23日给休谟回了信,措辞非常严苛,在信中他写道:"您趁我为难之时,给我提供关照,介绍朋友;对您的慷慨感激之余,我投进了您的怀抱;您把我带到英国来,表面上好像是为我找到了避难所,实际上是要我身败名裂。"②之后卢梭在7月10日那封著名的自传性论文长信中又补充说道:"我并不是一个来英国乞讨的乞丐,我有自己的食粮。"③休谟对卢梭的反应感到震惊并且深受刺激,他迅速通知巴黎的哲学家朋友们——卢梭的对头们,从霍尔巴赫开始,之后达朗贝尔和伏尔泰都已获悉此事。

与此同时,我们还必须提到另外一个让卢梭对休谟产生怀疑并认为这是一场阴谋的事件——普鲁士国王伪造信事件。这个

---

① 埃德蒙兹、艾丁诺:《卢梭与休谟:他们的时代恩怨》,周保巍、杨杰译,上海人民出版社,2013年,第103—104页。
② *The Letters of David Hume*, Jean-Jacques Rousseau, "Letter à David Hume," le 23 juin 1766, APPENDIXES G, edited by J. Y. T. Greig, The Clarendon Press, 1932, p.384.
③ *The Letters of David Hume*, Jean-Jacques Rousseau, "Letter à David Hume," le 10 juillet 1766, APPENDIXES G, edited by J. Y. T. Greig, The Clarendon Press, 1932, p.387.

事件几乎与年金事件在同一时间发酵并相互交织,不过在卢梭到达英国前就已经开始流传。这一封由沃波尔杜撰的讽刺卢梭流亡的信在巴黎广为扩散,而此时,休谟与卢梭正在巴黎,准备前往英国。到了伦敦之后,休谟才得知此事。这封信让卢梭在巴黎的哲学家对头们很是开心,使卢梭的拥趸们颇为沮丧。这封信于1766年4月在伦敦《圣詹姆士纪事报》公开匿名发表后,卢梭第一次看到了这封伪造信。他知道有人故意为之,立刻谴责了报社。同时他认为达朗贝尔是这封伪造信的作者,休谟则是同谋,在巴黎时他就知道这封信开始流传。在7月10日给休谟的那封论文长信中,卢梭尽数休谟和巴黎启蒙哲学家们串通一气,背叛他的种种迹象。卢梭的猜疑心态是怎样由想象逐渐地理性化,以至形成一个阴谋论的观点?我们不妨回顾下卢梭在去英国之前的状态:他度过了四年的流浪生活,没有安全的保障,四年中屡遭迫害,对安定生活的渴望使卢梭变得更加敏感。此外,卢梭非常清楚自己的作品的历史地位,他已经习惯用后世人的眼光来看自己的过去和现在;这样,他就对当世人的攻击更加敏感。不过,卢梭在英国产生的种种猜疑和忧虑,不能仅仅用他敏感的个性来解释。就他当时的处境来看,我们可以理解他对安宁的渴望,以及渴望中所包含的忧虑。如此看来,他的忧虑是完全正常的,他也自然而然地要从当时发生的事件中去寻找原因。对于卢梭而言,阴谋论是一个实用的理解范畴,自发的理性围绕这个范畴对世界形成一种看法,他从此就从这个角度来看自己的过去和未来,也就是说,对自身历史的意识从此变得明晰而可靠。[①]

毫无疑问,卢梭7月10日的论文长信使这场争吵达到了顶

[①] Henry Gouhier, *Rousseau et Voltaire: Portraits dans deux miroirs*, J. Vrin, 1983, p. 277.

点。休谟决定反击,他着手出版一本书,题目是《休谟先生和卢梭先生争论简述》[1],他向巴黎的哲学家朋友们透露了这些消息,并且打算和达朗贝尔出版法译本。9月,苏亚尔翻译法文版《简述》[2],书最后附有达朗贝尔的声明,重申自己不是伪造普鲁士国王信件的作者。休谟对于发不发表的问题还是有过犹豫的,休谟担心的是卢梭会在回忆录里写些什么,他不想马上把卢梭忘恩负义的做法张扬出去,而只是想在朋友和熟人之间散发抄件。他和卢梭共同的朋友布芙勒夫人希望休谟克制,不要张扬。而在巴黎的启蒙哲学家们的第一反应也是主张不要张扬,当然他们的用心不一样。毫无疑问,一旦哲学家之间的争吵被公开,哲学的敌人会为此拍手称快。这正是达朗贝尔和他的朋友们想要避免的。[3]不过,随着事件的发展,公众对此事知道得很多,卢梭的许多狂热支持者把休谟的沉默理解为心中有愧,因而公开的辩护也实属必要。达朗贝尔明确建议休谟公开发表《简述》,并由他来负责发表工作。休谟最终选择与巴黎的哲学家们站在一起,给卢梭再一次打击。

三、事件的影响及其反思

卢梭与休谟事件可以说是文人共和国的一次危机,卢梭与休谟是主角,而巴黎的启蒙哲学家们又一起参与并推动了这个事件走向公开与激化。与政治人物的针锋相对和相互攻击不同,文人

---

[1] David Hume, *A concise and genuine account of the dispute between M. Hume and M. Rousseau*, London, 1766.

[2] David Hume, D'Alembert, *Exposé succint de la contestation qui s'est élevée entre M. Hume et M.Rousseau*, Paris, 1766.

[3] Henry Gouhier, *Rousseau et Voltaire: Portraits dans deux miroirs*, J. Vrin, 1983, p. 289.

们的相互对待应是礼貌与文明的方式,而这个事件对于文人共和国来说是一种文明的丢失。

在文人共和国,文人的精神独立以及经济独立是非常重要的,卢梭尤其看重这种独立性。休谟作为卢梭在英国的"庇护者",要求卢梭接受年金的行为,在卢梭看来是一种羞辱,因为这样的举动大部分都与公众舆论联系在一起,休谟显然忽视了卢梭这一种心理层面的因素。此外,休谟也许已经意识到他与巴黎的启蒙哲学家们过于接近,有损于他作为一个独立思想家的名誉。卢梭曾在他的那封论文长信的开篇就写道:"我不知道发生了什么,我从不拉帮结派,也没有同伙,更不会使计谋。"[1]当休谟读到这些的时候,也许他很后悔留下了一个巴黎启蒙哲学家们的同党的印象。

事件还产生了另一个冲击较大的重要影响:它标志着公众舆论的巨大影响力的上升,并且揭示了在这种蓬勃发展的公众舆论压力下,哲学家们所面临的困惑。休谟采用的方法是让公众舆论来评判,作为一位经验主义者,休谟把所有的证据和事实公之于众,可是后来公众并没有认为休谟是有理的一方。大部分对《简述》的回应,并没有为卢梭辩护,而是谴责休谟无耻,爱算计,缺乏同情心。人们并不会推想休谟是否预谋陷害卢梭,而是责备他将这种私人的争吵变成一个公众事件,这样的行为与哲学家的身份并不相称。针对《简述》的各种回应,以及公众之间对此的争论可能证明了休谟的政治论著在公众心目中的重要性,不过在希望唤起公众的理性这一点上,他似乎忽视了公众舆论非理性的一面。

---

[1] *The Letters of David Hume*, Jean-Jacques Rousseau, "Letter à David Hume," le 10 juillet 1766, Volume II, edited by J. Y. T. Greig, The Clarendon Press, 1932, p. 387.

然而悖论的是,对于人性的非理性的认知,却恰恰是休谟认识论的重要理论基础之一。

对于卢梭,人们指责他的忘恩负义,或者抱怨他的极端的敏感性,但没有人怀疑事件是他敌人的阴谋。休谟也逐渐体会到自己的一些可笑之处,尤其是在卢梭并没有对《简述》的发表进行回应的时候。回到爱丁堡后,休谟给布芙勒夫人写信说道:"达文波特写信告诉我,卢梭正在全力撰写他的回忆录,这本著作篇幅巨大,达朗贝尔和我有可能是著作里的重要人物。不过那个事件现在看来是多么可笑,它不会留给我们一丝挂念。"[1]当1771年卢梭出版的《忏悔录》中完全没有提到有关他们的争吵这件事,休谟兴许有些失望,同时也舒了口气。他不后悔公开发表了《简述》,却一直在等待卢梭的一个可以让他保持沉默的回应。有趣的是,无论是休谟还是卢梭都没有在各自的自传中提到这段插曲。至于公众舆论,尽管他们一开始选边站,到后来却有一种声音,开始谴责这些事件的挑唆者引诱他们参与到这场纷争中去。"卢梭-休谟事件"事实上间接地让启蒙思想家们开始考量公众舆论的力量,事件表明过分扩大公众的影响力是危险的,因为公众舆论并不总是朝着理性的方向发展。

卢梭与休谟之间的交往根基相对比较薄弱,他们并没有彼此吸引,而是对彼此成就的敬重,是共同的朋友以及那个时代的风俗和礼仪才使他们走到一起。休谟对所有受迫害者都很同情,在布芙勒夫人为卢梭寻求支持之前,他并没有特别的兴趣想要见到卢梭。至于卢梭,他没有读过休谟的哲学思想作品,他对这位恩

---

[1] *The Letters of David Hume*, David Hume, "Letters to the Comtesse de Boufflers," 2 Feb. 1767, Volume II, edited by J. Y. T. Greig, The Clarendon Press, 1932, p. 120.

赐者的了解仅限于布芙勒夫人对他高贵个性的论述。[①] 在冬天将要来临的时候,在朋友们的喧闹声中,英格兰似乎是个更好的选择。

如果他们之间展开一场思想对话的话,无论是从政治还是经济,或者人性的角度而言,他们的观念都大为不同。

第一,政治观点的差异。休谟推崇英国的专制和自由混合政府,认为英国的君主立宪制度是最好的政治制度,他说:"英格兰现在虽然混杂着很大程度的君主制,但共和制占主导……废除一切独断权,以普遍确定的法律保证人们的生命财产安全。"[②]此外,休谟反对任何形式的民主,认为民众的激动是可怕的。卢梭理想中的国家则是民主共和制,他对英国的君主立宪制没有好感,卢梭"既反对君主专制,又反对君主立宪制……认为如果执政者滥用职权破坏社会契约而损害人民的公共利益,人民就有权取消契约;当人民的自由被暴力夺去时,人民就应当用暴力把它再夺回来"[③]。卢梭认为,文明社会的贫困、奴役及全部罪恶都源于腐败的社会制度,他号召人们暴力推翻专制暴政。休谟晚年很受英国政府的器重,担任过英国副国务大臣,而卢梭长期遭到法国政府的迫害,四处流亡。如此看来,休谟能向国王申请到年金而卢梭却不接受,这也就可以理解了。

第二,价值观的差异。休谟认为,在市民社会,人们首先是要赚钱追求私利,然后才是政治公民、家庭成员,才讲国家的义务,才有美德。"从曼德维尔到斯密、休谟,甚至现代经济学的公共选

---

① Ernest Campbell Mossner, *The Life of David Hume*, Oxford University Press, 2011, p.507.
② 休谟:《论政治与经济》,张正萍译,浙江大学出版社,2011年,第3页。
③ 于凤梧:《卢梭思想研究》,北京师范大学出版社,2016年,第141页。

择学派,基本上都有这样一个假设,个人追求自己的私利。这在市民社会是没有错的,只要遵纪守法地追求就可以了。从道德上来说,可能会受到质疑,但也未必就全部有错,因为人不能仅仅靠道德来生活,人首先要吃、穿、住。"①所以休谟为卢梭申请到年金,休谟认为是在好心帮助落难的卢梭。卢梭不但不领情,还很气愤,怀疑是阴谋。这是为什么呢?让我们再考察一下卢梭的价值观。卢梭以真理、自由为最高价值取向,"卢梭有句他始终不渝信奉的格言:'我把我的一生奉献给真理。'……卢梭决定以这句格言作为自己一生的座右铭,并专门刻了铭载这句格言的图章……并说,他是'为实践这个座右铭而生的'"②。他愿一生忠诚服务他认为符合真理的事业。卢梭崇尚自由,他认为"放弃自己的自由,就是放弃自己做人的资格,就是放弃人类的权利,甚至就是放弃自己的义务"③。他长期受到法国政府的迫害。有一次他逃过追捕,一进入伯尔尼,就让车停下来,跪在地上,俯身亲吻大地,激动地大声叫喊:"上天啊,你是美德的保护者,我现在可算是到了自由之地了!"④车夫见了,还以为卢梭真的疯了。当然,在卢梭心里的天平上,人民的自由还要重于个人自由,因为卢梭认为,"贤明的人首先关心的是大家的利益,然后才是个人的利益"⑤。公共利益重于个人利益,因此人民的自由也就重于个人自由。当普

---

① 高全喜:《论政治与经济》,浙江大学出版社,2011年,第20页。
② 于凤梧:《卢梭思想研究》,北京师范大学出版社,2016年,第24页。
③ Jean-Jacques Rousseau, *Ouvrages de politique, Du Contrat Social*, in *Collection complète des oeuvres*, Edition du Peyrou et Moultou, 1780-1789, vol. 1, p. 198.
④ 卢梭:《忏悔录》,李平沤译,商务印书馆,2016年,第765页。
⑤ Jean-Jacques Rousseau, *Emile ou de l'éducation*, tome premier, in *Collection complète des oeuvres*, Edition du Peyrou et Moultou, 1780-1789, vol. 4, livre quatrième, p. 444.

鲁士国王赐给他年金,狄德罗要他去领取时,卢梭做出了价值选择:如果去,就会牺牲真理、自由、勇气;不去,就能免除年金加到他身上的精神枷锁。最终卢梭拒绝了领取年金,为此与狄德罗发生了争吵,卢梭说:"他硬要我做他认为我该做的事,而我却偏不做,因为我认为不应该那样做。"①卢梭态度之坚定,在密友前也毫不留情面。虽然卢梭"一生贫困,常常连面包都没得吃",有时"穷得只好在大街上过夜"②,年金对卢梭的生活确实很重要,但是卢梭把忠诚服务真理、践行真理作为他人生的追求和使命,以拥有自由为做人的最重要的条件,宁愿过苦日子也不会背离真理放弃自由。由此看来,卢梭拒领年金、与休谟争论也就是情理中的事了。

第三,哲学思想的差异。休谟认为,人的本性是自私自利的,"在自然性情方面,我们应当认为自私是其中最重大的"③。在休谟看来,人组成社会是为了自己的利益。在市民社会中人互相合作,就是要追求个人利益,实现个人私利的最大化。所以,休谟为卢梭申请到年金,也是为了卢梭的私利,为卢梭提供生活条件。在人性论思想方面,卢梭则认为,人有自爱之心,有好善厌恶之心,"我们好善厌恶也就如我们的自爱一样,是天生的",因为有这个良心,"我们才知道我们和我们应当追求或躲避的事物之间存在着哪些利弊"④。卢梭还说:"只要把自爱之心扩大到爱别人,我

---

① 卢梭:《忏悔录》,李平沤译,商务印书馆,2016年,第495页。
② 卢梭:《忏悔录》,李平沤译,商务印书馆,2016年,第221页。
③ 休谟:《道德原则研究》,曾晓平译,商务印书馆,2001年,第149—150页。
④ Jean-Jacques Rousseau, *Emile ou de l'éducation*, tome Ⅱ, in *Collection complète des oeuvres*, Edition du Peyrou et Moultou, 1780 - 1789, vol. 5, livre quatième, p. 61.

们就可以把自爱变成美德。"①卢梭认为人性是善良的,可用它辨别善恶,择善而从,可用它将心比心,扩大到爱他人,爱人类。有一次卢梭迷了路,又累又饿,走进农家搞点吃的,善良的农民将藏起来的面包、火腿和葡萄酒端来,卢梭要付钱,农民却不敢收,原来是怕税吏来征税。这给卢梭留下永不磨灭的印象,他说:"我心里逐渐发展起来的对于不幸的人们遭受的痛苦的同情,对压迫他们的那些人所抱的不可遏制的憎恨,就是从这里开始萌芽的。"②在卢梭看来,人要通过好善厌恶之心去"追求"善的,"躲避"恶的。例如,一个公民如果不干活,只知道享受,这种习性就应该被唾弃。卢梭说:"在我看来,一事不做而靠政府的年金生活的话,就同抢劫行人的强盗没有什么区别。"③可见,在人性论思想方面,卢梭与休谟的差异是非常明显的,休谟认为,在市民社会,人首先要考虑私利,因此,卢梭接受年金是应该的。卢梭则认为,如果领取国王的年金,就要为其所用,就要以牺牲真理、自由为代价,这是他所不愿意的,如果领取年金而一事不做,又是不道德的,无异于抢劫,这也为他所不齿,所以卢梭拒领年金而与休谟争论,乃至与休谟分道扬镳也就是必然的了。

第四,个性与思想表达的差异。就个性而言,休谟稳健而节制,卢梭则天生反叛;休谟是个乐观主义者,卢梭则是一个悲观派;休谟喜欢社群生活,善于交际,偏爱都市生活,卢梭则喜欢独

---

① Jean-Jacques Rousseau, *Emile ou de l'éducation*, tome premier, in *Collection complète des oeuvres*, Edition du Peyrou et Moultou, 1780 - 1789, vol. 4, livre quatième, p. 443.
② 卢梭:《忏悔录》,李平沤译,北京:商务印书馆,2016 年,第 216 页。
③ Jean-Jacques Rousseau, *Emile ou de l'éducation*, tome premier, in *Collection complète des oeuvres*, Edition du Peyrou et Moultou, 1780 - 1789, vol. 4, livre troisième, p. 330.

处,向往远离大城市的乡间生活。在为人处世上,休谟倾向于妥协,待人和气,卢梭则率直坦荡,棱角分明。在思想表达风格上,卢梭善于环环逻辑推论,休谟则推崇言简意赅;卢梭的语言总是饱含各种修饰辞藻,充满激情,休谟的语言却更加直抒胸臆,简洁明了。休谟是文人共和国"受人宠爱的小舅舅",依他宽厚待人的个性,自然欣赏和要求别人也和气宽厚待他,因而当他遭遇卢梭拒绝年金又对他百般猜疑时,休谟是难以接受的,尤其是在他的事业如日中天之时。在休谟的好心蒙受打击、承受莫大的委屈时,在他的朋友们同时却是卢梭的对手——巴黎的启蒙哲学家们的热心鼓动之下,卢梭与休谟的矛盾便进一步激化。休谟是一个理性之人,秉持怀疑主义,对一切都抱着"存疑"的态度,而卢梭则是一个感性之人,生性孤僻、富于幻想,凡事都要分个是非对错。因此,对于卢梭而言,要想认识世界,我们不仅需要理性,而且需要感性;对休谟而言,理性绝无法为道德或宗教提供一种支撑。但是除此以外,他们所着意攻击的目标是不同的:卢梭攻击的对象是人们对于人与社会之间关系的普遍认知,以及启蒙运动对于人类进步的大肆鼓吹,即人类的生存状况已经取得了进步,而且随着理性和知识的系统应用,人类进步的速度将会日甚一日;而休谟关心的则是更为根本性的问题,即人与世界的关系。通过其严苛的推理,休谟向世人证明了启蒙运动对理性所做的那些夸赞有些言过其实。可同样具有讽刺意味的是,面对卢梭这样一位感性之人的攻击,休谟所做出的反应实在有失风度。

所以,从某种意义上说,卢梭与休谟的个性及思想表达风格的差异成了引发"卢梭-休谟事件"的导火索。而卢梭与休谟分道扬镳的根本原因不能简单归于卢梭的个性"孤僻"与"生性多疑",也不能解释为卢梭有"受迫害妄想症",更不能指责卢梭是"忘恩负义",而是来自他们的个性及思想表达的巨大差异。

第二章
卢梭与休谟的共和主义自由观[①]

共和主义者依据自治来理解政治自由,所谓自治包括对外和对内两个方面:前者指的是摆脱外部的统治和干涉,保持政治共同体的独立;后者指的是免于内部的专制和暴政,并在一定程度上实现公民对共同体的自我治理。因此,共和主义的自由首先是一种国家的自由,公民个人的自由只有置于国家的自由之下才是有保障的,也就是说,公民只有积极参与政治生活才能维护其个人的消极自由。

不过,在如何看待公民的政治参与及其理据上,共和主义内部是存在分歧的。有些共和主义者从亚里士多德主义的前提出发,认为人性包含了某些道德目的,而且这些目的在本质上是社会性的或者政治性的。人在本质上是政治的人,即是一个要通过参与自治的共和国的活动来极大完善自我道德的公民。因此,当代有些学者相信,积极自由(即政治参与的自由)是共和主义自由的本质,并且这种自由本身就是一种实质性的价值(甚至是最

[①] 关于共和主义自由观的表述,参见普特:《共和主义自由观对自由主义自由观》,《欧美哲学与宗教讲演录》,北京大学出版社,2000年。亦可见刘训练:《共和主义——从古典到当代》,人民出版社,2013年。书中有专门章节讨论共和主义的自由观。

高的价值),在整个共和主义体系中居于核心地位。但显然并不是所有的古典共和主义思想家都阐述过这个前提或者以此展开论证。所以,当代的一些学者与新共和主义者(如佩迪特、斯金纳)悬置或否弃亚里士多德主义的前提是,认为共和主义的自由毋宁是超越于积极自由和消极自由范式之外的"第三种自由",即所谓"免于支配或依附的自由",也就是独立于他人专断意志的自由。参与性自治虽然很重要,但并不是共和主义的主要目标,它只具有工具性的价值。当然,不管是积极自由还是免于支配的第三种自由,共和主义的自由观念都不同于纯粹的消极自由观念(免于他人干涉的自由)。它们都不会像纯粹的消极自由观念那样否认任何形式的强制,更不会将政治参与视为一种负担。

从历史上看,古代希腊人和罗马人赋予政治活动和政治领域以崇高的荣誉,并且在他们那里,自由完全是一个政治概念,是城市国家和公民权的核心。从14世纪初开始,意大利的人文主义者便开始颂扬自由观念,它包含这样两个方面的内涵:一是指保持城市共和国的独立,免受君主以及其他外界势力的侵犯;二是指自治,即每个公民都能享有积极参与政府事务的平等机会。[1]马基雅维利也继承了这种自由观念,特别是他为第二种意义上的自由提供了更多、更明确的历史与理论论证。在《李维史论》第2卷第2章的论述中,马基雅维利在自由、共和国与公共利益之间建立了联系:为什么人民如此热爱自由的体制?"因为经验表明那些城市除了在它们处于体制下的时期外,它们的领土和财富从

---

[1] 斯金纳:《近代政治思想的基础》(上卷),奚瑞森、亚方译,商务印书馆,2002年,第130—131页。

来没有增长过。"从庇西特拉图专制下解放出来的雅典、从王的统治下解放出来的罗马就是如此。其理由是很容易理解的,"因为使那些城邦伟大的不是个体的利益,而是共同的利益。毫无疑问,只有在共和国里这种共同利益才会受到尊重;因为凡是对普遍利益有用的,就被付诸实施,虽然这可能对这个或者那个公民个人不利,但它的获益者是如此之多,以至于他们能够违背那少数由此受到损害的人的意愿而强行推进它。因此,古代的民族热爱自由的体制,并且如此地推崇自由这个名称"①。

但是,整个近代都将自由与政治分开,从 18 世纪开始,自由就被用来指发生在政治领域之外的活动的本质,即自由权、解放的成果和摆脱政治生活的消极自由。在公民自由的问题上,洛克极力主张法律的目的不是"取消或约束",而是"维护和扩大自由"。无法律则无自由,因为"自由是免于约束和他人的暴行"②。公民自由的规范含义因而就是那些法律保护和允许的权利与自由。对于共和主义自由的拥护者而言,没有政治权利的人仅仅是国民,而不是自由的公民。公民自由并不稳定,它应该牢不可破,然而它可以被取代,掌握最高权力之人的一时兴起会取消它。只有拥有政治权利(即以某种方式参与决定法律会是什么的权利),才能保护公民自由。因此,共和主义自由对于一切自由来说都是至关重要的。在卢梭与休谟所处的 18 世纪,人们讨论自由,关心的是公民自由与共和主义自由的愿景、条件与结果。

---

① 刘训练:《共和主义——从古典到当代》,人民出版社,2013 年,第 65 页。
② John Locke, *Two Treaties of Government*, Cambridge University Press, 1988, pp. 323 - 324.

第一节 卢梭的共和主义自由观

卢梭的共和主义自由观围绕其自然状态学说和社会契约理论来进行构建。卢梭赞美自然,抨击现代文明,他指出要复归人之自然善性,实现人与人之间的平等与自由就只能通过改造政治社会来实现。社会契约是政治权力的合法性依据,自然自由与社会自由之间的转换,需要通过社会契约才能完成。因此,从自然状态出发,通过社会契约而建立起来的政治社会是卢梭所描绘的理想的社会状态,人们因此而享有真正的自由。

一、社会契约与公民自由

"人生而自由,但却处处身受桎梏。"[①]这是卢梭的《社会契约论》第1卷第1章开篇的第一句话。自由,作为人类精神世界最具超越性的一面,似乎终究只是一种理想。自由不仅是人的自我认知,同时也是人的一种自我构建。不过,这样的自由是抽象的,因为真实的自由都是在一个特定的环境中实现的,或者确切地说,是在一个理想的政治制度中实现的。卢梭认为自由是人性的产物,他说:"这种人所共有的自由,乃是人性的产物。人性的首要法则,是要维护自身的生存,人性的首要关怀,是对于其自身所应有的关怀;而且,一个人一旦达到理智的年龄,可以自行判断维护自己生存的适当方法时,他就从这时候起成为自己的主人。"[②]

---

① Jean-Jacques Rousseau, *Ouvrages de politique*, *Du Contrat Social*, in *Collection complète des oeuvres*, Edition du Peyrou et Moultou, 1780 - 1789, vol. Ⅰ, p.191.

② Jean-Jacques Rousseau, *Ouvrages de politique*, *Du Contrat Social*, in *Collection complète des oeuvres*, Edition du Peyrou et Moultou, 1780 - 1789, vol. Ⅰ, p.192.

自爱是人的自然本性,自我保存是人首要的责任,当人到理智年龄,懂得维护自己的生存的时候,他便成了自己的主人,便是自由的,所以自由是人性的产物。

卢梭又从政治哲学的角度为我们展示了人类自由的历程及其建构方式。在《社会契约论》中,卢梭认为在古代那些共和国里,人民作为主权者并没有轻率地给自己戴上枷锁,而是实现了某种平等,在这种情况下,人人依然"像从前一样自由"①。然而,一个人在共和统治下所得到的自由,不同于他进入与其他公民的契约关系时所放弃的自然独立。这里,卢梭竭力回答的问题是:对于那些"无往不在"的枷锁,是什么赋予了它合法性?他说,那就是契约的观念。但是,只有当那个能够让所有人的意志服从的"人格"是"全体的联合"时,这种契约才是合法的。只有自己统治自己的"公民的联合"才可以自称拥有主权。根据卢梭的这一观点,在一个国家里,如果那个自治的主权成为立法意志,那么这个国家就是一个共和国。

那么,让我们首先来理解卢梭所说的社会契约的内涵究竟是什么。卢梭认为,人们接受约束形成社会秩序,是为了获得其他权利,并且,形成社会秩序只能是出于自愿的协定。他写道:"如果我仅仅考虑强力以及强力所得出的效果,我就要说:'当人民被迫服从而服从时,他们做得对;一旦人民可以摆脱自己身上的桎梏而摆脱它时,他们就做得更对。因为人民重新恢复自由与被迫服从强力都源于那个同样的权利。所以人民有重获自由的权利,这个权利不可被剥夺。'但是社会秩序是一项神圣权利,它是其他

---

① Jean-Jacques Rousseau, *The Social Contract and Other Later Political Writings*, edited by V. Gourevitch, Cambridge University Press, 1997, p. 50.

一切权利之基础。然而这项权利决非出于自然,它是建立在约定之上的。"①这个约定就是社会契约。卢梭始终关注着这两个问题:一、人们怎样才能在国家状态中接受社会秩序约束的同时又保持着自己的自由? 二、人们怎样才能防止国家状态中的政府组织侵犯自己的自由?

为了解决这两个问题,卢梭要解决的首要问题是,人类如何从自然的无政府状态进入国家政治状态。这一讨论甚至可以追溯到古罗马时代西方政治学研究的一个主题——国家权力来自何处——的讨论。在否认权利来自上帝、权利来自教会、权力来自征服、权力来自暴力、权力来自家长身份的演变等解释的基础上,卢梭认为权力来自社会契约。既然设定国家权力来自一个社会契约,那么就必然存在区分社会契约之前与社会契约之后的问题:如何看待社会契约形成之前的社会状态,即自然状态? 如何看待社会契约形成之后的社会状态,即国家状态?

卢梭认为社会契约形成之前的自然状态,是一个没有正义、公正的社会状态。在自然状态中,每个人可以随心所欲地行动,可以根据自己的欲望、嗜好做任何事,只要自己力所能及,而不需要听命于他人。在这样的状态中,理论上看每个人享有最大限度的自由,即自然自由,但这种自由不是文明社会意义上的"权利",因为这个时候不存在社会公意。卢梭认为社会公意是社会全体的一致意见,它体现着群体的理性,也包含着每个个人的理性。这是个人权利成立、存在的前提。没有群体的一致承认、认可,仅受个人感情、欲望及本能的支配的行为,不是真正意义上的自由,

---

① Jean-Jacques Rousseau, *Ouvrages de politique*, *Du Contrat Social*, in *Collection complète des oeuvres*, Edition du Peyrou et Moultou, 1780 - 1789, vol. 1, p. 191.

或者说它只是个人的任性。以财产为例,在自然状态,每个人可以根据一己之力获取财物,从理论上说,甚至可以占有一切,但是,没有社会群体的一致承认、认可,每个人对自己的占有、获取物都是暂时的、易失的,这种占有、获取都不构成文明社会意义上的财产所有权。

既然自然状态中,人们只是享受基于个人任性行为的自然自由,那么,人们通过社会契约形成国家的首要条件就是,必须放弃自己的全部任性。卢梭所说的社会契约的内容就是"每个结合者及其自身的一切权利全部都转让给整个的集体"①时,这里所谓的"权利",不可被理解为我们当代文明国家存在前提下的法律意义的权利,甚至也不是道德意义的权利,它应当被理解为个人在自然状态下的"自由"、个人在自然状态中的"任性",因为自然状态中是没有"权利"的。卢梭认为自然自由是不受约束的任性,它没有道德价值,也必然构成人们结合为共同体的天然障碍,所以,加入社会中的每个人必须放弃其个人的全部任性。

卢梭认为,使人们结合起来的社会契约必须同时达到两个目的或者解决两个方面的问题:"要寻找出一种结合的形式,使它能以全部共同的力量来维护和保障每个结合者的人身和财富,这一结合使每一个个体与全体相联合,个体也只是在服从自己本人,并且和以往一样自由。"②也就是说,既要获得集体力量的保护,又要保留着像以往一样的自由。这个社会契约的主要内容可以概括为每个人接受共同体的公意的指导,同时每个成员都是共同体

---

① Jean-Jacques Rousseau, *Ouvrages de politique*, *Du Contrat Social*, in *Collection complète des oeuvres*, Edition du Peyrou et Moultou, 1780-1789, vol. 1, p. 204.

② Jean-Jacques Rousseau, *Ouvrages de politique*, *Du Contrat Social*, in *Collection complète des oeuvres*, Edition du Peyrou et Moultou, 1780-1789, vol. 1, p. 204.

不可分割的一部分。通过这种社会契约，人们就形成一个道德的共同体，形成一个公共人格。从不同的角度，可以叫作城邦、共和国、政治体、国家、政权或者主权者。其参加者的整体称为人民，其个体称为公民。

人们通过社会契约进入政治社会后，社会便发生了重大变化。卢梭认为，人们丧失了自然状态下的以个人力量为限度的、随心所欲的、天然的自由和对物的占有及享有，但获得了由社会共同意志确认和保障的自由以及对物的所有权。他说道："现在让我们把整个这张收支平衡表简化为易于比较的内容吧：人类由于社会契约而丧失的，乃是他的天然的自由以及对于他所企图的和所能得到的一切东西的那种无限的权利；而他所获得的，乃是社会的自由以及对于他所享有的一切东西的所有权。为了权衡得失时不至于发生错误，我们必须很好地区别仅仅以个人的力量为其界限的自然的自由和被公意所约束着的社会的自由；并区别仅仅是由于强力的结果或者是最先占有权而形成的享有权和只能根据正式的权利而奠定的所有权。"①

而在人们加入社会共同体之后，由于国家意志的加入，人们对财物的占有、享有变成真正的财产所有权。卢梭在《论人与人之间不平等的起因和基础》中得出这样的结论，即人类不平等的起源在于财产私有制，正是因为在私有制下，人们对财富的占有极其不平等，所以人与人之间才存在相互依赖与奴役。那么，是不是意味着，只要取消私有制，实现人与人之间财富的绝对平等，也就实现了自由？在这个问题上卢梭并没有主张财富的绝对平

---

① Jean-Jacques Rousseau, *Ouvrages de politique*, *Du Contrat Social*, in *Collection complète des oeuvres*, Edition du Peyrou et Moultou, 1780 - 1789, vol. 1, p. 210.

等,卢梭认为人们仍然要保留必要的权利与财富,因为平等并不等于平均,平等也不等于贫穷,他指出:"不是要完全摧毁私有财产,因为那不可能,而是要将之限制在最狭窄的可能的界限之内,给它一种可以限制、指挥并降服它的尺度、规则和限制,并让它永远服务于公共的善。简而言之,我想让国家的财产尽可能强大,而让公民的财产尽可能弱小。这就是我为什么避免用那些私有者对之拥有过多控制权的事物来体现财产。"[1]卢梭是基于公共的善来限制人们对私有财产的无限追求,他提倡的是用富足强大的国家力量来保障人们的财富。至于平等,卢梭认为不能理解为指一切人的权力和财富的绝对相等,"在平等这个问题上,指的并非财产或地产的平等,而是践行一种简单而朴素的生活的相对平等。如果说过多的财富表明奢侈,而柔弱就是不好的话,那么同样,极端的贫穷也会滋生无知、恶行和相互依赖。在卢梭看来,日内瓦存在的贫富差距是合理的"[2]。换言之,卢梭主张的不是运用行政的手段,而是运用法律的手段将财产的不平等限制在尽可能小的范围之内,只有财产的不平等差距不是特别大的时候,人对人的奴役才失去了其赖以存在的条件,人们在经济上的独立和政治上的自由才有了保障。

因而,卢梭最终总结社会契约对于合法的社会制度时说:"基本公约不仅没有摧毁自然的平等,反而是以道德的与法律的平等来代替自然所造成的人与人之间的身体上的不平等;从而,人们尽管在力量上和才智上不相同,但由于公约和权利的保障,他们

---

[1] 卢梭:《政治制度论》,刘小枫编,华夏出版社,2013年,第225—226页。
[2] Maurice Cranston,《 Rousseau on Equality 》, in *Journal of Social Philosophy and Policy*, No.2, 1984, p. 121.

人人都是平等的。"①

二、公意与公共利益

在卢梭的著作中,"公意"一词第一次出现在《政治经济学》中。卢梭通过对政治体的各个组成部分的比喻,来凸显公意的地位。他将政治体比作一个有机的生命体,它与人的身体一样有着不同的器官,各个器官有其特有的功能:"最高主权机关好比人的头,法律和风俗好比人的大脑、神经系统、理智、意志和感觉,而法官和官员就像人身上的各种器官,商业、工业和农业是提供食物的嘴和胃,国库的财富是血液,通过心脏的运作把养料和生命力输送到全身,而公民则是推动整个机器运转的躯体和四肢。如果一个人是处于健康状态的话,则任何一部分受了伤,就马上会把疼痛的感觉传送给大脑。"②卢梭突出强调了人体的大脑,即意志所在地,它向身体各个部分发出统一指令。而政治体的每一个成员都是具有独立意志的个体,他们既是公民,也是主权者,政府作为他们的代言人向所有社会成员发布的指令就是公意。要理解公意,就必须借助它现实的载体,即"公共利益"。

在卢梭看来,现实而具体的是"公共利益",抽象而普遍的是"公意",只有将共同的利益抽象为共同的意志,才能将人们的行为纳入一个相对一致的行为体系中,认同并服从契约就是服从公意。如何不仅能约束人们的行为,而且能够引导个体和国家有机地团结在一起,成为一个和谐的整体呢?卢梭认为只能是公意。

---

① Jean-Jacques Rousseau, *Ouvrages de politique*, *Du Contrat Social*, in *Collection complète des oeuvres*, Edition du Peyrou et Moultou, 1780 - 1789, vol. 1, p. 214.
② 卢梭:《政治经济学》,《卢梭全集》(第5卷),李平沤译,商务印书馆,2012年,第211页。

"公意是整个社会的纽带"[①],它将人们结合在了一起。公意就是人们对"公共利益"的认知,是所有参与订立社会契约的成员对于各自互不相同的私人利益中共同点的"意见",人们也正是按照这个"共同意见"才同意结合在一起。所以,公意就是在千差万别的个体意志中却又为所有人一致认可,符合所有人的利益的那个普遍意志,也就是在不同意志中"求同"后得到的那个意志,它指向的是某种共同利益。在谈到卢梭的公意时,罗尔斯说:"正是公共利益,才结成了社会的纽带,并且使我们的普遍意志成为可能。这再次证明了我们上面所说的:普遍意志并不是凌驾于作为个体公民之上的某个实体的意志。因为,一旦公民个体的利益发生了改变,以至于他们彼此之间不存在任何共同的根本利益了,那么,普遍意志也就随之而终止或者消亡了。普遍意志依赖于公民共有的这种根本利益。"[②]这也与卢梭本人的论点遥相呼应,卢梭强调:"特定利益的冲突使得社会的建立变得必要,而对这些相同利益的约定使得社会的建立变得可能。这些不同利益的共同点建立了社会纽带,而且如果没有某些点让所有的利益都达成一致,那么社会就不可能存在。"[③]

也有学者认为卢梭所说的公共利益就是不受支配和不需依赖他人的自由中的消极利益。[④] 这一观点认为公共利益是一个消极利益,即我们不需要依赖其他私人、不受其他私人潜在支配的

---

① Riley, « The General Will Before Rousseau », in *Journal of Political Theory*, Vol.6, No.4, *Special Issue*: *Jean-Jacques Rousseau* (Nov, 1978), p. 485.
② 约翰·罗尔斯:《政治哲学史讲义》,杨通进等译,中国社会科学出版社,2011年,第230页。
③ Jean Jacques Rousseau, *The Social Contract and Other Later Political Writings*, edited by V. Gourevitch, Cambridge University Press, 1997, p. 50.
④ Anna Stilz, *Liberal Loyalty*: *Freedom*, *Obligation*, *and the State*, Princeton University Press, 2009, p. 72.

自由利益。这一观点来自卢梭的论点,即公共意志用于"保障公民不需任何个人依赖"[①]。要保障公民不需依赖他人,国家还需要保障他的人身和财产不受他人侵犯以及为他提供满足其基本需求的物品。当这些利益得到国家保障时,他就不需要依赖其他个人,以保障这些基本诉求了。通过防止我们依赖他人,公共意志保障了我们的自由。不过,要明白这是如何做到的,我们就必须明白不需私人依赖的利益与保持独立的利益并不相同。尤其是,不需私人依赖并不意味着脱离国家而独立,因为国家被要求为我们的行动自由设置界限。这些界限既防止他人对我们追求自己的目标进行干涉,也防止我们干涉他人。在公共意志下,卢梭说道:"每一个公民完全独立于其他任何人,而极度依赖于城邦。"[②]在自然状态中,人是独立的,因为他在做选择时不需要考虑别人,他对任何吸引他,并且他可以获得的事物拥有自然权利。然而在公民国家,人必须依赖他人,以获得物质需求的满足和权利的保障,因此他的选择在一定程度上要考虑到他人。在法律规范下,他必须尊重他人自由范围的界限,以获得他们对他自己自由范围的尊重。卢梭对此论述道:"人们做了多种尝试,想要混淆独立和自由。但这两种概念是如此不同,甚至可以说是互相排斥的。当每个人做愉悦自己的事情时,他经常做了令他人感到不悦的事情,而这并不能被称作一个自由的状态。存在于不服从他人意志中的自由多于存在于履行本人意志中的自由,自由也存在于不令某人的意志服从于我们的意志。任何一个主人都无法自由,统治

[①] Jean Jacques Rousseau, *The Social Contract and Other Later Political Writings*, edited by V. Gourevitch, Cambridge University Press, 1997, p. 53.

[②] Jean Jacques Rousseau, *The Social Contract and Other Later Political Writings*, edited by V. Gourevitch, Cambridge University Press, 1997, p. 80.

即服从。"①

我们认为,"公意"是一个辩证的概念,它达到了后来黑格尔所说的矛盾性质的统一。第一,公意既是抽象的,也是具体的;它的化身是保障人人平等的法律和使得每一个人都能享受他们的自由权的政体。第二,公意既是一般的,也是个别的;它的个体形式是每一个人的合法的权利,人人都既是自由的主体,又是他人自由的受体。第三,公意既是自由的,也是服从的。卢梭特别强调了平等的天然属性:"权利平等及其所产生的正义概念乃是出自每个人对自己的偏爱,因而也就是出自人的天性。这一点也就证明了公意若要真正成为公意,就应该在它的目的上以及在它的本质上都同样是公意。这就证明了公意必须从全体出发,才能对全体都适用;并且,当它倾向于某种个别的、特定的目标时,它会丧失它的天然的公正性,因为这时我们判断的便是对我们陌生的东西,于是便不能有任何真正公平的原则在指导我们了。"②平等出自人自爱的天性,是每个人自我保存的天然需要,因此,公意就应该反映人的这种天然需要,"从全体出发""对全体都适用",如果它只倾向于某种个别的特定的目标,反映个别人、部分人特殊的需要,就会丧失它天然的公正性,它也就不是真正的公意。

卢梭还区分了两种不同的意志:一种是公共意志,这是公民作为一个联合所共有的;另一种是"所有人的意志",即作为个体

---

① Jean Jacques Rousseau, *Letters from the Mountain*, in *The Collected Writings of Rousseau*, vol. 9, edited by Christopher Kelly and Eve Grace Hanover, Dartmouth College Press, 2001, pp. 260-261.
② Jean-Jacques Rousseau, *Ouvrages de politique*, *Du Contrat Social*, in *Collection complète des oeuvres*, Edition du Peyrou et Moultou, 1780-1789, vol. 1, pp. 222-223.

的每一个人所拥有的私人及特定意志的集合,"所有人的意志和公共意志之间经常有很大的差异;后者只考虑共同利益,而前者也考虑私人利益,差不多就是特定意志的总和:拿走这些相同意志中彼此抵消的正负因素,公共意志仍旧是差异的总和"①。这样看来,公共意志就是所有公民有理由去遵循的意志。这是因为它是个人在将自己视为公民时,会理性同意的意志。公民之所以会赞同公共意志,是由于它为其提供了那些基本利益的保障。而"所有人的意志"与公共意志不同,它仅仅是诸多个体互相冲突的私人意志(仅考虑私人利益)累加起来的总和,因此它不能作为国家的规则。

公共意志永远都是公民自己的意志,然而卢梭也表明一个人可能会误解公共意志的内容。他曾描述过这样的情况:"国家全体成员的经常意志就是公意;正因为如此,他们才是公民并且是自由的。在人们在人民议会上提议制定一项法律时,他们向人民所提问的,确切地说,并不是人民究竟是赞成这个提议还是反对这个提议,而在于它是不是符合公意;而这个公意也就是他们自己的意志。每个人在投票时都说出了自己对这个问题的意见,于是从票数的计算里就可以得出公意的宣告。所以,与我相反的意见若是占了上风,那并不证明别的,只能证明我错了,只能证明我所估计是公意的东西并不是真的公意。假如我的个别意见居然胜过了公意,那么我就是做了另一桩并非我原来所想要做的事;而在这时候,我就不是自由的了。"②这表明,公共意志并不是公民

---

① Jean-Jacques Rousseau, *The Social Contract and Other Later Political Writings*, edited by V. Gourevitch, Cambridge University Press, 1997, p. 60.
② Jean-Jacques Rousseau, *The Social Contract and Other Later Political Writings*, edited by V. Gourevitch, Cambridge University Press, 1997, p. 124.

们意见统一的事物。而且,即使在一个合法且建构完善的政体内,公民们也可能会就基本法律的议题产生分歧。此外,卢梭还强调只有派系或局部联合完全被阻止产生的情况下,公共意志才能被清楚地表达出来。派系摧毁了使得公共意志公平与正义的共同利益:它将私人意志变为国家的意志,而这必然是支配性的。在这一例子中,社会组织已经不是一个组织了,而是被归入了局部联合和剩余的所有组织中。极端情况下,当局部联合已经凌驾于所有其他组织之上时,国家就被私人意志即该派系的意志所统治,而公共意志不再存在。

最后,笔者想引述一位学者的论述来结束:"卢梭的契约论所产生的结果既不是霍布斯所说的有绝对权力的'利维坦',也不是洛克所说的只有有限权力的政府,而是集强制的权力和自由的权利于一身的'公意'。所谓公意指全体订约人的公共人格,是他们的人身和意志的'道义共同体',它是'每一个成员作为整体的不可分的一部分'。我们要知道,'公意'是一个抽象概念,而不是一个集合概念;公意不等于众意,不等于所有的个别意志的总和。公意是没有相互矛盾的个人利益,它是在扣除众意中相异部分之后所剩下的相同部分。公意永远以公共利益为出发点和归宿,因此永远是公正的,不会犯错误。"[1]

三、法律与社会自由

卢梭建立社会契约、设定公意的根本目的在于使人获得自由。《社会契约论》开篇即提道,"人是生而自由的,但却无往不在枷锁之中",卢梭所指的不自由是"人的互相依赖",不仅奴隶受制于主人,主人也受缚于奴隶;解除这种依赖的办法便是服从于根

---

[1] 赵敦华:《西方哲学史》,北京大学出版社,2006年,第282页。

据公意制定出的、针对全体公民的法律,而非任何个人的意志。卢梭对个人意志予以高度重视,视其为个人自由、道德和责任的源泉;但是,他也认识到个人意志的薄弱、个人的短视以及个人陷入利己主义泥潭、造成政治共同体毁灭的危险。因此,在私人生活中,他求助于良民引导意志,使人在内心为自己立法,获得道德自由;在政治生活中,则引入公意以消解个人意志的偏私和腐化,使个人服从社会的法律,成为公民,从而获得公民自由。

卢梭认为社会契约给人们带来的一个最大的后果就是社会自由,但同时它也使人类成为彼此相关的义务主体,增加了人与人彼此的依赖性,给人们的选择带来了各种各样的限制,所以个体自由之间总是充满了冲突,这就是一种自由的不和谐状态。那么如何解决这个矛盾呢?怎样才能使人们看起来受到束缚而实际上享有充分的自由,既不损失自己的自由而又能够不损害他人的自由呢?在卢梭看来,这一切都需要依靠法律来实现,只有依靠法律才能实现公正与自由。一个公民的自由始终在一个具体而系统化的制度和规范体系内,也就是在法律体系内,以法律为边界,并由法律来保障的自由。

那么,何为法律?孟德斯鸠在《论法的精神》第1章第1节中这么描述:"从最广泛意义上说,法是源于事物本性的必然关系。就此而言,一切存在物都各有其法。上帝有其法,物质世界有其法,超人智灵有其法,人类有其法。"[①]所谓"万物皆有法"表达出来的与其说是一种"法的精神",不如说更倾向于一种"自然之法"。而卢梭对此并不这么认为,法律在卢梭的语境中则是一种能够规范人的具体行为的人为规则,它本质上是"人造之法"。卢梭认

---

① 孟德斯鸠:《论法的精神》,许明龙译,商务印书馆,2015年,第9页。

为，法律是公意的行为，他说："什么叫法律？法律就是公意对一个涉及共同利益的事物的庄严的公开宣告"①，"当全体人民对全体人民做出规定时，他们便只是考虑着他们自己了；如果这时形成了某种对比关系的话，那也只是某种观点之下的整个对象对于另一种观点之下的整个对象之间的关系，而全体却并没有任何分裂。这时人民所规定的事情就是公共的，正如做出规定的意志是公意一样。正是这种行为，我就称之为法律"②。简而言之，法律就是全体人民对全体人民做出的规定，来自全体人民的意志。

卢梭认为法律是建立在公意基础之上的，法律就是公意的体现，公意只有反映每个人权利平等的天然需要，只有"从全体出发""对全体都适用"，才具有天然的公正性，从而，体现公意的法律才是公正的。将公意以真实的法律条文显现出来，是抽象公意的具体化，是个人意志与公意的自觉的一致化。通过法律，人们彼此结为权利与义务的相关者，每个人得以明确在社会中对自己、他人及共同体的具体权利与义务，并依此来自觉践行与公意一致的个人意志。就国家而言，法律就是国家的唯一动力，它只有依法行事才能为人所感受到；没有法律，国家就如同一个没有灵魂的躯壳，人们就如同一盘散沙。理论上，人们可以顺从公意，但在实践中，如果没有法律，公意将无法体现，人们的公共利益与个人利益都得不到保障；就人与人之间而言，要想实现公平正义，将权利与义务有机结合，也需要法律来保障。卢梭说："为了把权

---

① 卢梭：《山中来信》，《卢梭全集》（第 5 卷），李平沤译，商务印书馆，2012 年，第 440 页。
② Jean-Jacques Rousseau, *Ouvrages de politique*, *Du Contrat Social*, in *Collection complète des oeuvres*, Edition du Peyrou et Moultou, 1780-1789, vol. 1, p. 230.

利和义务结合起来,使正义达到它的目的,就需要约定和法律。"①因为在自然状态中,人们彼此之间没有任何义务,凡物都属公共,而在社会状态中,合法权利的主张都是靠法律规定和实现的;就个人而言,法律是人们共同意志的记录,赞同法律即意味着法律所表达的内容和个人意志是相吻合的,服从法律就是在维护自己的利益,在这个时候,服从法律,也就是在保护自己的自由。

通过服从一套限制我们行为范围的平等互惠的法律,我们从他人的干涉中重获了自由;通过服从法律,我们也不需要在我们自己的范围内遵循他人的意志。在这个意义上,法律是我们享受公民自由的前提条件,我在我的公民自由的范围内只遵从我自己。除此以外,卢梭还认为,如果我理性思考,那么我会意识到令我自己服从法律是保障我可以遵从我自己意志的唯一方式。因此,我在主观应该接受赋予我这一能力的法律。如果我这样做了,那么当我遵从法律时,我也在另外一个意义上只遵从了我自己。卢梭秉持这样一个观点:以我们无限的自然自由换取有限的公民自由以及不受私人干涉的保障,这是任何一个理性的人都应该做的决定,因为它代表了他所处环境的自然状态有了客观改善。这就是当同意接受这些限制时,每一个人"只遵从于他自己"的原因。如果这些法律是正义的,那么他就决心服从国家的法律,或者主观上认可它们,因为这些法律可以保障他的自由。②

那么为了共有一个可以实现我们自由利益的国家,我们也必须为自由设定一些实际的界限,也必须清楚公民自由禁止我们做

---

① Jean-Jacques Rousseau, *Ouvrages de politique*, *Du Contrat Social*, in *Collection complète des oeuvres*, Edition du Peyrou et Moultou, 1780-1789, vol. 1, p. 229.

② Anna Stilz, *Liberal Loyalty: Freedom, Obligation, and the State*, Princeton University Press, 2009, p. 70.

什么。卢梭认为,对公民自由重要的并不是我们选择的界限确定划定的位置,而是这些界限是通过怎样的方式被划定的。要做到合法,对我们行动的限制就必须以法律的形式表达出来,而法律必须永远清楚地阐明对所有人而言都公平地受到保护的利益,他说:"因此,没有法律就没有自由,也没有一种情形让某人可以超越法律……一群自由的人服从,但他们不必为他人服务;这一群体中有领导人,但没有主任;这一群体遵守且仅遵守法律,他们从法律中获得力量,不服从于人。"[1]法律因其客观性而特殊,通过让我们服从于法律而并非特定的人或人群,我们就不依赖于任何人的私人意志,因此我们不受任何人支配。依赖一部客观的法律来定义我们的权利,这允许我们保留自己的自由。为了保障每个人都享有平等自由的环境,我们就必须提出一套普遍利益。在国家中,对所有公民而言的普遍利益都受到平等的保护。这些受保护的利益将会规定每一位公民的公民自由范围的具体界限。一个基于不需要私人依赖的自由的国家理论,其关键议题就是没有公民可以强迫另外一个人去做出他自己义务之外的更大的牺牲。

因此,卢梭宣称要解决设定我们各自自由范围界限的问题,合理的程序性解决方法就是通过互惠法律的方式,去检验我们的哪些特定利益是普遍被人们渴求的。而那些不被人们普遍渴求的利益,无论其本质是什么,都不应该被法律保护。事实上,卢梭认为解决平等自由问题的方法是他的原创:"因为除了公共意志,没有什么能够约束公民,所以我们应该研究这一意志是怎样显现的,通过什么信号一个人可以确信认出公共意志,法律是什么以

---

[1] Jean-Jacques Rousseau, *Letters from the Mountain*, in *The Collected Writings of Rousseau*, vol. 9, edited by Christopher Kelly and Eve Grace Hanover, Dartmouth College Press, 2001, p. 261.

及法律真正的特征是什么。这一学科是全新的:法律仍需一个定义。"[1]因为法律是客观且正式的制度,通过服从它,我们没有服从任何他人的意志,我们由此保持了自由。

第二节 休谟的共和主义自由观

研究休谟的专家福布斯认为,对于休谟来说,"自由"主要是指法治保护下的个人或市民的自由。个人自由强调在规范和公正的司法管理下实现对财产与契约的保护。[2] 在《人性论》等著作中,休谟很少直接讨论人的自由以及相关的问题,也很少讨论各种各样的权利,更没有列出一个有关个人权利的清单。他没有像以卢梭为代表的法国思想家们那样专注于绝对主体、自由意志等所谓根本性问题。相比之下,休谟关注的是利己之心与道德情感的人性依据问题,是个人利益与公共利益的关系问题以及商业与公民自由的关系问题。在政治领域强调的是法律对于个人权利的保障以及个人对于政府的忠顺等问题,上述种种与法国思想家们张扬自由、反对国家的革命激情,则形成了鲜明的对比。

一、个人利益与公共利益

我们知道公共利益是共和主义非常关注的核心问题,《牛津高级英汉双解词典》将公共利益定义为"公众的,与公众有关的或成为公众的、共同的利益"。布莱恩·巴里从肯定和否定两个方

---

[1] Anna Stilz, *Liberal Loyalty: Freedom, Obligation, and the State*, Princeton University Press, 2009, p. 75.

[2] Donald Winch, *Adam Smith's Politics*, Cambridge University Press, 1978, p. 40.

面来理解公共利益的概念：从肯定的方面来讲，公共利益是公共权威为不特定的人群提供的利益，从否定方面说，公共利益是指公共权威阻止不了对不特定人群利益的侵害。[1] 有人认为公共利益必须以个人利益为基础，个体是公共利益分析的基础，个人利益与公共利益应该有一个清晰的分界线。不过在古希腊小国寡民的城邦国家里，个人生活与公共生活具有高度同一性，个人利益与公共利益、国家利益是高度趋同的。简而言之，公共利益就是公共的利益、共同的利益。

共和主义的公共利益是一个非常重要的概念，与之相似的用语有公众利益、公共的善、社会福祉、大众福祉等。公共利益与个人利益是相对应的概念，但是公共利益和个人利益在某种程度上又是一致的，存在相互沟通、相互支撑的一面。现代共和主义对公共利益的强调是建立在承认个人利益的基础之上的。共和主义主张尊重和保护个人的私有财产这一基础性的个人利益。在共和主义的语境中，财产权是保证公民独立人格、确保公民自由、养成共和主义公民美德的重要基础。财产权也是共和主义公共利益的基础和重要内涵，是公民政治参与等权利能够实施的基石，是作为共和国的公民能够享受和保障的重要个人利益。共和主义承认个人财富的正当性，并认为财产是个人保持自我独立性与自由的重要基础。按照道格拉斯·诺斯的理论，一国要强盛，公共利益要获得保障，政府就需要切实保障私有产权制度。[2] 共和主义强调国家的富裕和政府的执行力，强调国家公共财产的神圣性，但是又强调个人财产权的正当性，以及个人财产权对共和

---

[1] Brian Barry, *Political argument*, Routledge & Kegan Paul, 1965, p. 214.
[2] 道格拉斯·诺斯：《经济史上的结构和变革》，厉以平译，转引自万绍红：《西方共和主义公共利益理论研究》，上海三联书店，2016年，第141页。

主义自由利益的保障作用与基础。[1] 也就是说,共和主义对私有财产的承认是和公共利益的保护密切联系在一起的。

18世纪的休谟如何看待个人利益与公共利益的关系？休谟认为人的本性首先是自私的,但又存在着有限的慷慨。17世纪的英国精神病医生曼德维尔(Mandeville)提出过一个较为极端的观点,即个人的自私自利反而有益于社会公共利益的形成。他认为人是彻头彻尾自私的、极端自我的。休谟有限度地接受了部分观点,但是他认为人固然是自私的,追求私利固然是每个人的出发点,但是人还有有限的慷慨,还有同情心,还有道德情操,以及基于共同利益感的互助行为。他写道："我们已经发现一些事例,在其中私人利益与公共利益是相分离的,甚至相对立的;然而我们观察到道德情感继续着,尽管有这种利益上的分裂。无论在哪里,这些截然分明的利益明显地同时发生,我们总是发现道德情感有一种明显的增长,发现有一种对德性的更热烈的好感和对恶行的更强烈的厌恶,或我们恰当地称之为感激或报复的东西。迫于这些事例,我们必须放弃这种用自爱原则来说明一切道德情感的理论。我们必须采纳一种更公共的感情,并承认社会的利益甚至就它们自身而论也不是与我们完全漠不相关的。"[2] 如此看来,恶只是人性的一部分,而不是全部,导致公益之善的,并不是恶,而是人性中的善,即所谓的自然之德。

对于公共利益,休谟则上升到一个法律与制度的层面加以理解,他提出了一种正义的政治制度的问题。休谟这样写道："法律

---

[1] Tara Smith, *Moral Rights and Political Freedom and Viable Values*, Rowman & Littlefield publishers Group, 1995.
[2] 休谟:《道德原则研究》,曾晓平译,商务印书馆,2011年,第70页。

和正义的整个制度是有利于社会的;正是着眼于这种利益,人类才通过自愿的协议建立了这个制度。当这个制度一旦被这些协议建立起来以后,就有一种强烈的道德感自然地随之发生。这种道德感只能由我们对社会利益的同情而发生。"[1]在休谟看来,一个稳定有序的具有争议性质的社会,绝非一个个人根据自己的利益肆意妄为的社会,它不允许任何人用任何非法的手段去侵犯和掠夺他人的财物。因此,一个正义的法律与政治制度对于任何一个人都是有益的,"没有人能够怀疑,划定财产、稳定财物占有的协议,是确立人类社会一切条件中最必要的条件,而且在确定和遵守这个规则的合约成立之后,对于建立一种完善的和谐与协作来说,也就没有什么事情要做了"[2]。因此,在休谟看来,私利与公共利益的关系并不是截然对立的,两者之间并不是对抗的关系。公共利益从一个广泛的层面上来说是有利于个人利益的,能够为个人利益提供较大的活动空间,并为它们的实现提供更有利的保障。

综上所述,休谟眼中的公共利益最主要的就是要确立一套普遍抽象的规则,建立一套行之有效的法律制度,所谓正义的制度说到底就是能够实现公共利益的制度,就是能够使个人利益在公共利益中获得协调扩展的制度。休谟认为,私人财产权是公共利益和私人利益的一个有效平衡,只有确立了私人财产权,每个人都可以稳定占有属于自己的私人财产。作为私人利益的追求者,人们才能够诉求公共利益,并由此生成一套经济、法律和政治秩序,这就是最大的公共利益。休谟认为提供一套正当行为规则,

---

[1] 休谟:《道德原则研究》,曾晓平译,商务印书馆,2011年,第69页。
[2] David Hume, *A Treatise of Human Nature*, edited by L. A. Selby-Bigge, The Clarendon Press, 1896, Book Ⅲ, p. 492.

才是约束个人利益膨胀、促进公共利益的关键,财产权在他看来就是这类规则中最根本性的元规则,它是公共利益的实质之所在。休谟所代表的苏格兰思想在论证财产权乃至政治社会的形成与合法性时,做出了一个巨大的理论贡献,有效地解决了公共利益与个人利益的关系问题,即认为个人追求私利能够促进公共利益的实现——这是古典政治经济学的一个重要命题。[①]

休谟的财产权理论既不同于洛克等人的自然权利论,也不同于哈奇逊等人的道德主义的最突出特征,在于他提出了一种有关财产权的产生机制的新的说明,那就是"共同的利益感",休谟认为,这种共同利益感是致使财产权这样一种人为的设计和措施成为可能的最主要原因,也是财产权的合法性与正当性的最终根源,也是他所谓的正义规则的根本基础。必须指出,休谟的这一有关共同利益感的理论在思想史中具有重大的意义,它开辟出了一个新的政治哲学路径,是规则论的财产权理论乃至社会政治理论的基石。休谟在此提出了一个前提性观点,也就是正义的优先性。他认为财产权乃至规则的衡量标准既不在先天的权利上,也不在主观的善良动机上,而在于正义上。他写道:"在人们缔结了获取他人所有物的协议,并且每个人都获得了所有物的稳定占有以后,这时就立刻产生了正义和非义的观念,也产生了财产权、权利和义务的观念。如果不先理解前者,就无法理解后者。……正义的起源说明了财产的起源。这两者产生于同一个人为的措施。我们最初的、最自然的道德感首先建立在我们情感的本性上,并且使我们先照顾自己和亲友,然后才顾及陌生人,因此,不可能会自然而然地拥有诸如固定的权利或财产权那样一回事,因为人类

---

① 休谟:《论政治与经济》,张正萍译,浙江大学出版社,2011年,第20页。

种种对立的情感驱使他们趋向种种相反的方向,并且不受任何协议或合同的制约。"①显然,休谟对于道德学有别于传统的基于善恶的理解,以他之见,正义优先于善良,是一个社会得以存续的基础。

这一正义是如何产生的呢?休谟在此提出了他的共同利益感的学说,他认为正义就是这样一种共同利益感的表达,只有建立在共同的利益感上,这种正义才成为可能,才成为影响着人类社会的最根本的因素,从而塑造出一个文明社会的规则与秩序。关于共同利益感,休谟是这样看待的,他说人由于本性上的自私、贪欲,以及有限的慷慨,所以在与他人的社会关系中,就会不自觉地达到一种利益上的协调与平衡,因为每个人从自己的利益出发,都会不自觉地感受到有一个近期利益与远期利益的比较,虽然人们总是贪图眼前的利益,总是企图掠夺他人的财物为自己享用,但是这样做的后果,同时也会给自己带来更大伤害,因为其他人也会同样如此去做。所以,如果暂时放弃眼前的利益,选择一种更为长远的利益,他们就会相互达成协议,共同地创造出一种大家共同遵守的规则,并以这种规则来保证长远的更大的利益。休谟写道:"我们只有通过这种方法才能维持社会,而社会对于他们的福利和存在也和对于我们自己的福利和存在一样,都是那样必要的。这种协议就其性质而论,并不是一种许诺,因为甚至许诺本身也是起源于人类协议,这点我们后来将会看到。协议只是一般的共同利益感觉;这种感觉是社会全体成员互相表示出来的,并且诱导他们以某些规则来调整他们的行为。我观察到,让

---

① David Hume, *A Treatise of Human Nature*, edited by L. A. Selby-Bigge, The Clarendon Press, 1896, Book Ⅲ, pp. 491-492.

别人占有他的财物,对我是有利的,假如他也同样地对待我。他感觉到,调整他的行为对他也同样有利。当这种共同的利益感互相表示出来,并为双方所了解时,就产生了一种适当的决心和行为。"①

休谟的共同利益感,实际上是一种个人利益与公共利益的平衡。在休谟看来,这种平衡并不是一种理性的分析或者计算,而是一种内在的感觉,虽然人们对此并没有清晰的理性观念,但凭着一种内在的感觉,指导着各自的行为,达到一种对于大家均有利的可以预期的结果。休谟认为:"如果我们考察用以指导正义和规定所有权的特定的法律,我们仍将得出同一结论。增进人类的利益是所有这些法律和规章的唯一目的。为了社会的和平和利益,所不可或缺的不单是人们的财产应当被划分,而且是我们做出这种划分所遵循的规则应当是那些最能被发明来进一步为社会的利益服务的规则。"②这样看来,休谟把利益问题与财产权的产生机制联系在一起来进行论述,并且强调共同利益感中所形成的规则。对于个人利益与公共利益内在关系的论述,曼德维尔的追求个人利益也会促进公共利益的观点的确令当时的欧洲思想界震惊,而他的观点也可以说是休谟思想的一个起源,有学者认为,"曼德维尔的直接继承者是休谟……如果我的解释是正确的,休谟的发展起点就是曼德维尔的作品"③。休谟对此亦有论述:"正义法则乃是在一种较为间接并且人为的方式下由自然原

---

① David Hume, *A Treatise of Human Nature*, edited by L. A. Selby-Bigge, The Clarendon Press, 1896, Book Ⅲ, pp. 490-491.
② 休谟:《道德原则研究》,曾晓平译,商务印书馆,2011年,第44页。
③ Patten Simon, *The Development of English Thought*, Garland Publishing, 1910, pp.212-213.

则产生的。利己之心才是正义法则的真正根源;而一个人的利己心和其他人的利己心原本是自然相反的,所以这些各自计较利害的情感就不得不调整到一个符合于某种行为体系的状态。因此,这个包含着个人利益的体系,对公众自然是有利的;尽管最初的发明者并不是出于这个目的。"①

在休谟看来,人们的追求尽管在社会生活中是多种多样的,其中不乏自私自利的成分,甚至我们可以假定每个人都追求着自己的私利目的,但是,在人们追求个人利益的社会活动中,一种法律规则的体系不期而然地出现了,这种法律形态的突出标志是私人的财产权制度。在休谟的理论中,财产权显然是一种来自个人私利但又超越了个人具体目的的公共产权规则和制度,正是这种抽象的财产权制度对个人的合法权利提供了强有力的法律保护,并由此构建一个公正的社会秩序。所以,休谟指出:"仅就其本身来考虑,单独的正义行为对私利也并不会比对公益更有益处;我们很容易设想,一个人如何可以因为一个非常的正直行为而陷于窘困,并可以有理由期望,正义的法则对那个单独的行为在宇宙间暂停。不过单独的正义行为虽然可以违反公益或私利,但是整个计划或设计倒确是大大有助于维持社会和个人幸福的,或者甚至对这两者来说是绝对必需的。……因为如果没有正义,社会必然立即解体,而每一个人必然会陷于野蛮和孤立的状态,那种状态比起我们所能设想到的社会中最坏的情况来说要坏过一万倍。"②

---

① David Hume, *A Treatise of Human Nature*, edited by L. A. Selby-Bigge, The Clarendon Press, 1896, Book Ⅲ, p. 529.
② David Hume, *A Treatise of Human Nature*, edited by L. A. Selby-Bigge, The Clarendon Press, 1896, Book Ⅲ, p. 497.

二、财产权的正义规则论

休谟把有关财产权的论述与法律规则的抽象性联系起来,进而揭示出财产权制度的正义本质。事实上,休谟的正义规则理论是其社会政治理论的一个中心内容,也是他的政治哲学的一个极其重要的方面,构成了他的整个人性学说的制度性的支撑。而在其中,财产权问题又是正义规则论的核心。对此,休谟自己曾多次明确指出:"没有人能够怀疑,划定财产、稳定财物占有的协议,是确立人类社会一切条件中最必要的条件"[1],"关于稳定财物占有规则的确立对人类社会不但是有用的,而且甚至是绝对必需的"[2]。哈耶克认为,休谟将正义规则论引入财产权问题的论述中,是对该领域做出的最重要贡献。他写道:"休谟在《人性论》有关'论正义与财产权的起源'的那个章节中,对'人为设立正义规则的方式'的论述,是他在这个领域中所做的最重要的贡献。"[3]

那么如何看待休谟财产权理论的内涵呢? 首先是财物占有问题,即财产权问题。财产权问题是英国18世纪政治思想的一个重大理论问题,如何占有以及占有的合法性与正当性,这个问题是英国古典思想家们所考虑的核心问题,也是财产权理论以及正义规则的最重要内容。这个时期的英国相继出现了两条理论路径:一个是以洛克为代表的权利论的财产权理论,另一个就是以休谟为代表的规则论的财产权理论。休谟与洛克一样,也是从

---

[1] David Hume, *A Treatise of Human Nature*, edited by L. A. Selby-Bigge, The Clarendon Press, 1896, Book Ⅲ, p. 491.

[2] David Hume, *A Treatise of Human Nature*, edited by L. A. Selby-Bigge, The Clarendon Press, 1896, Book Ⅲ, p. 501.

[3] Hayek, *Studies in Philosophy*, *Politics and Economics*, Routledge and Kegan, 1967, pp. 106 - 121.

财物的占有开始他的财产权理论,不过他所遵循的理论路径却与之不同。休谟在财产关系上对于物品的理解具有英国经验主义哲学的特征,对象的存在依赖于人的感觉、经验和观念,财物的本性不在于自身,而在于满足人的需要,这种对物品的界定是休谟财产理论的一个出发点。那么人的需要包含哪些内容?本性如何?这又回到休谟的人性论上来,关于人性休谟写道:"人性由两个主要的部分组成,这两个部分是它一切活动所必需的,那就是情感与知性;的确,情感的盲目活动,如果没有知性的指导,就会使人类不适于社会的生活。"[1]就人类中的情感方面来说,休谟认为,"自然赋予人类以无数的欲望和需求"[2],"我们虽然承认人性中具有如慷慨这样一种美德",但仍不得不说"自私是其中最重大的"[3],特别是处于"野蛮和孤立状态下"的人们,"天性中的贪欲和自私"是建立社会合作的"主要障碍"[4]。这样一来,休谟在财产权问题上首先就摆出了三个基本的因素:一是能够满足人的各种需要的物品;二是人的满足的多样性,特别是人性的自私与贪欲;三是人与物的关系,即通过什么方式能够使自然物品成为满足人的需要的对象,为人所享用和拥有,这就出现了占有问题。

上述三个因素所构成的财物占有关系,在休谟看来,还需要一个重要的补充条件,即自然资源的相对匮乏的环境状态。我们

---

[1] David Hume, *A Treatise of Human Nature*, edited by L. A. Selby-Bigge, The Clarendon Press, 1896, Book Ⅲ, p. 493.

[2] David Hume, *A Treatise of Human Nature*, edited by L. A. Selby-Bigge, The Clarendon Press, 1896, Book Ⅲ, p. 484.

[3] David Hume, *A Treatise of Human Nature*, edited by L. A. Selby-Bigge, The Clarendon Press, 1896, Book Ⅲ, p. 486.

[4] David Hume, *A Treatise of Human Nature*, edited by L. A. Selby-Bigge, The Clarendon Press, 1896, Book Ⅲ, p. 503.

知道,在十七八世纪的英国及欧洲大陆的思想界,普遍存在着有关自然状态的假设。比如霍布斯把他的哲学建立在一种自然资源的绝对匮乏之上,他认为在所谓的原始状态下,自然能够提供给人的资源是极其有限的,因此,人们为了满足自己的欲望,特别是满足最基本的生存和安全的需要,势必将发生为了争夺物品而进行的斗争,这是极其残酷的人与人为狼的状况,也正是基于此,人的理性促使人们相互间建立契约,组成一个政治社会。洛克的观点与之不同,他提出了一个自然资源较为充裕的假设,他认为在前社会的自然状态下,各种各样的自然物品基本上是充足的,可以满足人的各种需要,人们有关建立政治社会的契约更多的是基于人的天赋权利。与霍布斯和洛克相比,休谟认为所谓的自然状态既不像霍布斯所说的极度匮乏,但也没有达到洛克笔下的那种十分充裕的程度,而是一种自然资源相对匮乏的状态。

此外,洛克的财产权理论是一种基于权利论的财产占有论,在洛克那里,经由个体自己的劳动和活动,由此掺入自然对象中,从而使得自然物品划归为个人所有,成为私人的财产。所以,财产权是一种基于人的普遍自然权利的特殊性权利,人通过劳动而把自己的权利转移到物品中来,从而使得物品成为他的占有物,成为他的财物,因此,在他看来,财产权最根本的意义上就是一种通过掺进劳动而对物品的特殊占有。[1] 休谟的观点与洛克不同,他考虑的财物占有方式并不是基于人的自然权利,在他看来,所谓自然权利之类的东西,虽然并不能说完全不存在,但它们对于解决财产权问题并不具有现实的根本意义,人并不是通过自然权

---

[1] J. Waldron, *The Right to Private Property*, Oxford University Press, 1988, pp. 251-253.

利的延伸,甚至通过劳动就能够获得财物的占有权。关键的问题不在于人是否先天就具有占有物品的自然权利,而在于如何达到"稳定的占有"或持续的占有,要获得这样一种稳定性的占有,就不能基于所谓的自然权利,而要寻求新的基础,休谟认为这个基础是规则或法律规则。休谟非常重视财物稳定性的占有,他写道:"当他们注意到,社会上主要的乱源起于我们所谓的外物,起于那些外物可以在人们之间随意转移而不稳定时,他们就一定要去寻找一种补救办法,设法尽可能地把那些外物置于和身心所有的那些固定的、恒常的优点相等的地位。"[1]从占有财物到稳定性地占有财物,这是理论上的一个重大的推进,它意味着政治社会的形成。休谟实际上是推翻了所谓的自然状态的现实存在,在他看来,自然状态只是一种理论的假设,从来不曾现实地存在过,基于自然状态理论的社会契约论也是有问题的,这显然也有悖于卢梭的观念。休谟认为真实的财产权必须依靠人为的设计,通过相互之间的利益协调而设计出一套规则,特别是法律规则,并且把它们转化为生活的习惯,并通过教育进一步予以制度化。

休谟关注的是确立稳定占有的财产权规则对于一个政治社会的关键性意义。他写道:"没有人能够怀疑,划定财产、稳定财物占有的协议,是确立人类社会的一切条件中最必要的条件,而且在确定和遵守这个规则的合约成立之后,对于建立一种完善的和谐与协作来说,就没有什么要做的事情了。"[2]休谟认为,市民社会的正义基础首先在于确立个人对于财产的稳定占有,财产权可

---

[1] David Hume, *A Treatise of Human Nature*, edited by L. A. Selby-Bigge, The Clarendon Press, 1896, Book Ⅲ, p. 489.

[2] David Hume, *A Treatise of Human Nature*, edited by L. A. Selby-Bigge, The Clarendon Press, 1896, Book Ⅲ, p. 489.

以说是正义的一个最重要的源头,只有确立了个人的财产权,才能够在社会划分你与我的区别,你的东西与我的东西的区别,这便是休谟提出的第一个正义规则。休谟指出:"由于我们的所有物比起我们的需求来说显得稀少,这就刺激了自私;为了限制这种自私,人类才被迫把自己和社会分开,把他们自己的和他人的财物加以区分。"[1]所谓稳定性地占有财物,实际上就涉及一个时间性问题。正是这个时间尺度,构成了休谟所谓的必须找到的"某种方法,使我们借此可以划定某些特殊的财物应当归某个特殊的人所有,而其余人类则被排除于其占有和享用之外"[2]。为此,休谟提出了四种以时间为标准划分出来的财物占有的方式,即占领、时效、添附和继承。[3]

在人类政治社会,财产总是处在变化之中,是流动的,并非一开始的拥有,就意味着永远稳定不变。由于经济往来以及各种各样的关系,广泛存在着财产的变化和转移。在休谟看来,财产的转移对于社会生活来说是必要的、必然的,也是允许的。不过休谟认为,财产转移不能是出于暴力的剥夺,也不能通过欺骗等手段,必须是基于一种同意,经财产所有者同意的财产转移才是公正的,也才是为法律所允许的。"正义的规则就要在僵硬的稳定性和这种变化不定的调整办法之间找寻一种中介。但是最合适的中介就是那个明显的方法,即除了财产所有者同意所有物和财

---

[1] David Hume, *A Treatise of Human Nature*, edited by L. A. Selby-Bigge, The Clarendon Press, 1896, Book Ⅲ, p. 495.

[2] David Hume, *A Treatise of Human Nature*, edited by L. A. Selby-Bigge, The Clarendon Press, 1896, Book Ⅲ, p. 502.

[3] K. Haakonssen, *The Science of a legislator*, Cambridge University Press, 1981, p. 28.

产给予另外一个人之外,财物和财产永远应当是稳定的。"①这也是休谟提出的第二个正义规则。

休谟提出的第三个正义规则是许诺的履行,他写道:"有一种特殊的心灵活动伴随着许诺;随着心灵的这种活动又发生了不同于义务感的一种践约的倾向。我可以断定,这两点中不论哪一点都是无法证明的;因此我大胆地断言,许诺是以社会的需要和利益为基础的人类的发明。"②休谟认为许诺必须得到履行,这是一条基本的法律规则,如果人们的许诺不被履行,人与人之间就丧失了信誉,财产的转移也就无法完成,财产的稳定占有最终也将无法得到保障。可以说,休谟提出的以财产权的确立为核心、包含通过同意的财产转移以及许诺的履行等两个补充规则在内的所谓三个基本的正义规则,为文明社会奠定了规则论的法律基础,也为当时英帝国的国内外贸易及新兴资本主义的商品经济提供了强有力的法律基础。

三、商业与公民自由

18世纪有两位探讨商业与公民自由关系的代表人物,一位是孟德斯鸠,一位就是休谟。他们的观点也为后来亚当·斯密《国富论》中探讨商业与自由互利关系确立了某种理论基础。孟德斯鸠在《论法的精神》一书中就两个问题讨论了"商业精神"。第一个问题关于古代贸易共和国;第二个问题是在第9卷至第22卷中,他较为明确地将英国的政治特征说成商业和自由的民族。关

---

① David Hume, *A Treatise of Human Nature*, edited by L. A. Selby-Bigge, The Clarendon Press, 1896, Book Ⅲ, p. 514.
② David Hume, *A Treatise of Human Nature*, edited by L. A. Selby-Bigge, The Clarendon Press, 1896, Book Ⅲ, p. 519.

于古代贸易共和国,他论证说:"当民主建立在商业基础之上时,私人可以在不破坏道德的情况下获得巨富",因为"商业的精神是与其他的精神相伴随的,如朴素、节俭、适度、劳动、谨慎、安宁、秩序和规则"。在后来的著作中,他试图解释商业与不同政府形式的关系,商业在限制"君主的重大而突然的任意决策"中的作用,以及作为对付"最具破坏性偏见的有效手段"。它是人们可以达成一致的根源,是有利于国与国之间和平的主要影响力。[1] 不过,休谟的理论对斯密的影响更大,他曾评价道:"据我所知,迄今为止休谟是唯一一位注意到商业和制造业会带来个人的自由与安全的学者,而在这之前人们大都生活在与邻人邻国的战争之中,而且是奴隶般地依赖于他们的主人。"[2]

在休谟的政治论文中,《论商业》和《论奢侈品》这两篇经济论文可以和《艺术与科学的起源与发展》《论公民自由》构成关于商业与公民自由的政治论题系列文章。它们也证实了福布斯的一个结论,即"休谟的社会政治理论的一个公认的假设前提是:理想的生活依赖于经济的进步"。福布斯认为,这些文章说明,休谟在这些问题上是最不具有怀疑主义的。[3] 当然,强调经济的进步是休谟反对当时许多政治理论只探讨过去的一个重要方面。休谟在这些文章中是围绕着古代与现代国家的实践加以比较而展开的,以它们如何对待商业和奢侈品作为标准。因为古代的实践就是指古代共和国的实践,那么这种比较本质上也就是围绕着古代

---

[1] Albert O. Hirschman, *The Passions and the Interests*, Princeton University Press, 1977, pp. 70-81.

[2] Donald Winch, *Adam Smith's Politics*, Cambridge University Press, 1978, p. 72.

[3] Duncan Forbes, *Hume's Philosophical Politics*, Cambridge University Press, 1976, p. 87.

共和国和现代君主制之间的差别展开的。休谟研究了商业和奢侈品与维持稳定、权力和独立之间的相容性,在他的《论商业》一文中,他以关于这个问题的"现代"立场作为文章的开场白。他说:"一般来说,国家的强盛、国民的幸福、人们在某些方面可能拥有的独立性都与商业分不开。当个体在拥有贸易和财富方面有了更大的保障而不受社会权力的影响时,社会也会因个人富裕和商业的发展而相应地更为强大。"[1]

休谟认为,商业和制造业既增加了个人消费的来源,又增加了君主国家支出的来源,尽管这两者总是处于一种相互竞争的关系。古代共和国,特别是斯巴达,那种限制商业和奢侈品的政策是"暴力的,是与更为自然的方式相矛盾的"。由于缺乏制造业,大量的人力从事农业,而人们由于缺乏能够满足其物质和精神的自然需求的动力与机会而变得懒散和粗野。那么在制造业和手工业发达的国家,人们有着技艺并充满活力,他们能够以其过剩的物质来应付更高的税率,在战争时期为国家提供人力资源。清白的奢侈品也并非与德性不相容,而应该说它也许是实现德性的一个条件。在工业与艺术繁荣的地方,社会充满生气,而人们理智的、社会和技能的能力得到发展。人们提倡温和性情及适度节制,但这并未破坏尚武精神,相反,人们变得更有能力并愿意保卫自己的国家和自己的自由。农民逐渐独立于封建领主,受雇于商人的中等阶层则享受着自由,并较少受到暴政的统治——无论是君主暴政还是贵族暴政。因此,商业有助于自由式政府的维持。与科学及艺术一样,自由式政府比专制式政府更有可能实现商业

---

[1] David Hume, *Essays, Moral, Political and Literary*, edited by T. H. Green and T. H. Grose, Volume Ⅰ, Oxford University Press, 1963, pp. 288-289.

繁荣。不过当时的法国是个特例,在法国这样的绝对君主制是可能取得相当程度的自由的,因为这是一种通过严格公正的司法管理而获得的法律之下安全的自由。休谟这样写道:"学术在专制政府下繁荣的最突出的例子就是法国,那里几乎从未享有法定的自由,但艺术和科学发展得近乎完善,不逊于任何国家……不过必须看到,最近人们又在妒忌法国的商业繁荣,这似乎证明此一箴言并不比前述论断更为肯定可靠。看来专制国君的臣民既可在学术上也可在商业上成为我们的竞争对手。"①

共和主义观念树立了休谟的政治思想结构,令他关注商业繁荣的社会结果。休谟同时还关注新闻自由,他指出英国人享有一种公开批评君主与大臣们的"极度自由","不沉醉于任何政府的自由,无论是共和的还是君主的"。休谟问道:为何这种特权仅仅存在于不列颠,"以及这种自由的无限使用对公众有利,还是会引发偏见"②?针对这些问题,他这样写道:"我们十分了解,要是我们不审慎地防范其发展,要是没有一个便利的方法将警告从王国的一端传达到另一端,专制权力就会偷偷靠近我们。为抑制王室野心,必须经常振奋人们的精神,我们必须用对振奋这种精神的害怕去防范那种野心。新闻自由对这种目的最有效,凭借它,全国所有博学、聪慧与有才之人都会站在自由这边,它的保护也会激励所有人。"③休谟将保护新闻自由和保护宪政中的共和主义与人民因素联系起来。这种自由几乎没有不便之处,并极力主张它

---

① 休谟:《休谟政治论文选》,张若衡译,商务印书馆,1993年,第56—57页。
② David Hume, *Essays, Moral, Political and Literary*, edited by T. H. Green and T. H. Grose, Volume I, Oxford University Press, 1963, p. 604.
③ David Hume, *Essays, Moral, Political and Literary*, edited by T. H. Green and T. H. Grose, Volume I, Oxford University Press, 1963, p. 602.

是普遍可控的。他还宣称，它不像群众煽动会导致平民暴动或叛乱，而是会提高人们的判断力。此外，新闻自由是容易保护的自由，绝不会被逐渐腐蚀。不过，休谟在最后修订其文章时添加了一条简短的结论，指出："不过，也必须承认，无限的新闻自由也是这种混合体制的政府的伴生弊病；我们对此很难对付，也许不可能提出什么补救办法。"①

休谟的政治论文展示了他对自由与自由政府的热爱，他察觉到一些对保护自由与英国宪政中的共和主义因素有危害的东西，也许最严重的危险就是近代发行长期债券的实践。休谟的《论国债》这篇经济论文可谓一篇"警世之作"，他预见无限期地允许扩大国债将导致专政。在这篇文章里，他认为所有以将来的国民收入作为抵押而进行借贷的现代国家，都要面临贫穷、虚弱和屈服于外国势力的危险，这种情况在战争期间尤为明显。古代时期在这方面则较为谨慎，以过去的积累来支持战争。休谟考察了当时为内阁、为整个党派所赞同的国债，他们的赞同有两个理由：对商业和工业的影响，以及对"战争和谈判"的影响。就国债的积极方面来说，休谟承认由债务所产生的新的可流通资本带来的益处：它能够执行货币的功能，并为使用者产生效益，进而有助于贸易发展，降低贸易利润的一般水平，把工业扩大到整个社会。然而，过重的债务也有它消极的一面：以削弱外省为代价扩大伦敦的规模，纸币发行的扩大造成通货膨胀，为维护债务造成沉重的税收，因外国人拥有国债而产生财富转移问题，以及由此产生的有闲食利者阶层。休谟并未停留于讨论和评价国债具体的利与弊，或者试图化解下面两个明显的冲突：国债可刺激贸易，但也可以导致

---

① 休谟：《休谟政治论文选》，张若衡译，商务印书馆，1993年，第4页。

"饱食终日无所事事"阶层的扩大。

在论述这方面的观点时,休谟首先讨论了这样一种观点,即债务是无害的,因为它只是把"钱从右手转到了左手"。维护债务的费用已通过商品税由穷人承担,通过土地税由地主们承担。这种强征的税收包含着"毁灭的种子",因而有其自然的限度。休谟描绘了这样一幅图景:国债的持有者大量地占有国民收入,而这些人与国家并无关系,因为财富的流动性,他们可以逃避税收,并可以"选择居住在地球上任何地方而享受着国债拥有所带来的财富"。他预测了大举国债可能带来的破坏性政治后果:与一切家族的、贵族的观点告别。国债可以瞬间转移,而且由于其不断变动的性质,国债形成的财产鲜有父传子、再传子的三代财产继承。即使在某个家庭它得以几代相传,但国债对拥有者来说也不具有世袭的权威或凭证。这意味着,国家政府中具有独立性的官员也就完全不存在了。在政权中,每一个人的影响力都完全来源于君主或最高统治者的委托。除雇佣军外,已不存在什么方法可以防范或镇压起义或暴动;已完全没有办法可以反抗暴政,行贿受贿等腐败行为支配着选举;君主与人民间的中间力量已不复存在,而严重的专制政治成为一个普遍现象。土地所有者尽管憎恶受穷与受压迫,但已完全没有能力做出任何的反抗。①

为什么休谟会担心国家衰落为一种专制政治?我们得从休谟提出这种看法的原因来进行探究。有不少文章引用休谟的这段话,以及休谟关于国债的一般论述,以证明休谟在政治上同情托利派。福布斯则反对给休谟贴上保守主义的标签,他的这一看

---

① David Hume, *Writings on Economics*, edited by E. Rotwein, Edinburgh University Press, 1955, pp. 98-99.

法也适用于此。① 我们不应该轻易相信对休谟做出保守主义和怀旧派理解的人,尤其是我们知道休谟经常批评动不动就诉诸古代制度并夸大"远古祖先德性"的做法。② 如果非要以当时的政党光谱对休谟加以归类,我们也许可以用"王室"和"乡村"这一被认为在英国混合体制下唯一"自然的"正当区分原则。③ 他热情地解释商业与进步的关系,接受纸币的作用,对商业与纸币对于政党的影响进行了现实主义的分析,这些都可以把他归于"王室"这一端,而在国债问题上,他又站在了"乡村"一边。这一事实也可以作为波考克观点的一个印证,也就是说判断一个人的政党最好是用党派光谱的方法,可以自由地在两端之间调节,而不是非此即彼。④

　　休谟对于大举国债的语言包含着一些灾难性后果的警告。他写道:"不是国家摧毁国债,就是国债摧毁国家。"其方式可能有三种:第一,试图通过财产征税的方式消除债务;第二,国家不堪税负之累,突然盗用偿债基金并拒绝承认债务,尤其在战争期间;第三,更具灾难性的是,国家不能处理棘手事件而屈从于国外的敌人。休谟认为财产征税只能适用于"土地与房屋这样有形的资产",所以他认为第一种方式不太可能被采用。在任何情况下,试图实施一种不切实际的计划来抵销债务只能导致整个信用体系

---

① Duncan Forbes, *Hume's Philosophical Politics*, Cambridge University Press, 1976, pp. 126-127.
② David Hume, *Essays, Moral, Political and Literary*, edited by T. H. Green and T. H. Grose, Volume I, Oxford University Press, 1963, p. 307.
③ David Hume, *Essays, Moral, Political and Literary*, edited by T. H. Green and T. H. Grose, Volume I, Oxford University Press, 1963, pp. 134-143.
④ J. G. A. Pocock, *The Machiavellian Moment: Florentine Political Thought and the Atlantic Republican* Tradition, Princeton University Press, 1975, pp. 493-497.

的崩溃,休谟认为这是"饮鸩止渴"。第三种方式是一种"暴力死亡",如果由土地所有者利益占主导地位的议会不及时采取主动破产政策,如果议会过于注重债券所有者的声音而不谨慎行事,这种"暴力死亡"的情况就会出现。那么这样看来,休谟所偏爱的是第二种方式,即被描述成"自然死亡"的方法。不幸的是,主动破产的政策是最不太可能被"自由式政府"接受的,这里所说的"自由式政府"是相对于像法国这样的君主立宪政府而言的。因此,在自由式政府的情况下,国债是主要的"衰退原因",他们很少在税收高得难以容忍之前准备采取有效的行动,并把"国家的所有财产放在公众的手中"。① 因此,休谟希望在土地所有者和国债持有者之间出现一种"公开的斗争",人数上占绝对优势且教育训练良好的土地所有者代表会大胜国债持有者的代表。他担心的是不出现这样的斗争,因为这两部分人的利益关系已经深深交织在一起,这就使得公众的力量在还没来得及采取冒险激进疗法之前就全面衰亡,而冒险激进的疗法是唯一可行的疗法。②

必须指出的是,休谟所说的冲突是指土地所有者与国债持有者之间的利益冲突,而不是指土地所有者与商人之间的利益冲突。他认为,土地所有者与商人之间在国债方面没有什么真正的不同,也不会有什么特别的利益冲突,除非国债增加到人们已不可容忍的程度。③ 休谟并未说明在这种情况下土地所有者和商人的利益有什么不同,但我们没有理由把商人的利益等同于金融界

---

① David Hume, *Essays, Moral, Political and Literary*, edited by T. H. Green and T. H. Grose, Volume I , Oxford University Press, 1963, pp. 162 - 163.
② *The Letters of David Hume*, Volume II , edited by J. Y. T. Greig, The Clarendon Press, 1932, p. 248.
③ David Hume, *Essays, Moral, Political and Literary*, edited by T. H. Green and T. H. Grose, Volume I , Oxford University Press, 1963, p. 130.

利益。休谟攻击的是国债持有者。他认为,如果国家借贷继续下去的话,商人的利益将和其他阶级的利益一样受到损害。休谟一直坚持这样的观点,也就是说商人是"对社会贡献最大的人群之一"①。

共和主义与商业在休谟的眼中是相容的,他也提到"已确认的观点,即商业只有在自由政府中才能繁荣"②。休谟在《论商业》中阐述了他对商业的基本观点,他认为自从人类从野蛮的渔猎时代进入文明社会以来,农民和工匠扮演着重要的角色,农业固然是社会的基础,但是贸易和商业自古代以来也非常重要,在古希腊和罗马,商业便是维持军政支出的主要来源。古代的共和制度虽然利用商业贸易,但并不是真正的商业社会。商业社会是近代以来伴随着君主制而产生的,它在一个自由的君主国家获得了广泛的发展,呈现出惊人的繁荣,事实证明商业贸易与自由君主制是互相支持、互相促进的。休谟还专门讨论了商业与人性的关系,他认为商业贸易的繁荣符合人性的需要,没有商业贸易,国家不可能强大。他写道:"海外贸易的好处,既使臣民富裕幸福,又使国家国力强盛。对外贸易能够增加国家的产品储备,君主可以从中把他所认为必需的份额专用于社会劳务。对外贸易通过出口可以为制造新产品提供原料,通过出口则可将本国消费不掉的某些商品换回产品。"③

休谟以英国的商贸发达、经济繁荣为例,指出商业和贸易的发展必须以法治与自由的制度作为保障。休谟认为:"一般公认,只要私人经商和私有财产得到社会权力机构的较大保障,社会本

---

① David Hume, *Writings on Economics*, Edinburgh University Press, 1955, p.52.
② 休谟:《休谟政治论文选》,张若衡译,商务印书馆,1993年,第4页。
③ 休谟:《休谟经济论文选》,陈炜译,商务印书馆,1984年,第12页。

身就会随着私人商业的繁荣发达而相应强盛起来。"[1]在他看来，人们的经济行为是以利益为枢纽的，一国的生产活动、贸易交往、财富积累、产品交换、借贷利息以及政府税收等，所有这些都构成了考察的对象。上述这一切经济活动，尽管形态上千差万别，却有着一个共同的本质特征，那就是它们必须遵循一定的规则运行。这就与休谟所提出的三个基本的正义原则产生了联系。正义规则是国民经济的基础，确立稳定的私有财产权，以及财产经过同意的转让和许诺的履行，它们既是法律规则，也是经济规则。

第三节 卢梭与休谟自由观的碰撞

我们知道，卢梭的共和主义自由观是基于自然状态学说及其社会契约论来进行构建的，而作为18世纪坚定的反契约论学者，休谟同时还对自然状态学说进行了批判，两个人的理念显然背道而驰。卢梭认为现代的商业社会是堕落的，科学与艺术的发展并不会有利于社会风俗的改善，而使人们变得虚荣、伪善，现代人与古代人相比更不自由。休谟则认为现代商业、科学与艺术的发展是自由的必要条件，没有现代文明，公民自由则是不可能实现的。卢梭主张在堕落的现代社会，人们获得自由的唯一方式就是通过社会契约，建立一个在公意指导之下的政治共同体。而休谟则认为自由的实现取决于不同的社会发展阶段，自由应当是规

---

[1] 休谟：《休谟经济论文选》，陈玮译，商务印书馆，1984年，第5页。

则限制下的公民自由,不可能是完满的,也不能盲目地扩大。相较于卢梭较为激进的思想而言,休谟的自由观更具有保守主义色彩。

一、自然权利学说的争辩:拓展与批驳

17世纪以来的西方政治哲学家所提倡的自然权利理论是为了揭露封建社会的不公正,同时也为了证明社会变革的合理性。卢梭与休谟对格劳修斯、霍布斯及洛克等近代早期的自然权利学说派都进行了考察。在这个领域,面对一系列的问题,他们的观点体现出了两种完全不同的政治传统。是否有自然法?如果有,它有什么要求?自然状态是否存在?如果有,是否有利于交往的状态还是战争的状态?个人是否拥有自由权、财产权?

自然法观念产生于古希腊时期,是古代自然哲学家在纷繁复杂、变化多端却运行有序的自然世界寻找其起源的过程中"发现"的一种对世界运行方式的看法,这种观点认为整个自然界的有序运行,都遵循了一定的法则。近代早期的自然法学说的代表之一霍布斯认为:"自然律是理性所发现的戒条或一般法则。"①普芬道夫说:"最基本的自然法是每个人都应尽其所能地培养和保持社会性,想要达到目的就必须要重视达到目的的必不可少的手段。因此,所有必然和通常会有助于社会性的事项都是自然法所允许的。"②洛克在《政府论》中也说:"自然状态有一种人人所应遵守的自然法对它起着支配作用;而理性,也就是自然法,教导着有意遵从理性的全人类……"③以上这些对自然法的描述都表明一个问

---

① 霍布斯:《利维坦》,黎思复、黎廷弼译,商务印书馆,1985年,第98页。
② 塞缪尔·普芬道夫:《人和公民的自然法义务》,鞠成伟译,商务印书馆,2009年,第61页。
③ 洛克:《政府论》(下篇),叶启芳、瞿菊农译,商务印书馆,1964年,第4页。

题,即自然法具有先验、理性、正义、道德的特质,不过对具有这些特质的自然法,卢梭并不认可。他认为自然法不是先验的,而是人造的,是人的理性的产物,是人在脱离自然状态、进入社会状态的过程中,通过对自然与人事的考察,"推演"出来的法则。与之相对,卢梭认为找到了一种最符合人的自然本性的自然法,这种自然法"先于理性",是人类行为的"原动力",即人的自爱心和怜悯心,前者推动我们关心我们的幸福和保存我们自身,后者"使我们看见有知觉的生物,尤其是我们的同类死亡或者遭受痛苦时产生的一种天然的厌恶之心",卢梭认为,这两种情感应该才是自然法的真正来源,也是人类行为的原始动力。由此可以看出,卢梭对于"理性的自然法"在解释人的行为的合理性时表示了深深的怀疑,因为"情感的自然法"才是真实可靠的。只有从原始的自然情感出发,才能真正看清人类的天性,因为从情感到行为的"距离"要比从理性到行为的"距离"短得多。

有关自然状态的概念,是17世纪以来的西方政治哲学家为了解释当时社会政治权力、政治权利和政治义务的来源及其合法性而假设的一种"前社会状态",即没有法律、没有政府的人类生活状态。这个自然状态由于科学无法证明其存在,所以造成了一种事实上的"断裂"。因此,只能通过假设和"历史的抽象"来再现这种状态。在卢梭之前已经有几位哲学家对自然状态做出过阐释,首先是霍布斯,他被誉为现代政治哲学的开山之人,对卢梭产生了巨大的影响。霍布斯所描述的自然状态是一种人与人之间的战争状态,是以人性恶为理论基础的自然状态。他认为在人的天性中有三个造成战争的原因:第一是竞争,第二是猜疑,第三是荣誉。第一种原因使人为了求利、第二种原因使人为了安全、三种原因则使人为了求名誉而进行侵犯。不过,这种战争状态并不是一种时时刻刻正在发生着的、具体的战争形态,而是一种首先基于自保从而时刻存在于每个人心中的普遍共有的"争夺意图",虽然没有实际的战争状态,但战争的危险常伴人们左右,随时都有可能爆发。这是一种没有保障的短暂的和平状态,人人自危,没有安全感,因为每个人时刻想要去消灭他人的同时,还要时刻防备被他人消灭。这就是霍布斯所说的"在一个没有共同权力使大家慑服的时候,人们便处在所谓的战争状态"[①]。

洛克并不认同霍布斯的自然状态,他不认为人与人之间是一种战争状态的关系。他认为自然状态是一种基于"人类互爱义务"基础上结成的和平共处的状态,这是一种"完全无缺的自由状态……这也是一种平等的状态","自然状态有一种为人人所应遵守的自然法对他起着支配作用","人们受理性支配而生活在一起,不存在拥有对他们进行裁判权力的人世间的共同尊长,他们正是处在自然状态中"[②]。普芬道夫对自然状态也有明确的表述,他认为:"人要么处在自然状态,要么处在社会状态。"他甚至认为自然状态是一种事实存在的状态,而且"每个人都和其他一定数量的人共处在一个特定的联合体中,即使他们和联合体之外的人没有任何关联,对他们不负有任何形式的义务"[③]。在卢梭看来,这些哲学家所描述的自然状态不是一个简单的自然人所拥有的,就是一个现代文明人所具备的素质。他们所描述的自然状态与社会状态之间的跨度如此之小,以至中间省去了太多的细节。卢

---

① 霍布斯:《利维坦》,黎思复、黎廷弼译,商务印书馆,1985年,第93—94页。
② 洛克:《政府论》(下篇),叶启芳、瞿菊农译,商务印书馆,1964年,第3—13页。
③ 塞缪尔·普芬道夫:《人和公民的自然法义务》,鞠成伟译,商务印书馆,2009年,第115页。

梭认为他们并没有成功地将人的本质从社会中抽象出来,这种对人的抽象应该往回追溯得更远才行。[1]

卢梭的自然状态是一种纯粹的自然状态,在他看来,自然状态首先是一个自然资源富足、人的需要也极其容易满足的状态。在这种状态下,自然人生活在纯粹的"自然世界"之中,整个大自然都是他们生活的地方。其次,自然状态表现为原始人与其他不同类的动物之间的平行关系状态。在纯粹的自然状态下,自然环境是原始人和其他动物共同的生存空间。原始人散居于野兽之间,和其他动物一样,平等而自由地从大自然中各取所需。再次,自然状态表现为原始人面对自身弱点的一种自识状态。卢梭认为,人类和其他动物一样,也有不可避免的命运,即生老病死。最后,自然状态是原始人与自己的同类之间彼此孤立、和平相处的状态。这种自然状态并非霍布斯笔下的那种人与人之间的战争关系和依附关系,卢梭认为在这种自然状态下人是有自由的,而这个自由从表面上看,几乎与动物无异。卢梭在《论战争状态》中也指出:"人生性胆小而平和……那些使人变得勇敢的激情,譬如荣誉、利益、偏见、复仇,在自然状态中都与人相离甚远,攻击人的事是在人们进入社会状态,与人建立社会关系,成为公民之后才发生的事情。"[2]不过卢梭也认为,自然人与动物是有区别的,这个区别就是人有"自由的特质"。他说人是一个自由的主体,可以把受天性支配的行为与自己主动的行为结合起来。动物根据它的

---

[1] Z. M. Trachtenberg, *Making Citizens, Rousseau's political theory of culture*, Routlege, 1993, p. 81.
[2] 卢梭:《政治制度论》,刘小枫编,华夏出版社,2013年,第253页。

天性来决定它对事物的取舍,而人却可以自主选择或放弃。① 这种自由也就是卢梭所强调的自然状态下的"自然自由",它是一种外在的自由,这种自由在本质上是一种消极自由,它基于人自身的有限性而本能地改变自己的行为,以适应环境,实现自由保存的目的。这种自由是和自然人的能力相匹配的。因此,"自然自由"没有任何的道德含义,也没有理性的成分。

休谟在《人性论》第3卷第2章中讨论了普芬道夫、洛克等人所提出的一系列问题:应该如何描述自然状态,权利的起源是什么,判定财产的规则有哪些,应该如何对待信守诺言的义务,等等? 很显然,这些主张自然权利学说的哲学家为休谟在《人性论》中研究正义问题提供了思想议题。不过,休谟对于自然法传统带来的那些问题的回应方式,显示了他对自然法学家们通常提供的答案的怀疑。休谟承认,财产权以及遵守诺言的义务为社会生活提供了制度安排,但是他认为这种安排在源头上是人为的、非自然的。正义法则对于社会生活应该是不可或缺的,因此与社会应该是共存的;在这个意义上,它们本应该被看作自然的。但是在他看来,正义与其他美德不同,不能够直接出自人的激情。他认为,正义法则以及由此派生的各种权利与义务都是人为的,其理由来自他对激情与理解力深入而广泛的思考。

与卢梭不同,在性恶论的理论基础上,休谟至少与霍布斯是一样的立场。他发现根本没有能够促使人们天然友好相处的自然本能或者激情。按照休谟对人性的理解,没有什么本能会促使

---

① Jean-Jacques Rousseau, *Discours sur l'origine et les fondements de l'inégalité parmi les hommes*, *Ouvrages de politique*, in *Collection complète des oeuvres*, Edition du Peyrou et Moultou, 1780-1789, vol. 1, p. 57.

我们听任他人占有财产,或者促使我们兑现诺言。人类种种无节制的激情,比如贪婪与野、炫耀财富、爱慕虚名等等,天性会驱使人们背信弃义和抢夺他人财产。只有通过对这些激情进行人为的限制和引导,才会使得同样的激情互相抵消。这种人为的限制来自一种节制和习俗,即不去染指与他人相连或相关的事物。这一习俗使人们相信他人也会相应行事,而这种信任又因他人的共感和赞许得到加强并充满活力。因而,正义、权利和义务的源头都是非自然的,法律制度的安排从源头上看也是人为的或者说习俗性的。洛克作为那个时代最著名的自然法学家,提出了关于财产权和政府起源问题的权威性的自然法理论。而休谟关于正义的起源的理论则旗帜鲜明地展现出他持反对的立场。洛克有关财产权起源于劳动以及合法的政府来自人民的同意的学说,休谟都不表示赞成。他认为对一个物件施加劳动,或者制造一个物件,都不能产生对那一物件的自然的财产权。一个人与一个物件之间从来没有必然的联系,最多只有或然的联系。至于财产,休谟则认为是一种"因果",而且,在任何因果关系中,我们都可以将原因与结果分离开来。就财产而言,我们总能将一个人与一个物件分离开来,至少可以想象是这样。① 这也是财产权必须依照习俗和一般规则被人为决定的原因。休谟也反对关于政府起源的自然法学说,他不认为合法的政府源于人民的同意。他认为,在历史与经验中都找不到通过初始契约或人民的同意建立政府的证据。相反,他认为,政府起源于征服或者篡夺,政府的合法性来自臣民的如下观念:某些人由世袭或长期拥有而享有权力,或者

---

① Hume, *A Dissertation on the Passions*, in *Philosophical Works*, edited by T. H. Green and T. H. Grose, The Clarendon Press, 1882, p.151.

某些人凭借自己的财产而有权进行统治;最终,政府的权威来自臣民认为政府机制是有用的,是符合自己利益的。

休谟对于道德与政治的自然权利学说的批驳尽管不是面面俱到,却相当深入广泛。他认为人并非天生具有社会性,权利与义务都不是天然的,而是人为或习俗的产物,财产权也并非源于人们的劳动或制造,政府的起源并不是源于人民的同意。休谟将于己于人的实用性和适意性作为道德的基本原则,这也可以说是与自然权利学说相对立的。不过,休谟也保留了一些关于自然状态的自然权利假说,用它来证明市民社会的优点——繁荣、强大和稳定,这些优点都是因为遵循了正义和财产的规则。用同样的思路,休谟描绘了欧洲在罗马法复兴前的状况,认为它与自然状态接近。而在后来的几个世纪中,随着时间的推移,民法的益处在教会以及市民社会中变得越来越明显。[1] 休谟在这里沿用自然状态这一假说,当然不是为了民法建立自然权利的基础,而是用以强调正义与财产规则的非同寻常的实用性。

二、社会契约论的辩驳:革新与批判

契约论的思想最早可以上溯到古代和中世纪,它的核心是这样的一种观念:政治合法性、政治权威以及政治义务都来源于被统治者的认可,都是自由与平等的道德主体自愿同意的人为产物。根据这一观点,合法性和责任取决于一连串自愿的个人行为,而不取决于"天然的"政治权威、家长制、神权政治、神授权力。奥克肖特因此将契约论称为一种关于"意志与技巧"的教义。[2]

---

[1] Hume, *The History of England*, Volume Ⅲ, The Clarendon Press, 1782, pp. 300-301.

[2] Oakeshott, M. *Hobbes on Civil Association*, University of California Press, 1975, p. 7.

17世纪以来的政治哲学大都强调个人意志,由此,"唯意志论"构成其基本特征。这种转向代表了与大多数古代传统的根本决裂,在古代传统里,同意通常不被当作合法性的原则。要想通过意志与技巧建立一个政治结构,就要求以同意作为政治社会的基本原则,这一学说的特征就是"个性习语",而高度统一的集体政治的古代观念则依赖于追求"公共的善"的道德观。霍布斯在《利维坦》第四十二章中指出,"主权者的全部权利都来源于全部被统治者的一致同意"[1];洛克在《政府论》下篇中指出,"自愿的同意赋予……统治者以政治权力"[2]。卢梭在《社会契约论》中指出,"社会的联合是世界上最自愿的行为;既然人人生而自由,人人都是自己的主人,因此没有人能够以任何借口不经他人的许可就差使他"。不过,休谟是个例外,他是坚定的反契约论者。

在普芬道夫、霍布斯、洛克等契约论者的基础上,卢梭对契约论学说进行了较为激进的革新。我们知道,17世纪以来的政治思想的基本特征是唯意志论,强调个人意志与同意是政治合法性的标准。卢梭对这样的传统基本是支持的,有时候还会夸大对洛克这样的唯意志论者及契约论者的支持。他这么评价洛克:那位英国哲学家已经"用一种与我本人完全相同的原则"去考虑政治问题。[3] 在《山中来信》中,在谈到契约与同意时,卢梭也承认,在义务的基础这一问题上,分化出不同的政治理论家:"有些人认为是强权,有些人认为是父权,还有些人认为是上帝的意志。"他说,所有这些政治理论家都建立了自己的义务原理,并对他人予以攻

---

[1] Hobbes, *Leviathan*, edited by R. Tuck, Cambridge University Press, 1991, p. 395.

[2] John Locke, *Two Treaties of Government*, Cambridge University Press, 1988, p. 383.

[3] Rousseau, *Political Writings*, edited by C. E. Vaughan, Volume Ⅱ, Oxford University Press, 1962, p. 206.

击;"我本人也没有其他的办法;通过借鉴讨论这些问题的那些思想家的最合理的成果,我得出结论,政治体成员之间的契约才是这种政治体的基础。"他以反问作为总结:"除了本人约束自己所立的自由协议外,还有什么更能够成为人与人之间的义务的基础?"[1]唯意志论被用于解释合法性问题时,却不能说明意志产物的内在的善。也就是在这里,卢梭支持一种特殊的意志观,他认为,在古代政治中,特别是在斯巴达与罗马共和国的政治中,有某种统一的、联系紧密的东西——他称之为"公共性",卢梭试图用唯意志论证明它的合法性。实际上,卢梭的政治理想是古代政体;现代人在关注义务的理由的同时,把那种政体当作完美的政府形式来向往。卢梭反对的是早期契约学说的所谓"原子论",希望古代的"公共性"——非个人主义,或者说是一种前个人主义——能够经由同意得到合法化。因而,卢梭把"公共意志"即"公意"作为自己政治学说的核心。

在《社会契约论》中,卢梭致力于解决一个问题,即合法的社会秩序是否能够存在,协调利益与正确之事,协调公利与公正。既有的社会纽带制造了两种不自由:支配与依附。第一个是不平等的结果,有权有钱者支配贫穷弱小者。第二个则是人们屈从于社会舆论的结果。富贵者与贫穷者一样令自己屈从他人的观念,从他人眼中看见自己。对于卢梭,问题是建立一个自由公民的社会,这个社会与独立而非自然的自由相结合,与消灭世袭的附属关系相结合。卢梭的解决之道就是他的社会契约版本。社会用全部的力量保护每个成员及其利益;每个人,当与他人合作时,

---

[1] Rousseau, *Political Writings*, edited by C. E. Vaughan, Volume Ⅱ, Oxford University Press, 1962, pp. 200 - 206.

"将只是服从他自己,像从前那样保有自由"。每一个合作者交出他的自然自由,但不是通过令自己屈从他人的方式。相反,每个合作者让渡他自己和他的全部权利给整个社会。所有人都是一样的安排。通过服从所有人,个人就不服从任何一个特定之人,在其他人中的每一个人身上得到他所放弃的平等。在社会契约中,合作者只服从社会,集体行使他们生活所要遵循的规则,这种公意不是他们自己的特定意愿来统治他们,而是所有公民的共同意志,代表着社会的共同善,因此就是社会的统治权。[1] 公意必须是普遍的、立法的规则,而不是特殊的或者行政的决策。它也必须平等地运用于所有人。因此,它能够决定要运用于全体的普遍原则。对于卢梭来说,公民自由在其生活的法律之下来保护,这种自由取代了自然自由。公民自由是法律之下的自由,因此受到共和主义自由的保护,作为统治的成员参与政治。自由甚至呈现出道德特征——服从人们为自己制定的法律。[2]

休谟可以说是18世纪中期最强烈的反契约论者,他与卢梭对待洛克学说的方式是截然相反的。洛克的学说在18世纪前半个世纪里,从一个备受质疑的革新观念变成了被普遍接受的正统思想,但是休谟全面地对他的契约论展开了攻击。在《人性论》与《论原始契约》中,休谟努力切断贯穿在洛克政治学说中的三条相互缠绕的线索:契约论、唯意志论以及自然法。为了瓦解洛克的自然法,休谟指出,理性与上帝都不能提供自然法:理性之所以不

---

[1] Robert Derathé, *Jean-Jacques Rousseau et la Science Politique de son Temps*, Librairie philosophique J. Vrin, 2009, pp. 232 - 233.
[2] Maurizio Viroli, "The concept of ordre and the Language of Classical Republicanism in Jean-Jacques Rousseau," in *The Language of Political Theory in Early Modern Europe*, edited by A. Pagden, Cambridge University Press, 1986, pp. 159 - 178.

能,因为它是"被动的"和"惰性的",不具备积极的道德感情或情操。上帝之所以不能,是因为上帝的真实存在是无法证明的。为了反驳洛克的唯意志论,休谟指出,意志不是一种自动的道德因,而只是完全决定了的经验心理数据。他说:"决定了一个人杀害他的父母的原因,是意志或选择;而决定了一棵橡树幼苗毁灭它由以生长的老树的,是物质和运动的规律。因此在这里,同样的关系具有不同的原因,但是那些关系仍然是同一的。"[1]所以,很显然,休谟不会像洛克那样,认为我们通过资源的协议来拥立统治者,后者的主要职责就是保护(生命和财产)的自然权利,而这些自然权利又是源自上帝或理性赋予的"自然法"。

在《论原始契约》中,休谟也鲜明地提出反对契约论的观点,并从历史与哲学的维度进行批判。他认为,就像一些正常的人,在看见了一具被谋杀的尸体后,心中会涌出一种"责难情绪",同样,所有的社会制度,之所有得到推崇和维护,不是因为别的,而是因为我们普遍分享的对其必要性与实用性的感受。因此,在休谟看来,契约论学说不只是历史学上的错误,还有哲学上的荒谬。从历史上看,政府实际上形成于暴力,后来才慢慢获得了表面上的可接受性;从哲学上看,既然服从政府的真正理由在于,没有这样的政府,社会就不能存在,那么,就没有必要再把服从的义务建立在同意或者默许的基础之上。因为我们要问:"我们为什么必须遵守诺言?"在休谟看来,唯一可能的答案是,遵守诺言是必要的,完全是因为在人人不都不在乎自己的承诺的地方,是不可能谈什么安全的。既然一般性服从以及承诺这两者的基础都在于

---

[1] Mark Goldie and Robert Wokler, *The Cambridge History of Eighteenth-Century Political Thought*, Cambridge University Press, 2006, p. 356.

大家都认识到了它们的现实好处,那么把一个建立在另一个的基础之上,即把义务建立在"意志"之上,就是愚蠢的。他说:"我们把一个化解在另一个里面,是不会有任何收获的",因为"社会的一般利益或社会需要足以建立这二者",情操必须取代契约、意志、理性与上帝。[1] 休谟最终做出了一个刻薄的结论:"不要指望在这些事情上有什么新发现。如果说最近很少还有人设想政府建立在契约基础之上,那当然是因为一般说来它根本不可能有这样的基础。"[2]他认为人类牢不可破的特权无须建立在一个虚构说法的脆弱基础上。同样是功利主义者的边沁也认为功利效用观念完全可以揭露社会契约论是一种"危险的胡说","功利原则只要得到正确理解与稳健使用,就能在道德、政治,尤其是法律领域)提供一个指导人们的唯一线索"。[3] 作为保守主义者的休谟用功利主义来维护社会的连续性与稳定性,并且信奉"功利情感"本身就能支撑和证明社会制度。

三、商业社会公民自由的论争:赞扬与抨击

对于近代商业社会的看法可以说是卢梭与休谟共和主义理念之间最大分歧之处。休谟认为,"商业能促进勤劳,把这种精神带给每个社会成员,自然而然地流传开来,使人人不当无用废物与草木同腐。商业能发挥节俭,使人人安居乐业,发挥一技之长来求利;这种技艺很快就使人精神有所寄托,转移奢侈逸乐的癖

---

[1] Hume, *Of the Original Contract*, *Political Essays*, edited by K. Haakonssen, Cambridge University Press, 1994, pp. 196-197.

[2] Hume, *Of the Original Contract*, *Political Essays*, edited by K. Haakonssen, Cambridge University Press, 1994, p. 201.

[3] Bentham, *A Fragment on Government*, Cambridge University Press, 1988, pp. 51-52.

好"①。在《论艺术与科学的起源与发展》中,休谟赞同普遍公认的看法,认为幸福大体包括活动、消遣和悠闲三个方面。在使人快乐的诸多因素中,显然财富占有首要的地位。稳定地拥有财产,是实现个人幸福的前提。一个没有确切而又稳定的财产权的个人,显然是没有资格来谈论他的自由与幸福的。卢梭则在其《论科学与艺术(第一论)》及《论人类不平等的起源(第二论)》中完全站在休谟的对立面,他谴责了文明社会普遍存在的民风败坏与道德缺失;并且断言,私有财产是非自然性不平等的祸根,并导致政府、统治者以及暴力的产生。

休谟着重讨论了财富满足人的需要的主观本性的问题,并且在之后的系列经济论文中对于人的心理本能能够促进商业繁荣给予了充分的论述,其中最著名的一个论点就是有关奢侈有益于商业经济的看法。按照卢梭的古典共和主义观点,力行简朴一直是一种良好的美德,不仅在道德上可圈可点,而且在当时的社会中也获得普遍的认可。但是休谟质疑简朴持家的商业美德,与此相对,他试图恢复"奢侈"的声誉。他认为"奢侈"一词既可以用于贬义,又可以用于褒义,人们对于财富的享受,追求生活品质,甚至奢侈浮华等,只要不沉溺物欲、放纵无度,就没有什么可以指责的,甚至还有助于商业的繁荣与发展,至少促进了精工细作的产业的发展。他说:"一切美化生活的商品的增加和消费,都对社会有好处;因为它们在成倍地扩大满足那些无害的个人欲望的同时,也增加了劳动产品的储存,这种储存在国家一旦出现紧急情况时,就会转入社会劳务。"②按照休谟的观点,人性上不断进化的

---

① 休谟:《休谟经济论文选》,陈炜译,商务印书馆,1984年,第46页。
② 休谟:《休谟经济论文选》,陈炜译,商务印书馆,1984年,第21页。

欲求，特别是不断追求精细、考究、奢华的精神上的需求，对于一个社会的物质财富的增长是大有益处的，它们直接导致了技艺的日新月异，带来了文化艺术的发展繁荣，对自由是相当有利的，"具有一种维护自由政府的天然趋势"[1]。

休谟将三种值得尊重的结果归功于奢侈。他说道，"当工业与技术繁荣之时"，"人们保有终身职业，作为他们的酬劳，享受职业本身，也享受那些作为其劳动成果的快乐"。结果是，"头脑获得了新鲜活力，扩展了能力与优势。依靠工作的勤劳，两者都满足其天然的欲望，阻止了残忍欲望的发展，当受到安逸懒惰的滋养之时，它们一般都会出现。"第二个主要的工业与机械技术改善的好处是它们一般会改善博雅的文科。"产生大哲学家与政治家，有名望的将军与诗人的同一个时代，通常也产生技艺精湛的编织者与造船匠。"在值得注意的三种结果中，最后一个也许最重要，因为这些改善了交谈，增进了社交性。如休谟所言："勤勉、知识与人道，被一条坚固的链子系在一起，从经验与理性中获得，是更为优雅的，以及一般被命名为更为奢侈的时代特有的。"[2]

这样看来，休谟拿古代社会作为一个反面教材就不足为奇了。他认为，古代共和国是"残暴的，违背事物更自然与通常的进程，尤其是在斯巴达"[3]。古人也许热爱自由，但他们不懂自由。古代共和国没有贸易、制造业与工业，古人的衣着太简朴以致无法推动商业的发展。古代公民除了从事公共事务和战争以外，并

---

[1] 休谟：《休谟经济论文选》，陈玮译，商务印书馆，1984年，第25页。
[2] David Hume, *Essays, Moral, Political and Literary*, edited by Eugene F. Miller, Indianapolis, 1985, pp. 270-271.
[3] David Hume, *Essays, Moral, Political and Literary*, edited by Eugene F. Miller, Indianapolis, 1985, p. 259.

不亲自承担物质财富的创造,他们并不是直接地进行物质生产。他们是依靠奴隶来维系整个城邦的社会生活的,因此古代还不是一个经济社会。与此相反,近代市民社会应该是一个人们自己直接进行生产和劳动、交换和贸易的经济社会,每个人都没有理由也不可能由国家提供必需生活用品,而是自己追求物质生活的创造与享受。休谟并不认为近代市民生活意味着繁重的劳役和人民的贫穷,在他看来,技艺进步和商品发展打破了陈旧的社会结构,分化了土地所有者及其奴隶两个等级,农民逐渐富裕起来,与此同时,手艺人和商人都挣得了财产,赢得了第二流人物的势力和声望,成为社会的中坚。这个在近代市民社会中日渐成为主体的资产阶级,他们不仅追求财富的占有,而且追求财富的稳定占有,即诉求一种保护财产权的法律政治制度,并在此基础上形成了自己的生活方式、审美趣味与文化时尚。

卢梭则对商业社会以及奢侈进行了猛烈的抨击,他还着重论述了人类社会的腐败问题,并且认为只有古代共和国才有自由的可能。卢梭首先勾画出一种历史发展学说,根据这一学说,人类最初应该是生活在一种纯粹动物性的、非社会性的自然状态,终日只为饥饿和性欲所驱使。在那个单一的状态下,人的唯一性情就是自爱与同情,但是在人类繁衍的过程中,这种简单的生活方式消失了。渔猎生产要求人们互相合作,由此产生了最初级的社会生活方式。他指出,人类后来从游牧到定居农业及冶金术的发明的连续阶段,每一个阶段都涌现出更多的奢华、更强的自私之心、更严厉的富人对穷人的专制,乃至社会权力变得越来越精细和复杂。卢梭认为这些发展阶段说明了人性的堕落和腐败;他对历史的深刻思考,否定了同时代例如休谟等人的进步观念,而且否定了奥古斯丁的原罪学说。卢梭认为,原罪是人类历史与文明进程中的产物,并且在从农业社会到商业社会的转变中达到了顶点。

在审视自由与艺术及科学的关系上,卢梭也与休谟的观点截然相反。在他的《论科学与艺术(第一论)》中,他就认为艺术和科学的进步不会有助于社会风俗的发展。摩莱里(Morelly)认为,卢梭在这一问题上给出了错误的答案。他写道,卢梭是一位"勇敢的诡辩家",他选择了从现存的财产制度所导致的恶这一基础上来审查人性,而未能认识到艺术和科学如何能够使社会脱离野蛮,并且由于增加了全人类的幸福,从而改善人们对真正的社会契约的认识。① 在卢梭看来,社会是与人性相违背的状态;只有通过一种特殊的组合,即将抽象的国家与间接选举出来的政府相结合,才能阻止人类的需求飞快陷入自我奴役,而陷入以需求为基础的社会制度必将导致专制。卢梭认为没有一个可行的自然机制,能够阻止人类的通常的生存需求("自爱")转变为更有反思性的以自我为中心的对"自尊"的需求。就像在必需品、便利品和奢侈品之间没有清除的界限一样,后一种需求被混同为前一种需求的结果。甚至是最早的便利品,也会由于变得习以为常而成为真实的需求。他写道:他写道:"这些物品包括:语言的使用,出于自我保护目的建造房屋,以及一些简单的发明,如弓、箭、投石器和矛。一旦工艺要求多人的合作,人类生活就无可挽回地陷入了它自己编织的网中。"② 卢梭认为,铁器和谷物既使人类变得文明,又毁灭了整个人类。只要生存完全是个人问题,个人与他人的联系

---

① Mark Goldie and Robert Wokler, *The Cambridge History of Eighteenth-Century Political Thought*, Cambridge University Press, 2006, p.476.

② Mark Goldie and Robert Wokler, *The Cambridge History of Eighteenth-Century Political Thought*, Cambridge University Press, 2006, p.479.

就会是一个次要问题。但是当个人生存变得依赖于其他人时,人就不能逃离社会,以需求为基础的奴役将每个人束缚到一个此前无人同意归属的社会。

为了避免出现无人同意归属的社会,卢梭认为唯一的办法就是创造一个人人都同意归属的社会。在这个体制内,唯一的自然要素就是社会成员的内心情感。在"祖国"这个新对象的面前,社会成员的内心情感将受到感化,变得崇高,除此以外,没有其他事物是自然的。在这个共和国里,没有公共财产的痕迹,没有按生产耐用品和非耐用品而划分的自然的劳动分工。国家作为人造的产物,本身不会有任何与人一样的需求。国家可能需要钱,但卢梭坚定地认为,钱是国家腐败的标志,而不是国家富强的手段,并指出依赖志愿服务,哪怕是法国的强迫劳役,即提供无偿劳动的义务,也比依赖诸如发展公共财政的做法危险小得多。卢梭认为,单纯强调私有财产制度,只会导致他担心的结果,那就是私有财产成为人类不平等的起源,激起人类无限的贪欲与野心,导致公共事务的衰落与公共利益的灾难。卢梭认为在自然状态下,人们幸福而善良,但是贫富分化的社会则让人变得悲惨而堕落。

综上所述,我们不难发现,休谟认为商业经济与共和主义是不矛盾的,商业经济的发展,有利于培育共和主义所需要的道德风俗。而卢梭则相反,他认为商业经济的发展破坏了经济上的自给自足,新的经济秩序带来了财产分割以及经济的不平等,而这就导致了社会道德的退步与腐败。因为腐败诞生于不平等中,而不平等创造了私人依附的关系。休谟是一个对文明社会具有广泛认同的思想家,他不像卢梭那样比较极端地反对社会中的一些奢靡腐败,而是认为一个健康的市民社会应该是艺术繁荣、品位精致、风俗开化、经济富裕、人人都有教养的文明社会,或者说是一个绅士化的君子之国。但是在卢梭看来,完美的文明社会只有通过模仿古代城邦的共和国才有可能。这种小型的共和国,没有受到商业与奢侈的侵蚀。公民是最高大会的全体成员,以美德和爱国主义为标志,公民自由也因此才能实现。卢梭认为共和主义自由不适合现代国家,实际上这也意味着他放弃了在现代商业国家拓展共和主义的努力。而休谟希望通过设立共和主义制度来使自由可以在近代商业社会中得以实现,事实上对共和主义传统产生了比卢梭更伟大而长久的影响。①

---

① David Wootton, *Republicanism, Liberty, and Commercial Society*, 1664 - 1776, Stanford University Press, 1994, p. 217.

第三章
卢梭与休谟的共和主义政体观

孟德斯鸠认为,政体有三种:共和政体、君主政体和专制政体。这种关于政体的三分法正是其伟大著作《论法的精神》的基础。共和政体又可分为两类,即民主与贵族政体。[①] 在孟德斯鸠的影响下,狄德罗主编的《百科全书》中关于"république"(共和政体的法文书写)的定义是:"一种政府形式,其中人民整体或一部分人民拥有主权",它可以是民主制的、贵族制的或联邦制的。或许是受孟德斯鸠的影响,休谟也持有相近的观点,他在《政治论》(1741年、1742年以及1752年)中大致采取了绝对君主制与纯粹共和制这样的区分。卢梭则不一样,他不是从政府形式而是从正当政体、理想政体来定义共和制的。在《社会契约论》中,他给出的定义是:"凡事实行法治的国家——无论它的行政形式如何——我就称之为共和国;因为唯有在这里才是公共利益在统治着,公共事务才是作数的。一切合法的政府都是共和制的"。[②]

卢梭的政体学说是建立在对"主权者"及其特殊地位的认知

[①] 孟德斯鸠:《论法的精神》,许明龙译,商务印书馆,2015年,第18页。
[②] Jean-Jacques Rousseau, *Ouvrages de politique*, *Du Contrat Social*, in *Collection complète des oeuvres*, Edition du Peyrou et Moultou, 1780 - 1789, vol. 1, p. 231.

基础之上的。有了主权者,所谓的民主制、君主制、贵族制等政体就有了共同的基础,君主制及贵族制便不再是独立于人民主权之外的政体形式。同时,由于有了不可移易的主权者,任何形式的政府都没有当然存在的权利。休谟的政体理论则是基于人性本恶的立场出发,对政体的认识开辟出一种新的理论路径,这一路径与卢梭的政体理论有着较大的区别:在卢梭看来,政治制度可以调动人民的意志去实现绝对的平等与自由,但是休谟认为政治制度只是一种防范措施,并没有责任去实现更高的目标,也不具有超越个人的国家意志。

第一节 卢梭的共和主义政体观

在卢梭的共和主义政体观中,"政体"这一概念实际是指政府及行政权。卢梭对政体的分类和设计,是就政府与"主权者"的关系而言的。卢梭认为,处于自然状态的人们到一定的时候总会感到需要联合起来,以便克服生存遭遇的种种障碍。人们联合起来的方式就是缔结一个社会契约。卢梭试图用社会契约的理论把全体国民"结合"成主权者,又把主权者放在一切政体形式之上,给了政府一个新的定位。

一、主权者与政府

"主权者"(Souverain)这一概念在卢梭的共和主义语境中指自然人通过社会契约相互结合而形成的人类社会或政治体。"这一由全体个人的结合所形成的公共人格,以前称为城邦,现在则称为共和国或政治体;当它是被动时,它的成员就称它为国家

(Etat);当它主动时,就称它为主权者(Souverain);而以之和它的同类相比较时,则称它为政权(Puissance)。关于结合在一起的集体称谓,他们整体上称为人民(Peuple);作为行使主权权力的个体,就叫作公民(Citoyens);作为国家法律的服从者,就叫作臣民(Sujets)。但是这些名词往往互相混淆,彼此通用;在完全精确地使用它们时,我们知道加以区分就可以了。"① 如此看来,这样形成的共同体就是整体意义上的人民,也就是国家。其中的个人是公民,作为整体的人民也是国家的主权者。所以卢梭把作为整体组织起来的人民整体定义为"主权者"。主权者享有主权。主权在本质上就是主权者这个共同整体的共同意志——"公意"。因此,卢梭认为主权属于并且只能属于主权者本人——人民整体。②

"主权者"有时是作为一种具体的人的集合来使用的,是指由一个社会的成员通过社会契约形成的集团;有时则是作为一个抽象的独立的人格来对待的,是指称一种无法也不能由其他任何个人或集团所代替的"集体的生命",并且这一集体的生命是拥有自己的独立的意志的。不仅如此,"主权者"这一称谓,有时是可以主动的、强力的,可以要求自己国家的公民提供任何他可以提供的服务(即履行他的义务),而且只要这种义务对集体不是毫无用处的,该公民就必须履行;有时又可以是被动的,必须有一个执行人,更恰当地说是一个代理人,以体现其意志,运用其强力。由此可以看出,在卢梭那里,国家与社会是统一的。社会契约的最重要的目的是人们要通过社会契约,"找出一种结合的形式,使它能

---

① Jean-Jacques Rousseau, *Ouvrages de politique*, *Du Contrat Social*, in *Collection complète des oeuvres*, Edition du Peyrou et Moultou, 1780-1789, vol. 1, p. 206.

② Jean-Jacques Rousseau, *Ouvrages de politique*, *Du Contrat Social*, in *Collection complète des oeuvres*, Edition du Peyrou et Moultou, 1780-1789, vol. 1, p. 216.

运用全部共同的力量来保卫和维护每个结合者的生命和财产,并且由于这一结合而使每一个与全体相联合的个人又只不过是在服从自己本人,并且依然像以前一样自由"①。而这一结合的后果就是人类脱离自然状态,进入社会状态,形成国家。确切说来,主权的行为又是什么呢？它并不是上级和下级之间的一种约定,而是共同体和它的各个成员之间的约定。它是合法的约定,因为它是以社会契约为基础的；它是公平的约定,因为它对一切人都是共同的；它是有益的约定,因为它除了公共的幸福以外没有任何别的目的；它是稳固的约定,因为它有着公共的力量和最高权力作为保障。只要臣民遵守的是这样的约定,他们就不是在服从任何别人,而只是在服从他们自己的意志。② 那么对于卢梭笔下"主权者"的概念,我们也可以有一个更加立体的认识："主权者"从形成的过程和基础来看,是所有社会成员的组合；从存在的方式来看,是国家、社会和政权；从目的和实质来看,是公共意志、公共的幸福。

卢梭所构建的主权者,是一个公共的道德人格。从一方面来说,这一道德人格要表达公意,就必须执行一定的事务,因此需要一个由具体的人组成的实在的代表或者执行人；另一方面,这一道德人格要代表公意,又必须与结合者即组成它的社会成员、社会契约的缔结者保持经常的联系,进行必要的沟通,因此,也需要一个由具体的人组成的实在的桥梁,这就是卢梭共和主义政体观中的"政府"的角色。那么,什么是政府呢？政府就是在臣民与主

---

① Jean-Jacques Rousseau, *Ouvrages de politique*, *Du Contrat Social*, in *Collection complète des oeuvres*, Edition du Peyrou et Moultou, 1780-1789, vol. 1, p. 204.
② Jean-Jacques Rousseau, *Ouvrages de politique*, *Du Contrat Social*, in *Collection complète des oeuvres*, Edition du Peyrou et Moultou, 1780-1789, vol. 1, p. 225.

权者之间所建立的一个中间体,以便两者得以互相适合,它负责执行法律并维护社会的以及政治的自由。① 卢梭认为,政府的作用就是实现主权者的角色的转换,在于实现臣民即社会成员与主权者之间的沟通。也就是说,对于主权者而言,当它必须反映社会成员的公共意志时,它是被动的,被称为国家;当它为了实现公共意志而要求某个社会成员配合时,它是主动的,被称为主权者。政府就是这样一个"国家与主权者之间的联系,他对公共人格所起的作用很像灵魂与肉体的结合对于一个人所起的作用那样。这就是国家之中要有政府的理由"②。

卢梭在《社会契约论》第三卷第一章"政府总论"开篇提道,"人的所有自由行为,都是由两种原因共同作用而产生的:一种是精神原因,即决定这种行动的意志;另一种是物理原因,即执行这种行动的力量","政治体也有同样的动力,我们在这里可以同样区别力量与意志;后者叫作立法权力(puissance législative),另一个叫作行政权力(puissance exécutive)。没有这两者的协作,任何事情都不会或不应该做出来"。③ 卢梭做了一个形象的比喻:"立法权是国家的心脏,行政权则是国家的大脑,大脑指使各个部分运动起来。大脑可能陷于麻痹,而人依然活着。一个人可以麻木不仁地活着;但是一旦心脏停止了它的机能,则任何动物马上就

---

① Jean-Jacques Rousseau, *Ouvrages de politique*, *Du Contrat Social*, in *Collection complète des oeuvres*, Edition du Peyrou et Moultou, 1780–1789, vol. 1, p. 254.

② Jean-Jacques Rousseau, *Ouvrages de politique*, *Du Contrat Social*, in *Collection complète des oeuvres*, Edition du Peyrou et Moultou, 1780–1789, vol. 1, p. 254.

③ Jean-Jacques Rousseau, *Ouvrages de politique*, *Du Contrat Social*, in *Collection complète des oeuvres*, Edition du Peyrou et Moultou, 1780–1789, vol. 1, p. 253.

会死掉。"①他把立法权比作心脏,决定人的生命;而把行政权比作大脑,支配人的四肢。换言之,立法权才是核心,行政权只是生命的运动而已。立法权具体而言,不能针对哪一个社会成员,而必须以全体社会成员的公共利益为依归;而行政权力即政府的行为则是个别的,是执行法律的行为。因此,政府只不过是主权者这一公共人格意志的体现,政府的一切行为必须符合公意的指示,即主权者的意志。卢梭在这里将"主权者"与"政府"两个概念进行了严格的区分,他认为"政府和主权者往往被人混淆,其实政府只不过是主权者的执行人"②。政府是人民的代理人,是受人民委托、任命而行使行政权的组织。政府不是主权者,主权者永远只能是人民自身。人民的主权主要表现为立法权,政府只拥有执行法律的权力。因此,主权者与政府两者力量的最大差别就在于:主权者是一种最高权威,享有立法权,不仅可以强迫个人服从公意,在某些情况下,甚至可以强迫国家共同体,从而在对内和对外两方面体现出力量的存在。而政府只具有执行的权力,而且只能强迫个人。

卢梭延续着洛克、孟德斯鸠等人对国家权力防范的思考,他提出必须严加防范政府的滥用权力、篡夺主权者权力的倾向。在卢梭看来,主权者是通过社会契约结成的,而缔结社会契约的则是全社会所有的成员。卢梭提出,一个国家必须始终维护主权者的权威。由于主权者即人民所掌握的权力就是立法权,而立法权是通过人民集会才能行使的,所以维护主权者的权威的关键就是

---

① Jean-Jacques Rousseau, *Ouvrages de politique*, *Du Contrat Social*, in *Collection complète des oeuvres*, Edition du Peyrou et Moultou, 1780–1789, vol. 1, p. 294.

② Jean-Jacques Rousseau, *Ouvrages de politique*, *Du Contrat Social*, in *Collection complète des oeuvres*, Edition du Peyrou et Moultou, 1780–1789, vol. 1, p. 254.

确保人民经常集会。他说:"十人会议就是这样的;起初他们当选的任期是一年,而后又延长一年,终于便不再允许人民大会集会,以期永远保持他们的权力。世界上的一切政府,一旦假之以公共力量之后,迟早都是用这种简便的方法来篡夺主权权威的。我在前面所谈过的定期集会,是适用于防止或者推延这种不幸的,尤其是当这种集会并不需要正式召集手续的时候。因为这时候君主若是加以阻止,便不能不公开宣告自己是法律的破坏者和国家的公敌了。"[1]卢梭还强调,人民应当像古罗马共和国时期的公民那样亲自参加集会,而不能将集会的权力转交给代表。由于主权的本质是公意,正如意志不可转让一样,意志也是不可代表的。而且"这种只是以维护社会公约为目的的集会,永远应该是以两个提案而开展;这两个提案绝不能取消,并且要分别进行表决:第一个是"主权者是否愿意保留现有的政府形式",第二个是"人民是否愿意让目前实际担负行政责任的人们继续当政"[2]。

因而在卢梭看来,人民和政府的关系不是契约关系,而是一种任命关系——人民任命政府作为人民代表行使执行法律的权力。所以,人民可以随时撤换政府。人民掌握着立法权这一根本的具有决定意义的权力;人民控制和决定行政权的形式、运作和命运。政府只不过是主权者的执行人,是为主权者服务的。各种形式的政府都必须以主权者的意志为指导,否则,这个政府实质上就是一个已经蜕变了的政府,是一个可以称作陷入了解体状态的政府。这时的政府就是违背了人们订立社会契约的初衷的政

---

[1] Jean-Jacques Rousseau, *Ouvrages de politique*, *Du Contrat Social*, in *Collection complète des oeuvres*, Edition du Peyrou et Moultou, 1780-1789, vol. 1, p. 309.

[2] Jean-Jacques Rousseau, *Ouvrages de politique*, *Du Contrat Social*, in *Collection complète des oeuvres*, Edition du Peyrou et Moultou, 1780-1789, vol. 1, p. 310.

府。在政府违背这一初衷时,"社会公约就被破坏了;于是每个普通公民就当然地又恢复了他们天然的自由,这时他们的服从就是被迫的而不是有义务的了"①。人们就有权推翻原来的政府,解除对他们的委托,重新订立新的契约,组织新的政府。政府并不是从专制权力开始的。专制权力只不过是政府腐化的结果,是政府的终极点。由此也可以看出,卢梭的政体思想中,居于决定地位的是主权者。主权者享有主权,也就是立法权。

二、人民主权论

学界普遍认为,人民主权学说的提出和论证,是卢梭对近现代政治学、法学理论做出的重大贡献。自从主权这一概念(法文Souveraineté,英文Sovereignty)由法国思想家让·布丹(Jean Bodin)首先提出后②,西方学者们围绕着主权的归属问题展开了激烈的争论。从16世纪到18世纪,西方政治思想主流理论中确认的主权的主体身份经历了由专制君主主权到议会主权再到人民主权的转变。布丹、格劳修斯、普芬道夫、霍布斯等人都是专制君主享有绝对主权的拥护者。我们不能简单地仅由那个时代的学者是否拥护君主专制王权来判断其思想是否具有进步意义,在那个时代主张君主绝对权力的学者,主要关注防范当时在西欧社会仍然普遍存在的天主教会的权威,以及因封建领主的割据自治、相互争夺造成的民族分裂、国家无序状态。但是,一旦专制王权成为现实,它很快就变得和教会专制同样地令人不可容忍。而在17世纪的英国革命中,公然反抗王权并将国王送上断头台的共和

---

① Jean-Jacques Rousseau, *Ouvrages de politique*, *Du Contrat Social*, in *Collection complète des oeuvres*, Edition du Peyrou et Moultou, 1780 - 1789, vol. 1, p. 292.

② Robert Derathé, *Jean-Jacques Rousseau et la Science Politique de son Temps*, Librairie philosophique J.Vrin, 2009, p. 382.

派坚持的实际上是议会主权。随着契约理论的提出,布丹、霍布斯等人都意识到由契约论必然会得出权力来自人民、属于人民的结论。但是,为了维护他们理想中的专制君主权力,他们对契约论做了一些至关重要的改造。他们解释道,人们在建立国家、成立政府时,共同协议并自愿地放弃和转让原属于自己的国家主权,从而使君主获得国家主权。经过这种自愿放弃、自愿转让的解说,专制君主享有国家主权就被罩上契约论的理论合法外衣。

让我们来看看霍布斯的一些主要观点。他的契约说在政治上就是建立绝对专制的国家政权,最高主权由君主一人掌握。他意图强调一个没有君主专制体制的公民社会是无法维持运转的。[1] 霍布斯的主权论的重心就是集一切权力于一身,把立法、司法和行政主权融为一体,由一人独揽。他还把他的主权论进一步地应用到国家权力的组织形式上,指出主权由单独一个人掌握的是君主政体;主权由一个议会掌握的是贵族政体;主权由全体人民掌握的是民主政体。除此以外,别无其他政体类别。霍布斯认为,只有把国家最高权力集中于单独一个人手里,形成一种绝对的威慑力量,使人民绝对服从的君主政体,才是最理想的政体。

卢梭批判了霍布斯的君主主权学说,他认为人们缔结社会契约是把自己的一切权利转让给"全体",而绝不能转让给任何个人,这样根据契约而形成的"全体",就是国家。在契约国家,人民都是最高主权不可分割的一部分及主权者的一员。显然,卢梭的人民主权学说与霍布斯的君主主权学说是根本对立的两种观点。

---

[1] Robert Derathé, *Jean-Jacques Rousseau et la Science Politique de son Temps*, Librairie philosophique J. Vrin, 2009, p. 308.

卢梭指出,人民主权"不外是公意的运用"①,而"公意"是人民主权的体现,国家主权者按照"公意"即全体人民的共同意志办事,就是在行使主权。卢梭还区别了"公意"(volonté générale)与"众意"(volonté de tous)两个概念。按照他的说法,公意并不是全体的意志,而是大多数人的意志;它是每个公民的意志中趋于一致的、真正共同的东西;公意总是公正的,它只考虑到公共的利益,总是以公共利益为依归。而众意是全体意志,它只考虑到个人的利益,是个别意志和个别利益的总和。卢梭认为人民主权绝不是每个人个别意志的机械总和,而是根据公意建立的绝对权力或集中权力。根据社会契约建立的国家,就是一个具有"道德与集体的共同体,而主权行为只能是公意的体现"②。公意也是绝对不可违抗的,因为既然公意是人民的共同意志和共同利益的集中表现,根据社会契约建立的国家代表着人民的最高公共意志和公共利益,那么全体公民就理应服从公意,服从这个政治共同体;如果有人不服从,政治共同体就要强迫服从。但是,人民绝不服从于任何人,"如果人民单纯是唯唯诺诺地服从,那么,人民本身就会由于这一行为而解体,就会丧失其人民的品质;一旦出现一个主人,就立刻不再有主权者了,并且政治体也从此就告毁灭"③。卢梭强调由社会契约而产生的政治体就是主权者,它的职责就在于严格遵循和执行"公意";如果它只有"众意"而无"公意",就会只根据个人

---

① Jean-Jacques Rousseau, *Ouvrages de politique*, *Du Contrat Social*, in *Collection complète des oeuvres*, Edition du Peyrou et Moultou, 1780-1789, vol. 1, p. 215.

② Derathé, Robert. *Jean-Jacques Rousseau et la Science Politique de son Temps*, Librairie philosophique J. Vrin, 2009, p. 351.

③ Jean-Jacques Rousseau, *Ouvrages de politique*, *Du Contrat Social*, in *Collection complète des oeuvres*, Edition du Peyrou et Moultou, 1780-1789, vol. 1, p. 216.

或小集团的意志和利益行事,造成党派纷争、国家破碎。

以洛克、孟德斯鸠为代表建立在分权基础上的议会主权学说也遭到了卢梭的批判。英国从13世纪之后逐步形成等级代表会议,并且这种代表会议逐步获得部分立法权,是洛克、孟德斯鸠等人获得分权的国家权力设计的灵感。在倡导分权以约束专制君主的权力的同时,他们提出,应由人民的代表们组成的议会掌握和行驶立法权。卢梭则认为立法权是人民不可剥夺的权力,它属于人民并且只能属于人民,绝不能从人民手中分割出来委托给任何人。立法权就是政治体行政的根据,行政权是政治体的力量,是由立法权派生的,它只是主权的机能和作用。政府是由立法机构产生出来的,它绝不是主权的体现者、执行者,而只是主权的受托者,它是受主权者即人民的委托来执行人民所确定的法律而已。因此,绝不能把行政权、司法权与主权相并列。卢梭不同意洛克与孟德斯鸠的分权学说,他批判他们不能从原则上区分主权,于是便从表面上把它分裂为立法权、行政权和司法权。他说:"他们把主权者弄成一个支离破碎拼凑起来的怪物;好像他们是用几个人的肢体来凑成一个人体的样子,其中一个有眼睛,另一个有手臂,另一个又有脚,都再没有别的部分了。据说日本的幻术家能当众把一个孩子肢解,把他的肢体一一抛上天空去,然后就能再掉下一个完整无缺的活生生的孩子来。这倒有点像我们政论家们所玩的把戏,他们用的不愧是一种江湖幻术,把社会共同体加以肢解,随后不知怎么回事又居然把各个片段重新拼凑在一起。"[1]所以卢梭认为这种三权分立不符合最高权力的真正概

---

[1] Jean-Jacques Rousseau, *Ouvrages de politique*, *Du Contrat Social*, in *Collection complète des oeuvres*, Edition du Peyrou et Moultou, 1780-1789, vol. 1, pp. 217-218.

念,它无异于把政治躯体切成几块,削弱了人民主权。他坚持主权在民、主权不可分割的原则,主张建立一个把立法权与行政权结合在一起的民主共和制的国家。当然,卢梭并不否认国家可以分设各司其能的政府机构,但他认为这些机构都应当由人民主权所委任,国家最高主权只能归属人民。为此,卢梭认为人民主权的集中体现就是人民掌握立法权,他提出人民直接行使立法权的观点。这显然与洛克、孟德斯鸠主张的"代议立法"也是相悖的。

代议立法最早在英国开始实践。1688年光荣革命后,英国确立了议会至上的原则,议会至上主要就是体现在议会拥有立法权上。洛克在总结英国的立法实践经验的基础上提出代议立法方式。这种代议立法的基本原则是,由人民选举代表组成议会,由议会代表人民行使立法权,制定法律。这种代议立法方式也不完全符合契约论原理:由人民代表立法毕竟不完全等同于人民自己协商的立法。但是这种立法方式与君主专制立法相比,毕竟还是体现了民主。法国思想家孟德斯鸠同样主张在权力分立的基础上实行代议立法。他提出这一主张的着眼点是保障公民的政治自由。他把英国说成世界上唯一一个宪制的"直接目标是政治自由的国家",他说"如果那些原则是好的,那么,自由在那里就会如同在镜子中一样清楚地显现出来"[1]。孟德斯鸠认为三权分立与权力制衡才能保证政治自由的实现,他的著名论断就是自由只有在"权力不被滥用的政府下才能长存";"阻止权力滥用的关键机制是那种通过对事物的统筹安排,以权力制约权力的政治体

---

[1] Montesquieu, *De l'Esprit des Lois*, edited by V. Goldschmidt, 2 vols, 1748, Garnier-Flammarion, 1979, p. 156.

制"。① 洛克与孟德斯鸠提出的由人民的代表们组成的议会掌握和行使立法权,这一主张虽然接近人民立法思想,但实际上与卢梭主张的人民直接立法主张还是相去甚远。卢梭是从多个不同的角度来考虑人民直接立法的必要性的。首先,他认为要让人民自己接受自己制定的规则的约束。当人们受到约束的规则不是他律的,而是自律的时候,人们就是自由的。因此为了保证人民的自由,就必须由人民自己直接立法。其次,卢梭认为为了防止人民整体沦为政府的奴隶,就必须严格地控制和约束政府,只能授予其执行法律权。而人民保有并直接行使立法权,才能真正控制和防范政府。总之,卢梭反对在他那个时代以英国为代表的代议立法,提倡人民彻底地直接行使立法权。

那么从理论上看,卢梭的观点是不可反驳的。只有人民掌握立法权,才能真正实现对国家的控制,真正体现人民的主权。但是与洛克、孟德斯鸠主张的分权及代议立法相比,卢梭的人民立法在现实政治实践中遇到了问题。1793年,雅各宾派试图按照卢梭的主张进行政权建构,但是他们发现法国当时面临的国内外激烈的斗争形势不允许人们慢慢坐下来进行协商。因而,后来产生的宪法规定:公民选举代表组成国民议会,国民议会代表全体国民行使至上权力;隶属于国民议会的执行会议行使行政权;法案要经过人们复决才能生效。这实际上是一种向代议立法妥协的立法方式,不过这样的立法方案也并没有在法国真正实行过。卢梭主张的人民直接立法在实际上行不通的很大原因就是因时空资源条件的限制而无法付诸实践。卢梭也意识到人民直接立法

---

① Mark Goldie and Robert Wokler, *The Cambridge History of Eighteenth-Century Political Thought*, Cambridge University Press, 2006, p. 332.

的困难性,所以他理想中的能够由人民直接行使立法权的国家就是小国。地广人多的大国的空间是对立法供给效率的限制。相对来说,洛克与孟德斯鸠关于国家权力结构以及立法模式的理论构思在北美大陆则被付诸实践。1787年美利坚合众国宪法主要以孟德斯鸠的三权分立的国家权力建构原则为指导,规范了美国联邦国家机构的各权力机关的权力范围以及互相之间的关系。而在产生卢梭的人民直接行使立法权的立法理论的法国,经过长期反复实践的比较,最终也选择了代议立法模式。继英国宪法、美国宪法和法国宪法之后,各国的立宪普遍以代议立法为立法的原则。在实践中代议立法成了实际上可行的体现契约论原理以追求法的正义性并兼顾立法效率的立法方式。不过,卢梭的关于人民直接行使立法权的思想并非没有实践价值,法国现行宪法就规定,修改宪法的草案或提案须由两院一致通过后,提交人民投票复决批准。[1]

由此我们认为,卢梭是在批判霍布斯的君主主权论和洛克、孟德斯鸠的议会主权论的基础上提出了自己的人民主权学说。卢梭的人民主权理论包含四个原则。第一,主权是不可转让的,全部主权属于人民,人民永远是主权拥有者。他认为主权既然是公意的运用,就永远不可转让。[2] 同时,主权者是由全体定约者的"公意"而产生的"集体生命",所以就只能由人民来代表,人民不需要一个主权统治者。卢梭认为转让主权就意味着出卖自由,而出卖自由也就等于出卖自己的生命。他说:"一个人抛弃了自由,便贬低了自己的存在;抛弃了生命,便完全消灭了自己的存在。

---

[1] 吴大英、任允正、李林:《比较立法制度》,群众出版社,1992年,第50页。
[2] Robert, Derathé *Jean-Jacques Rousseau et la Science Politique de son Temps*, Librairie philosophique J. Vrin, 2009, p. 252.

因为任何物质财富都不能抵偿这两种东西,所以无论以任何代价抛弃生命和自由,都是既违反自然同时也违反理性的。"①卢梭关于主权不可转让的思想不仅旨在反对君主主权思想,也是为了反对议会主权论。第二,主权是不可分割的。卢梭指出:"由主权不可转让,同样理由,主权也是不可分割的。"②卢梭针对霍布斯把国家与政府混淆、主权者即政府的错误观点,明确指出必须把两者严格区别开来。国家是公意的体现,是主权者。国家由于自身而存在,而政府只是由于主权者而存在,它是主权者的公仆。卢梭把立法权定义为主权者将人民共同意志规定为法律的最高权力,它是人民主权的主要表现形式,他说:"立法权是国家的心脏,行政权则是国家的大脑,大脑指使各个部分运动起来。大脑可能陷于麻痹,而人依然活着。一个人可以麻木不仁地活着;但是一旦心脏停止了它的机能,则任何动物马上就会死掉。国家的生存绝不是依靠法律,而是依靠立法权。"③因此,立法权是人民不可剥夺的权力,它属于人民,绝不能从人民手中分割出来委托给任何人。诸如行政权、司法权等也绝不能与主权相提并论,因为所有这些权力都是由立法权派生的,并不是主权。第三,主权是绝对的、神圣的和不可侵犯的。卢梭指出,既然公意是永恒的、不可摧毁的,主权就是受公意所指导而建立起来的以支配全体公民的绝对权力,因此,它具有至高无上的权威。主权的行为就是共同体

---

① Jean-Jacques Rousseau, *Discours sur l'origine et les fondements de l'inégalité parmi les hommes*, *Ouvrages de politique*, in *Collection complète des oeuvres*, Edition du Peyrou et Moultou, 1780-1789, vol. 1, p. 115.

② Robert Derathé, *Jean-Jacques Rousseau et la Science Politique de son Temps*, Librairie philosophique J. Vrin, 2009, p. 280.

③ Jean-Jacques Rousseau, *Ouvrages de politique*, *Du Contrat Social*, in *Collection complète des oeuvres*, Edition du Peyrou et Moultou, 1780-1789, vol. 1, p. 294.

和它的各个成员之间,也就是国家和全体公民之间的一种约定,它对一切人都是共同的,每个公民都必须遵守这样的约定,而不得违反。主权是神圣不可侵犯的,政府只是由于主权者而存在,它的职责仅仅是执行"公意"。政府一旦篡夺了人民主权,人民就有权起来推翻它,以便保卫主权的神圣不可侵犯性。不过卢梭也认为,主权权力"虽然是绝对的、神圣不可侵犯的,但不会超出,也不能超出公共约定的界限,以及公共利益的界限"[1]。第四,主权是不可代表的。卢梭认为,只有人民才是主权者,包括政府在内的被称为"代表的"人或者集体,最多只能是主权在行为时的代表,而不是主权的意志的代表,因此也就不能成为主权的代表。同时卢梭也批判了洛克、孟德斯鸠主张的代议立法的论点,他说:"正如主权是不能转让的,同理,主权也是不能代表的;主权在本质上是由公意所构成的,而意志又是绝不可以代表的;它只能是同一个意志,或者是另一个意志,而绝不能有什么中间的东西。因此人民的议员就不是,也不可能是人民的代表,他们只不过是人民的办事员罢了;他们并不能做出任何肯定的决定。凡是不曾为人民所亲自批准的法律,都是无效的;那根本就不是法律。"[2]卢梭也进一步否定了孟德斯鸠、休谟所极力推崇的英国君主立宪政体,他指出"英国人民认为他们是自由的;他们错得离谱,他们只有在选举国会议员的期间才是自由的;议员一旦选出之后,他们就是奴隶,他们就丧失一切了。在他们享有自由的短暂时段里,

---

[1] Robert Derathé, *Jean-Jacques Rousseau et la Science Politique de son Temps*, Librairie philosophique J. Vrin, 2009, p. 340.

[2] Jean-Jacques Rousseau, *Ouvrages de politique*, *Du Contrat Social*, in *Collection complète des oeuvres*, Edition du Peyrou et Moultou, 1780-1789, vol. 1, pp. 301-302.

他们运用自由的这种办法,也完全值得他们丧失自由的"①。所以,在卢梭看来,最理想的政体莫过于直接民主制,在这样的体制下人民可以直接行使立法权。

三、政体类别的三种划分:单一政体的缺陷

从柏拉图开始,西方政体类型划分研究长期以来就已经形成了一定的模式,即以执政者人数的多少为分类的标准来划分政体的不同类型。卢梭也是采用了以构成政府人员的人数为标准进行分类。在卢梭看来,政府的力量与政府的意志永远是互为反比例的。在理想的政府状态下,公意永远应该是第一位的,政府的意志即团体的意志应该是第二位的,而个人的意志则应该是毫无地位的。但实际上,上述顺序则是完全颠倒的,个人的意志占一切中的第一位,团体的意志占第二位,而公意是最弱的。执政官的人数越多,则政府的意志即团体的意志更接近公意。卢梭按照执政官人数的多少,把各种不同形式的政府划分为民主制、贵族制和君主制三种政体。卢梭指出:"首先,主权者可以把政府委之于全体人民或者绝大部分的人民,从而使做行政官的公民数量多于单纯的个体公民。这种政府形式,我们称之为民主制。

与法国启蒙思想家前两代核心人物孟德斯鸠、伏尔泰相比,第三代核心人物卢梭的共和主义思想更多地体现了法国文明的传统。如果说孟德斯鸠与伏尔泰是英式共和主义的传播者和摆渡人,卢梭可以说是法式共和主义理论的开创者,而他的思想对后世产生了更大的影响。法国大革命的领导者罗伯斯庇尔以及第一帝国的缔造者拿破仑都是卢梭思想的信徒。

---

① Jean-Jacques Rousseau, *Ouvrages de politique*, *Du Contrat Social*, in *Collection complète des oeuvres*, Edition du Peyrou et Moultou, 1780-1789, vol. 1, p. 302.

再则，也可以把政府仅限于少数人的手里，从而使单纯的公民的数目多于行政官，这种形式就称为贵族制。最后，还可以把整个政府都集中于一个独一无二的行政官之手，所有其余的人都从他那里取得权力。这第三种形式是最常见的，它就叫国君制或者皇朝政府。"① 卢梭同时指出，按照这一分类方法，所有这几种政府形式，或者至少是民主制和贵族制，都是可以或多或少地变动的，甚至有相当大的变动。具体来说，民主制下的执政官，可以包括全体人民，也可以减少到人民的半数；而贵族制下的执政官，则可以从人民的半数无限制地减少到有限的几个人。卢梭还指出，有可能在此基础之上产生大量的混合政体。因为行政权的方式和职能是多样的，所以同一个政府在某些方面可以再分为若干部分，一部分可以以某种方式行使行政权，而另一部分则可能以另一种方式行使行政权，由此而产生了由上述基本的三种形式相结合的混合形式。在一定的情况下，一个国家只能有一种可能好的政体，卢梭认为，"如果在不同的国家里，最高行政官的人数应该与公民的数目成反比，那么，一般说来，民主政府就适宜于小国，贵族政府就适宜于中等国家，而君王政府则适宜于大国"②。

卢梭首先分析了民主制，按照他的观点，可以把民主制按照执政官的人数与非执政官的人数的对比关系再分为两种：一种是执政官就是全体人民的民主制；另一种是执政官的数目多于非执政官的公民的数目的民主制。卢梭认为，第一种民主制可能比第二种民主制进步的地方就是：行政权与立法权是结合在一

---

① Jean-Jacques Rousseau, *Ouvrages de politique*, *Du Contrat Social*, in *Collection complète des oeuvres*, Edition du Peyrou et Moultou, 1780–1789, vol. 1, p. 264.

② Jean-Jacques Rousseau, *Ouvrages de politique*, *Du Contrat Social*, in *Collection complète des oeuvres*, Edition du Peyrou et Moultou, 1780–1789, vol. 1, p. 265.

起的,行使立法权的人们同样在执行法律,行使行政权。而没有比制定法律的人更清楚法律应该怎样执行和怎样解释的人了。因此,这种把行政权和立法权结合在一起的政体好像就是一种最好的体制了。不过卢梭也认为这种民主制也存在一种危机:如果把人民共同体的注意力集中到具体的法律执行活动中来,对私人利益的关注超出了对公益的关怀,有可能导致立法者的腐败。而且"由于君主(指执政者)与主权者既然是同一个人,所以就只能形成,可以这样说,一种没有政府的政府"①。对于第二种民主制,卢梭认为还存在许多违反自然规则要求和难以克服的操作层面上的困难。他提出人民或者大多数的公民把大多数时间用来开大会以及讨论公共事务是不可想象的,更是不可行的。他说:"这种政府还得要有多少难于结合的条件啊!首先,要有一个很小的国家,使人民很容易集会,并使每个公民都能很容易认识所有其他的公民。其次,要有极其淳朴的风尚,以免发生种种繁难的事务和棘手的争论。然后,要有地位上与财产上的高度平等,否则权利上和权威上的平等便无法长期维持。最后,还要很少有或者根本就没有奢侈,因为奢侈或者是财富的结果,或者是使财富成为必需;它会同时腐蚀富人和穷人,对于前者是以占有欲来腐蚀,对于后者是以贪心来腐蚀;它会把国家出卖给虚弱,出卖给虚荣;它会剥夺掉国家全体的公民身份,使他们中这一些人成为那一些人的奴隶,并使他们全体都成为舆论的奴隶。"②由此可以看出,卢梭认为这种民主制的实现一方面对外在环境提出了

---

① Jean-Jacques Rousseau, *Ouvrages de politique*, *Du Contrat Social*, in *Collection complète des oeuvres*, Edition du Peyrou et Moultou, 1780–1789, vol. 1, p. 266.

② Jean-Jacques Rousseau, *Ouvrages de politique*, *Du Contrat Social*, in *Collection complète des oeuvres*, Edition du Peyrou et Moultou, 1780–1789, vol. 1, p. 267.

极高的要求或者说条件;另一方面对整个政治体包括主权者、政府以及所有社会成员在内,也都提出了要具备较高的德行的要求。他补充说:"这就是何以一位著名的作家(指孟德斯鸠)要把德行当作共和国的原则了;因为所有上述这一切条件,如果没有德行,就都无法维持。"①此外,卢梭还认为,民主政府易于发生内战或内乱:"没有别的政府是像民主的政府或者说人民的政府那样地易于发生内战和内乱的了;因为没有任何别的政府是那样强烈地而又那样不断地倾向于改变自己的形式的,也没有任何别的政府是需要以更大的警觉和勇气来维持自己的形式的。"②最后,卢梭就民主制做出了这样的一个结论:"就民主制这个名词的严格意义而言,真正的民主制从来就不曾有过,而且永远也不会有。"③不过这里应该指出,卢梭所批评的民主制是指把行政权与立法权结合在一起的那样一种民主制,我们不能得出他反对民主制的结论。事实上,卢梭是民主共和制的积极拥护者。在民主共和制下,人民是主权者并享有立法权,由人民立法选择执政官和组成政府,人民赋予政府行政权力,执政官受人民委托执行法律,而不能高于人民即主权者之上。

关于贵族制,卢梭指出贵族制有三种形式:自然的贵族制、选举的贵族制和世袭的贵族制。他认为自然的贵族制只适合于文化不发达的纯粹的民族;世袭的贵族制是把权力在富有的贵族世家之间从一个人转到另一个人手里,它是一切政府中最坏的政

---

① Jean-Jacques Rousseau, *Ouvrages de politique*, *Du Contrat Social*, in *Collection complète des oeuvres*, Edition du Peyrou et Moultou, 1780-1789, vol. 1, p. 267.
② Jean-Jacques Rousseau, *Ouvrages de politique*, *Du Contrat Social*, in *Collection complète des oeuvres*, Edition du Peyrou et Moultou, 1780-1789, vol. 1, p. 268.
③ Jean-Jacques Rousseau, *Ouvrages de politique*, *Du Contrat Social*, in *Collection complète des oeuvres*, Edition du Peyrou et Moultou, 1780-1789, vol. 1, p. 267.

体;而选举的贵族制才是最好的,它才是严格说来的贵族制。这种选举的贵族制,"除了具有可以区别两种权力的这一优点而外,还具有可以选择自己成员的优点;因为在人民政府中,全体公民生来都是行政官,而贵族制则把行政官仅限于少数人,他们只是由于选举才成为行政官的。用这种方法,则正直、明智、经验以及其他种种受人重视与尊敬的理由,就恰好成为政治修明的新保证。还有,集会也更便于举行,事务也讨论得更好,实行起来也更有秩序、更加迅速;可敬的元老们比起不知名的或者受人轻视的民众来,也更能够维持国家的对外威信"[1]。卢梭之所以把选举的贵族制看作最好的,是因为它区别了立法权和行政权,立法权属于全体公民,而行政权则属于由选举产生出来的行政官。按照卢梭的观点,行政官应该是行政权的代表,他之所以重视选举的贵族制的地方,也只在于它把行政权集中在少数人手里,而并不表明他是拥护贵族制政体的。卢梭在《山中来信》中写道:"就政府可能采取的形式而言,主要有三种。把这三种形式的政府的优缺点加以比较以后,我倾向于选择介于两个极端之间的那一种,即贵族制政府。必须记住的是:国家的组成和政府的组成,是两种截然不同的事物,我从来没有把它们混为一谈过。在这三种政府当中,最好的形式是贵族制政府,最糟糕不过的是由贵族掌握主权。"[2]这也表明,卢梭把主权和政府严格地加以区分,他赞扬贵族制的政府,但反对贵族制的主权,而自始至终坚持人民主权的理念。

对于君主制,卢梭认为存在两种君主制:一种是合法的君主

---

[1] Jean-Jacques Rousseau, *Ouvrages de politique*, *Du Contrat Social*, in *Collection complète des oeuvres*, Edition du Peyrou et Moultou, 1780-1789, vol. 1, p. 270.

[2] 卢梭:《山中来信》,《卢梭全集》(第5卷),李平沤译,商务印书馆,2012年,第441页。

制,一种是专制的君主制。合法的君主制不是专制政体,凡王权得自主权者的人民,并且是合法地加以运用的,就是合法的君主制,这种君主制的本身也是共和制。而专制的君主制就是指君主或国王把行政权力集中于一个人手中,只有他才有权行使这种权力。"人民的意志、君主的意志、国家的公共力量和政府的个别力量,就全都响应着同一个动力,机器的全部力量就都操在同一只手里,一切都朝着同一个目标前进;这里绝不会有任何相反的运动可以彼此互相抵消,而且人们也不可能想象有任何一种别的体制能够以更少的努力而产生更大的作用。"[1]卢梭认为,这应该是共和君主制的一个优势,前提是排除了私欲的干扰。可是如果国家是在君主专制的体制下,君主所考虑的目标绝不是社会的公共福利,同时他所掌握的权力也在不断转化为对国际的一种损害。事实上,卢梭在他的政体思想中重点批判了君主制,他指出君主制有以下几个最根本的缺陷。首先,在君主制下国王的利益和意志很难与公意一致,并且国王的私欲也永远不能得到满足。"君主们总是想使自己至高无上,人们远远地在向他们呼吁,最好的方法就是要使自己受人民的爱戴。这条准则是非常之美好的,而且在某些方面甚至是非常之真实的。然而不幸的是,这条准则在宫廷里却受尽了人们的嘲弄。由于受人民的爱戴而得到的权力,无疑是最大的权力,但它是不稳定的、有条件的,君主们永远也不会以此为满足。就连最好的国王也都想能够为所欲为,却又并不

---

[1] Jean-Jacques Rousseau, *Ouvrages de politique*, *Du Contrat Social*, in *Collection complète des oeuvres*, Edition du Peyrou et Moultou, 1780 - 1789, vol. 1, p. 272.

妨碍自己依然做主子。"①其次,在君主制下,首要职位的人选的产生更多地依赖于国君的个人意志,而非选举。他说:"有一种最根本的无可避免的缺点,使得国君制政府永远不如共和制政府,那就是:在后者之中差不多唯有英明能干的人,公共舆论才会把他们提升到首要的职位上来,而他们也会光荣地履行职务,走运的人则每每不过是些卑鄙的诽谤者、卑鄙的骗子和卑鄙的阴谋家;使他们能在朝廷里爬上高位的那点小聪明,当他们一旦爬了上去之后,就只能向公众暴露他们的不称职。"②因而卢梭认为,共和政体显然要比君主制更容易使有才能的人走上重要的职位。最后,在君主制下进行国王更换的时候,往往会带来一种危险的间断期,这一国王的短暂的空缺引起的是围绕王位的狂风暴雨般的争夺。卢梭认为,君主制的这种缺乏稳定性的统治,永远会使国家动荡不安,不断地从一种准则转到另一种准则,从一种政策转到另一种政策,最终磨灭人民对规则和制度的信念和信心。同时,权威的力量来源于个人而非制度,那么人人就有可能夺取权力建立自己的权威。这就更加诱使人们尤其是宫廷里的人们去不择手段地通过一切可能的途径攫取权力,从而加剧了政权交接的血腥与暴力。

在分析了上述三种政体的基础上,卢梭认为单一的政府并不存在。没有一个人能够仅仅凭借自己的个人力量就能够行使行政权,因为行政权所要处理的事务太繁多了,涉及的地域太广了,

---

① Jean-Jacques Rousseau, *Ouvrages de politique*, *Du Contrat Social*, in *Collection complète des oeuvres*, Edition du Peyrou et Moultou, 1780–1789, vol. 1, pp. 272–273.

② Jean-Jacques Rousseau, *Ouvrages de politique*, *Du Contrat Social*, in *Collection complète des oeuvres*, Edition du Peyrou et Moultou, 1780–1789, vol. 1, p. 274.

并且那样可能会形成专制;也不存在一个其内部的执政官们完全平等的政府,因为那样就无法形成集中的权威并且可能会影响效率。为此卢梭提出,单一的政府形式或者导致行政权过强,或者导致行政权过弱,因此都需要引入其他政府形式的因素加以调整和弥补,这样就产生了混合型的政府。卢梭认为,相比单一的政府,混合政府可能更好,因为可以避免出现政府过强或者过弱的两种极端情况,他提出:"人们还可以用一些类似的方法来补救与此相反的不便;当政府过于松弛的时候,就可以设立一些委员会使之集中化,这正是一切民主制国家所实行的。在前一种情形下,人们划分政府是为了削弱政府;而在后一种情形下,则是为了加强政府。因为强力的极限与软弱的极限同样地都出现在单一的政府之下,反之,混合的形式则产生适中的力量。"[1]卢梭还认为实际上也没有一种能够适合于一切国家的政体,因为影响政体的因素有很多。卢梭首先继承了孟德斯鸠的地理环境论,认为不同的气候、土地等自然条件影响了各国对政体的选择。认为由于气候的作用,专制宜于炎热的国土,野蛮宜于寒冷的国土,美好的典章制度宜于温带地区。不过,卢梭还提出了其他影响政体的因素,比如税收。他认为,如果考虑税收的情况,"国君制只适宜于富饶的国家,贵族制只适宜于财富和版图都适中的国家,民主制则适宜于小而贫穷的国家"[2]。关于如何评判是不是一个好政府的标准问题,卢梭则提出了自己的人口决定论:"政治结合的目的是什么? 就是为了它的成员的生存和繁荣。而他们生存和繁荣

---

[1] Jean-Jacques Rousseau, *Ouvrages de politique*, *Du Contrat Social*, in *Collection complète des oeuvres*, Edition du Peyrou et Moultou, 1780 - 1789, vol. 1, p. 280.

[2] Jean-Jacques Rousseau, *Ouvrages de politique*, *Du Contrat Social*, in *Collection complète des oeuvres*, Edition du Peyrou et Moultou, 1780 - 1789, vol. 1, p. 282.

的最确切可靠的标志又是什么呢？那就是他们的数量和人口了。因此，就不要到别的地方去寻找这个议论纷纷的标志吧！假设所有条件都相等的情况下，那么一个不靠外来移民、不靠归化、不靠殖民地的政府，在它治下的公民人数繁殖和增长得最多的，就确实无疑是最好的政府。"[1]卢梭把人口说成决定设社会政治状况和政府形式的因素，这种人口决定论其实是一种历史唯心主义的观点，具有一定的局限性，因为人口和地理、气候等因素一样，归根到底不是社会发展的决定因素。不过，从另一方面来看，卢梭对政体的论述，是以人民的整体利益为核心展开的，也体现了他的合法政体需与公意保持一致的思想。

第二节 休谟的共和主义政体观

休谟的政体论所要讨论的基本内容就是政府问题，他在《人性论》第三卷和《论政府的首要原则》《论政府的起源》等文章中所集中处理的便是政府问题。但是，值得注意的是，休谟与卢梭这样的理论家不同，他并不关注所谓国家或政府的主权问题，休谟认为那是一些抽象的唯实论在政治理论上的空洞议论。此外，他也反对各种契约论的政府理论，认为它们不过是一些有关政府问题的理性推论，与真实的政府问题相去甚远。他不赞同洛克、卢梭等人的社会契约论，不认为人们可以事先通过理性的计算而主动地建立起一种政治契约，并由此组成一个国家或政府，在他

---

[1] Jean-Jacques Rousseau, *Ouvrages de politique*, *Du Contrat Social*, in *Collection complète des oeuvres*, Edition du Peyrou et Moultou, 1780-1789, vol. 1, p. 288.

看来,政府是一个逐渐形成的过程,伴随着文明的进步和商业的发展一步步地演化出来。休谟考察政府的形成与本性,有着自己独特的视角,他更关注政府在从野蛮社会到文明社会的演变过程中所逐渐形成的制度性的机制职能,以及它所具有的权威的合法性与正当性。休谟的政府理论可以说是一种社会的进化论,一种哈耶克意义上的自生秩序论,在其中通过人为的正义德性的制度转换,而逐渐建立起一个以法律制度为核心的政体模式。

一、政府权威与公民服从理论

休谟系统地考察了近代以来西方社会的诸多政体类型,指出这些政体的基础在于人性与法治,一种能够有效地维护私有财产权、维持社会稳定与人民安全的政治制度才是正义的制度,才具有真正的权威性。为了论述上述的理论,休谟十分重视有关政府起源的考察,认为它是研究政府本性的关键所在。有关政府起源的问题,契约理论认为是基于人民的同意。休谟首先从该观点出发,他写道:"我们必须承认,最初若不是人们自己同意,没有什么别的东西可以使他们联系在一起,并服从权威。"[1]不过,他认为以人民的同意为依据的契约理论听起来有一定的道理,但是它从来都不是绝对的,甚至从某种意义上说,是荒谬的。从历史的角度来看,从来就没有一个政府是完全建立在人民相互同意的理性契约之上的,随便考察一个人类历史上的政府形态,我们都不得不承认这样一种现实,那就是几乎没有一个政府建立在人民的同意之上,它们无不是通过政治上的强权,通过征服、掠夺而建立起来的。因此,休谟指出"几乎所有现存的政府,或者所有在历史上留有一些记录的政府,开始总是通过篡夺或征伐建立起来的,或者

---

[1] 休谟:《休谟政治论文选》,张若衡译,商务印书馆,1993年,第120页。

二者同时并用，它们并不自称是经过公平的同意或人民的自愿服从"[1]。契约理论家们从理性的假设出发认为政府应该起源于人民的同意，是经过契约而建立的，但是现实的历史状况又告诉我们那只是理论家们的一厢情愿，政府在其起源上从来就没有经过人民的同意。休谟是个现实主义者，他并不认同这样脱离实际的理论，而是力图在现实的历史传统中寻找政治制度的合法性与正当性依据。休谟认为尽管政府在起源上无法排除其肮脏，但是政府毕竟是一件有益于公民的共同利益的事物，是人类社会所必需的，而实际上任何政府一旦产生之后，其合法性与正当性就不再基于人民的同意与否，政府的权威也随着统治时间的持续而自然地形成。

休谟指出一个政府是否合法与正当，关键看它在统治过程中能否保持长久的稳定，并且服务于人民的共同利益，看它能否依据法律规则而不是依据统治者个人的独断意志治理社会。在休谟看来，政府的发明来自人性的特征。人在本性上大都自私而短视，只顾及自己的利益而不考虑社会的利益，只看到眼前的直接利益而不考虑长远利益。结果人们发现当他只顾自己利益时，有时所带来的损害比他得到的利益更大，因为其他人也都只考虑自己的利益，这样就无法形成公共的利益。所以，人们逐渐感到有必要在实现自己利益的同时，也维护他人的利益，维护社会的共同利益，这样就产生了需要一个政府的共同愿望。休谟认为政府的职责说到底是为了有效地防止恶人作恶，因为人性本恶，总有人极端地追求个人私利，甚至不惜损害他人的利益，如果没有政府这样的公共权威来加以调整和约束的话，就会导致霍布斯所说

---

[1] 休谟：《休谟政治论文选》，张若衡译，商务印书馆，1993年，第122页。

的人人为敌的战争状态。因此,人们为了自己的利益也为了共同的公共利益,便设计出一种公共的社会制度,其首要原则就是通过权力来实施财产权的正义规则,保障所有人的益处。休谟写道:"人类虽然可以维护一个没有政府的小规模、不开化的社会,可是他们如果没有政府,如果不遵守关于稳定财物占有、根据同意转让所有物和履行许诺的那三条基本法则,他们便不可能维持任何一种社会。当人们看出维持和平和执行正义必须要有政府的时候,他们自然就会集合起来,选举执政长官,规定他们的权限,并且许诺服从他们。"①

由此我们可以看出,人类的共同福利要求人们开展大规模的分工合作,仅靠正义规则的自我实施无法保证这种合作,因为正义规则必须借助一种第三方的力量进行强制扩展,这就使政府的发明有了必要。休谟说:"正义规则虽然足以维持任何社会,可是他们并不能在广大的文明社会中自动遵守那些规则,于是他们就建立政府,作为达到他们目的的一个新的发明,并借更严格地执行正义来保存旧有的利益或求得新的利益。"②他认为政府不但会保护人们相互缔结的互利协议,而且主动促进人们订立某些协议,使他们同心合意地促进某种公共利益,从而实现正义。休谟认为正义法则是先于政府存在的,政府的建立主要就是为了实施正义法则,因而政府具有促进正义实施的功能,他说:"我们认为整个庞大的政府机构,其最终无非是为了实施正义。"③休谟对政府起源的论述是从社会对政府的需求,以及政府能够满足社会需

---

① David Hume, *A Treatise of Human Nature*, edited by L. A. Selby-Bigge, The Clarendon Press, 1896, Book Ⅲ, p. 540.
② 休谟:《人类理智研究·道德原则研究》,周晓亮译,沈阳出版社,2001年,第584页。
③ 休谟:《休谟经济论文选》,陈炜译,商务印书馆,1984年,第23页。

要的特性的角度进行阐述的。他只是一般地指出了政府产生与人们为了社会共同利益而进行的发明,这种发明正如同人们为了分工合作而发明了正义规则一样。

虽然休谟说政府的发明是为了执行社会的正义规则,但他并不认为政府相对于正义规则的优先性。政府和正义规则在维护社会的合作与利益方面是同等重要的,一方并不从属于另一方。甚至,休谟认为政府由于其职能设计全局性,在重要性上反而是处于第一位的。休谟关于政府和正义规则在社会秩序构建中重要性的论断表明休谟十分强调政府权威的作用。在他看来,在大规模社会中,政府对维护正义规则的整体实施以及维护社会稳定有着极为重要的意义。在一个社会中,如果局部的正义被破坏,特定的当事人当然会受到不公平的对待;但是倘若政府的权威被颠覆,那么整个社会正义将会遭到极大的破坏,社会也可能陷入可怕的自然状态中。因而,对于特定的社会来说,休谟认为维护政府的稳定是极为必要的,哪怕会暂时妨碍一些正义的实现。那么,在谈到有关统治者与被统治者之间的关系时,我们也可以很容易理解休谟为什么不赞成洛克的有关抵抗权的理论,更是反对潘恩对所谓革命的辩护了。在他看来,那种过分强调人民的权利,动辄以所谓天赋权利为依据来反抗政府的言行,实在是不足取的,政府固然要保护每个人的权利不受侵犯,但更重要的职责是维护社会的稳定,保障人民生命和财产的安全。政府的发明,对于社会是普遍有利的,这种利益不是针对个人的而是针对所有人的一种制度利益。

休谟的上述观点也有其产生的历史背景,它产生于英国光荣革命之后和法国大革命之前的那一个难得的相对和平时期,因此休谟非常珍惜和平与稳定的政治制度的价值。因此,他不赞同以洛克为代表的契约理论家的观点,他认为政府的形成既不是基于自然权利,也不是根据契约,而是基于公共意见。统治者在进行统治时并不是按照理性的计算把让渡的权力放在一边,把没有让渡的权力放在另一边,人民也从来没有区分哪些是基本权利哪些是非基本权利的能力。实际上政府是在持久的统治中逐渐形成它的权威的,而人民也是在政治社会的共同生活中逐渐感觉到政府的限度的。休谟不反对人民有抵抗的权利,但他更主张人民的服从,提倡一种忠顺的政治品德。[1]与洛克等人强调个人的权利不同,休谟看重的是政府的权威,强调它在政治社会构成中的优先性地位,他写道:"正如人数众多的文明社会离开了政府便不能自存,政府离开了最严格的服从也就完全无用。我们永远应当衡量由权威所获得的利益与不利,并借此对反抗学说的实践采取更加谨慎的态度。通常的规则要求人们服从;只有在残酷的专制和压迫的情形下,才能有例外发生。"[2]不过,他尊重政府权威的理据与霍布斯是不一样的。在霍布斯眼里,国家这个巨大的"利维坦"受到臣民的尊重更主要的是由于其包含的强力,从某种意义上说,是由于对它的恐惧。休谟则认为政府的权威在起源之际还不排除某些强权的色彩,但人民对于它的尊重与服从从根本性上说,却不是基于恐惧,而是基于习惯,基于政府在持续统治过程中所形成的传统,基于这个传统所积累而成的合法性。

休谟力图在政治历史的传统中寻找政府权威的合法性依据。为此,他在《人性论》一书中特别考察了人类历史上形成政府权威

---

[1] David Miller, *Philosophy and Ideology in Hume's Political Philosophy*, Oxford University Press, 1981, p. 92.

[2] David Hume, *A Treatise of Human Nature*, edited by L. A. Selby-Bigge, The Clarendon Press, 1896, Book III, p. 554.

的五条原则或五种来源,认为它们具有政治统治的合法性依据,是人民忠顺与服从的对象。这五条用来确定统治权的归属的原则分别为长期占有、现实占有、征服权、继承权和成文法。关于第一个长期占有原则,休谟认为任何现存的政府的起源都是通过征服或者篡夺而得来的。然而时间可以赋予占有者权威,随着时间的推移,人们会逐渐习惯某些人的统治。只有长期稳定的占有,才能为一个国家的执政者或者国王提供有效的权威基础。因此,有着悠久历史的政府总更可能获得人们的忠诚。现实的占有原则也是公共权威的来源之一。休谟认为:"如果没有其他任何权利来对抗它的话,那么在公共事务方面强者的权利必须被认为是合法的,并被道德所认可。"[1]休谟的"强者的权利是合法的"这一观点与卢梭的"强力不可能产生合法性"的观点完全相反,也正反映了两个人思维方式的对立。关于征服权原则,休谟认为由征服所带来的统治也同样具有权威性。这主要是基于他对历史的考察,人类历史上绝大部分的统治是建立在武力征服上的。而第四个原则继承权则可以产生合法性权威,休谟写道:"人们通常乐于将他们的已故国王的子嗣置于君位,而假设他承袭了他父权的权威。"[2]此外,这样做也可以避免权力的纷争所带来的社会秩序的破坏,有利于公共利益。最后一个成文法原则,休谟认为通过宪法而确立的统治权,显然是具有权威性的,当立法机关确立了某种政府形式和国王继承法时,成文法就成了权威的来源。休谟还特别提出一个政府长期形成的制度不能突然被一部新的宪法所

---

[1] David Hume, *A Treatise of Human Nature*, edited by L. A. Selby-Bigge, The Clarendon Press, 1896, Book Ⅲ, p. 558.

[2] David Hume, *A Treatise of Human Nature*, edited by L. A. Selby-Bigge, The Clarendon Press, 1896, Book Ⅲ, p. 559.

取代，需要考虑人民长久以来形成的习惯、传统和风俗。他的这一观点与英国的宪政传统显然有着密切的关系。通过对于上述统治权威的五种原则或来源的考察分析，休谟大致解决了人民服从政府权威的合法基础问题。在他看来，尽管长期占有、现实占有、征服、继承、成文法等方式是不同的，但它们最终在保持权威的尽可能持久的统治过程中，又都服从于一个更为根本性的法律正义的核心原则，即他在一系列著述中反复强调的财产权的三个基本的正义规则。

在休谟所处的那个时代，西方思想界还有其他一些公民服从理论，包括共和主义的反君主制理论、霍布斯的绝对服从理论、洛克的公民同意理论、卢梭的服从公意理论等。这些理论对于公民服从问题也有着不同的见解，并以不同的方式影响了当时的政治实践。共和主义的公民服从理论认为，合法的政府必须是共和制的，只有自由国家（共和国）才能实现自由，任何形式的专制政府都是不合法的，公民对其有反抗的权利。[1] 而卢梭认为合法的政府是建立在社会契约基础上的，不过他的契约理论强调公意的统治，也就是说，公民只应当服从以公意为基础的政府的法令，任何其他政府都是非法的。对于共和主义公民服从理论，休谟认为它过度重视政府的构成形式，实际上政府的主要功能在于维护正义规则与公共利益，一个君主制政府只要能够做到这一点，也会得到公民的认可，从而具有合法性。[2] 卢梭的公民服从理论将保卫公民的自主性作为主要目的，但休谟认为，人类的幸福主要体现在满足情感的各种需求，自主性虽然对于人的幸福来说有着重要

---

[1] 斯金纳：《自由主义之前的自由》，李宏图译，生活·读书·新知三联书店，2003年，第51页。
[2] 休谟：《休谟政治论文选》，张若衡译，商务印书馆，1993年，第136页。

的意义,但人的情感的极端复杂性要求政府的治理形式的多样性及灵活性。休谟的公民服从理论涉及自由、政府权威以及正义三者之间的关系问题。他一方面强调政府权威的重要意义,另一方面又要思考怎样的政府权威才能执行正义和保护自由。列维斯顿指出:"自由主义传统中谈论政府权威本性的极少,只有霍布斯、休谟和奥克肖特是著名的例外。没有权威,法治以及其他自由主义的实践是不可能的。"[1]休谟认为政府基于人们的共同利益感,作为公共利益的代表,统治者的义务或职责乃是通过实施正义规则来促进人民的利益,保障他们的生命、安全和财产等不受侵犯。政府通过长期占有、现实占有、征服、继承和成文法等五种基本的形式确立了统治权威的合法性,在政府的权限范围之内,人民对于政府应保持顺从、忠顺与尊敬的义务。总体来看,休谟所阐明的理论更加系统和深入,对于政府的起源、职责以及权威的合法性等问题做出了较为全面的论述。

二、文明政体与野蛮政体

英国十七八世纪社会政治理论的一个突出特征就是从历史的角度考察社会的本性。通过对文明历史的考察,如对于政府、财产的起源、知识的起源,以及情感的起源等文明多个领域的历史考察,试图找出文明演变的内在机制。休谟同样如此,作为一个历史学家,休谟的政体理论也具有一个历史的维度,列维斯顿指出:"休谟一直把他的英国史视为他的哲学的一种表达,理由在于休谟的哲学观念要求与历史的密切关联。哲学就是对于社会与历史境况的反思,应把它们予以梳理和修正。这才是哲学蕴含

---

[1] Donald W. Livingston, *Philosophical Melancholy and Delirium*: *Hume's Pathology of Philosophy*, The University of Chicago Press, 1998, p. 391.

的富有深度的历史观念,如果没有付诸历史著作,便不复存在。"①休谟的政体论渗透着时代的精神,他的有关文明与野蛮政体的观点,对于政府起源的看法体现出理论的独创性。

对于历史,休谟有着自己的见解,他不赞同法国乃至英国前辈思想家的唯理主义的历史观,他的历史理论是经验主义的。简而言之,休谟的关切点在于欧洲现行体制的起源与本性。② 休谟隐含地认为人类的历史大致经历了四种基本的社会形态,米勒分析道:"休谟从没有试图创造出个系统的社会形态理论,但是在他的著作中,我们仍然能够发现有关四种社会类型的粗略的描述。"③第一种是野蛮的极少文明的社会,在那里还没有出现主权之类的事物,例如美洲的印第安人就是如此。第二种是古代希腊、罗马社会,虽然存在少许的贸易,但工业并不发达。政制形态有多种形式,公民平等,共和精神和民主意识都很强烈。第三种是封建社会,经济上主要依靠农业,封建等级普遍存在,但国家有统一的法律,在法律下人人平等。生产技艺落后,生活简单,无高雅兴趣。第四种是近代以来的商业社会,有关这个社会的经济、政制与文明的内容是休谟论述的中心,他的一系列著作都是围绕着这个近代社会展开的。总的来说,休谟分散在各篇文章中的论述,实际上已为我们大致勾勒了一个从原始渔猎社会、古希腊和罗马社会、封建农业社会到近代以来的商业社会的文明演变史。

---

① Donald W. Livingston, *Hume as Philosopher of Society, Politics and History*, University of Rochester Press, 1991, p. vii.
② A. S. Skinner, *The Cambridge Companion to Hume*, Cambridge University Press, 1992, p. 230.
③ David Miller, *Philosophy and Ideology in Hume's Political Philosophy*, Oxford University Press, 1981, p. 122.

第三章 卢梭与休谟的共和主义政体观

在休谟的社会政治思想中,文明具有十分重要的意义,他有关政体的理论首先是一个有关文明与否的政制问题。尽管休谟考察了一系列不同形态的政体,在他的论文中涉及专制政体、自由政体、共和政体、混合政体、民主政体、绝对专制政体、君主政体、君主专制政体、民主共和政体、东方专制政体、温和政体、野蛮政体、僭主政体等,但我们认为,休谟理论中的这些政体形式并不是平行排列的,如果仔细研究休谟的政体理论,就会发现其中隐含着一个内在的政治逻辑,即隐含着一个有关人类政治体制的二阶的层次划分:首先,野蛮政体与文明政体的划分是休谟政体论的一阶逻辑;其次,在此之下,才有所谓二阶形态的政体区分。所以,有关野蛮与文明的政体划分在休谟的政体论中,具有基础性的意义。米勒指出,休谟的政体划分明显地呈现出两个层次的区分,即在绝对的君主制与自由政体之间的区分,以及统治者依据法律规则的统治与任性的不依据法律规则的统治这两种政体之间的划分。在休谟看来,后一层次的区分更为根本。这样一来,根据上述两个层次划分出各自的两种政体,实际上也就出现了四种可能的政体形式。[1]

休谟如何界定文明政体与野蛮政体之间的区别?福布斯指出:"对于休谟来说,'文明'本质上是一个政治或法律的概念:'文明'的进步是'法律与自由'的发展,是'有益的法律约束与正义'的发展(没有法律,自由仅仅意味着无所顾忌),也是在休谟的政治哲学中作为政府职责的'正义'在历史中的实现。"[2]休谟认为文

---

[1] David Miller, *Philosophy and Ideology in Hume's Political Philosophy*, Oxford University Press, 1981, p. 145.

[2] Duncan Forbes, *Hume's Philosophical Politics*, Cambridge University Press, 1975, p. 296.

明是一种制度,制度又体现在经济与政治两个方面。休谟强调经济动力与法律制度对于文明社会的机制性的推动作用,在18世纪的欧洲思想领域是相当深刻的,他说:"人类的理性,在通过实践,以及通过至少在像商业和制造业这类较为庸俗的行业方面的应用,而获得提高和进步以前,要想改进法律、秩序、治安和纪律,并使之臻于完善,是绝对不可能的。怎能设想:一个连纺车也不会制造,或对纺织机的使用一窍不通的民族,会有一个治国有方堪为表率的政府。至于整个蒙昧时代,迷信泛滥,不用说,也会使政府形成错误的偏见,从而妨碍人们去寻求自己的利益和幸福。"[1]所以文明政体与野蛮政体的根本区别在于制度的不同,或者说文明社会正是有了制度的保障才使人从蒙昧状态走出来,享受经济繁荣与政治昌明的果实。

休谟认为文明政体可以有多种,但真正的野蛮政体本质上只有一种,即绝对无限的暴力专制政体,在他的笔下,这种野蛮政体的直接对应就是东方社会,诸如波斯、土耳其的君主专制政体。他认为尽管东方社会不同于游牧、渔猎社会,已经具备了十分完善的政制,但并不是欧洲那样的文明体制,而是野蛮体制,其野蛮性质并不体现在生产方式、生活风俗习惯等方面,而在于政制方面。所以休谟对于野蛮与文明政体的一阶划分标准关键在于一种政体的权力的专制究竟达到何种程度。他认为只有绝对专制的政体才是野蛮政体,而一些相对专制的政体仍可以被视为文明政体,我们由此可以看出休谟政体理论的独创性及其蕴含的审慎的政治智慧。在他看来,区别专制程度的标准不是随意的,也非孟德斯鸠的恐惧原则所能解决,因为恐惧正像专制一样也是一个

---

[1] 休谟:《休谟经济论文选》,陈玮译,商务印书馆,1984年,第21—22页。

在量上无法加以衡量的东西,是一个感受。针对这个问题,休谟开辟了一个新的政体论的路径,他高度重视法律制度的重要性,把传统政治理论中的法治原则纳入划分野蛮政体与文明政体的专制程度的区分之上。在休谟看来,区别绝对专制与相对专制的核心标准在于是否存在着法治,而不是在于是否由一个人、多个人或全体人民成为统治者这样一个传统政体论的划分标准。

相较于卢梭所主张的按照统治者人数为标准的传统政体划分方法,即把政体划分为民主制、君主制和贵族制这三种基本的类型,休谟在这个重大问题上则向前推进了一步。他把法治这一根本性因素作为衡量专制程度的客观标准并放到一个首要位置,对于政体类型的划分开辟了一个新的路径。虽然他也同时接受了传统政治学按照统治者人数划分政体类型的分类标准,但对他来说,它们只是二阶政体形态层面上的政体分类,休谟所关注的问题并不在这个标准上,而在于通过把法治导入政体理论,从而提出了一个两阶的实质性政体理论,即一阶是有关野蛮政体与文明政体的划分,它以是否存在绝对的专制为衡量标准,至于如何衡量专制的程度,则取决于法治这一根本性尺度。在野蛮与文明的一阶层面上,关键在于法治之有无;在文明政体的二阶层面上,政体的优劣则在于法治的多少。这样一来,按照休谟的标准,政体的划分就有了实质性的内容,例如同样都是君主制政体,东方的绝对君主专制就属于野蛮政体,英国的君主立宪制属于纯粹文明的政体,而法国的政体虽然是君主专制政体,但是它是一个法治政体,是一种有限的专制政体,因而也属于文明政体。

三、君主政体的辩护:自由君主制与专制君主制

休谟第二个层次的政体论主要针对十七八世纪欧洲政治事

务,尤其是围绕现实的英国政体来展开理论的探讨。在休谟所处的时代,君主制问题不仅是一个重大的理论问题,同时也是一个严峻的现实问题。18世纪法国的启蒙运动使法国的君主制风雨飘摇,身处法国启蒙哲学家圈子的休谟更是对此问题极度关切。诸如如何看待君主制?英国是否适合君主制?英国与法国的两种君主制是否存在差异?诸如此类的问题都摆在了休谟等人的面前。休谟对于这些问题进行了深入的思考,我们从他发表的一系列政治论文中可以看出,对于君主制问题的考察与分析是休谟政体思想的非常重要的组成部分。休谟具体考察了有史以来的各种政体形式,特别是着重研究了自由君主制与专制君主制这两种君主政体。有关政体问题的探讨一直是西方政治理论争论的焦点,尤其是随着启蒙运动的蓬勃发展,以卢梭为代表的人民主权思想日益高涨,君主制似乎已经渐渐落伍。在这样的历史环境下,休谟则把通常意义的君主制划归到文明政体的范畴。他认为一味地坚持君主制或民主共和制都是不妥的,问题的关键在于君主制是怎样的一种君主制,民主共和制又是怎样的共和制,应该看到问题的复杂性,而不能单一化地看待政体问题。他认为欧洲近代君主制有着深厚的基础,形成了一种政治传统,并且在现实的政治事务中依然保持了强大的生命力,而英国在经历了历次革命后依然选择了君主制,就是最好的例证。

所以我们认为休谟把近代君主制视为一种文明政体也是很自然的事情。在他看来,欧洲的君主政体,特别是近代以来的君主制国家,不同于野蛮的君主制,它们属于文明社会的政制形态。欧洲的各类君主国(包括英国)无疑都是专制性的,特别是在欧洲大陆,君主专制的色彩普遍较为强烈,君主个人的意志在国家统治中占有重要的地位,例如,君主绝对专制在法国路易十四那里发展到顶峰,法国的君主制就是一种典型的君主专制。但是尽管如此,欧洲的君主专制仍然不同于东方社会的野蛮专制政体,君主的权力是受到约束的、有限度的,而不是绝对的、无限度的,不但受到一定的法律制度的约束,还受到传统、习惯、荣誉、惯例等因素的限制。[1] 不过,休谟认为对于近代的君主制不能简单一概而论,还应该进一步做本质性的区分。这样就进入了休谟政体论的第二阶划分,即在文明政体这一前提下,休谟对君主制又做了明确的区分,他划分了两种君主制,一种是自由君主制(以英国为代表),一种是专制君主制(以法国为代表)。在休谟看来,自由之多少,而不是自由之有无,是区分近代君主政体之性质的一个关键,而我们知道,休谟所说的自由,并不是民主制意义上的自由,而是法治意义上的自由,因此,这种自由与法律制度有着密切的关系。这样一来,我们可以从休谟的上述论断中得出这样一个结论:依法治之自由的程度标准,君主制可以分为两种,少许君主制与自由法律的结合是自由君主制,以英国为代表;少许自由法律与君主制的结合是专制君主制,以法国为代表。[2]

休谟有关区分两种君主制的思想,与孟德斯鸠的观点有很多一致之处。孟德斯鸠早期较为推崇共和政体,在《论法的精神》一书中他的思想发生了变化,他认为共和政体虽然总的来说优于君主政体,但并非全部如此,像威尼斯的共和政体就很糟糕,相比之下,像英国那样的君主政体不仅优越于大多数古代共和国,也优于现代的意大利诸共和国。在他看来,区分共和制与君主制的关

---

[1] David Miller, *Philosophy and Ideology in Hume's Political Philosophy*, Oxford University Press, 1981, p. 148.

[2] David Miller, *Philosophy and Ideology in Hume's Political Philosophy*, Oxford University Press, 1981, p. 150.

键因素并不在于统治者的人数,传统政治学的区分标准无法判断政体之优劣,以他之见,评价政体好坏的标准是"有无法治"。所以,无论是一人之治的君主国,还是众人之治的共和国,只要是建立在法治的基础之上,国家的权力在法的统治下相互制约、均衡运行,就是一个良好的政治宽和的政体。如果说休谟有关野蛮与文明政体的一阶政体论解决的是自由有与无的问题,即绝对的专制政体是没有自由的政制,那么文明政体框架内的二阶政体的划分则是有关自由多与少的问题。休谟为此集中探讨英国的自由君主政体以及法国的专制君主政体,至于究竟是采取君主制还是共和制,休谟认为这些争论是不重要的。重要的在于是否存在法治,是否保障了人民的财产权利,是否存在着自由,这才是最为关键的。

那么怎样的政治制度才是自由的?休谟眼中的自由君主制又是怎样的?休谟首先认为"自由政府对于那些分享自由的人常常是最大的福惠"[1],自由君主制现实的版本就是英国当下的政体,休谟认为它的自由本性存在于政体的混合结构上,也就是说在于它是一种混合政体。休谟据此认为英国的政制证实了政治学的一条普遍的原则或真理,他写道:"可以宣布下述论断是政治上的一条普遍真理:一位世袭的君主,加上没有奴仆的贵族和由代表们行使选举权的人民,构成最佳的君主制、贵族制和民主制。"[2]休谟认为英国这样的混合政体又是十分独特的,他写道:"英国政体却是君主政治、贵族政治和民主政治的混合体。当权者由贵族和商人组成。人民中间各种各样的教派都有。每个人

---

[1] 休谟:《休谟政治论文选》,张若衡译,商务印书馆,1993年,第8—9页。
[2] 休谟:《休谟政治论文选》,张若衡译,商务印书馆,1993年,第8页。

都享有极大的自由和独立,使得他可以充分表现独持风格。因而在世界各族人民中,英国人的民族性很少,除非把这种奇特现象也看作是民族性。"[1]融合了君主制与共和制的英国混合政体基于英国社会的久远的政治传统,休谟认为:"我们政体中共和制和君主制这两个部分之间的恰当平衡,实际上本身即是极难处理和极不稳定的,加上人们各怀激情和成见,势必对它产生不同看法,即便在最为理解的人们中也是如此。那些生性温和、喜爱安宁和秩序、憎恨暴乱和内战的人,较之那些大胆、豪爽、热爱自由、认为压制和奴役是莫大罪恶的人,总是更为赞赏君主制。虽然一切明智之士总的说来均同意保持我们的混合政府,然而在遇到具体问题时,有些人倾向于授予国王以更大权力,让他发挥更大作用,甚少注意要防范他越权妄为;另一些人则惊惶不安,担心在遥远的将来可能产生君主暴虐和极权统治。"[2]

在休谟看来,英国自由君主制的两个关键因素是"自由"与"少许的君主制",它给英国社会带来了巨大的福利。他写道:"尽管各类政府在现代都有改进,然而君主制政府似乎改进最大。现在可以将过去仅仅授予共和国的赞语同时授予文明君主制。可以说,它们是法治政府,而不是人治政府。我们发现文明君主制政府是可以有秩序、有条理和稳定的,并达到令人惊讶的程度。私有财产受到保障,劳动受到鼓励,艺术繁荣,国王安居于他的臣民之中,像父亲生活在自己孩子中一样。"[3]不过,休谟更看重共和制在英国政体中的作用,他也多次指出了共和制对于英国君主制的制约作用,他说:"英国政府虽然与君主制混合,但共和制部分

---

[1] 休谟:《休谟政治论文选》,张若衡译,商务印书馆,1993年,第93页。
[2] 休谟:《休谟政治论文选》,张若衡译,商务印书馆,1993年,第46页。
[3] 休谟:《休谟政治论文选》,张若衡译,商务印书馆,1993年,第59页。

居于优势;为了保存自己,它不能不对行政官员保持戒备、猜忌,排除一切专断之权,并以通用而又固定的法律,保障人人生命财产的安全。"①或许斯密的解释有助于我们对于休谟思想的理解,他说政体适当地分为君主制、贵族制和民主制三种,"后两者叫作共和政治,因此政体可分为君主和共和两种"②。这样看来,休谟所说的英国的混合政体,意指君主制与共和制的混合,具体说就是君主制与贵族制和民主制的混合。在休谟有关英国混合政体的理论中,无论这三种体制如何相互制约与支持,它们的良好合作,它们之所以保证了英国人民的自由,其最为根本性的原因,休谟认为不在于统治者的个人品德、性格和爱好等个人因素。自由君主制的关键,在于法治,法律的统治,这是英国的政制传统,也是英国成为一个自由的国度的核心。

对于休谟来说,自由更多地体现为一种政治制度。因此,在他的著作中自由往往与政体相关联,自由政体、自由制度是他强调的一种自由形态,而在有关公民个人方面,在个人与国家的关系方面,他更多的是强调政府的权威与公民的服从。在他看来,只要有一种自由的政体,那么个人的自由也就自然地能够得到保障,因此他对于自由的理解往往是一种政体制度意义上的理解,更多的是一种自由的政体理论,而非自由的个人理论。法治确保了英国的自由,所以休谟认为英国的混合政体从根本性上说是一个法治的政体,而不是人治的政体,即便它的君主制成分占据重要地位。但确保它不至于沦落为野蛮君主政体的关键在于法治,更具体地说在于宪制。因此,英国的混合政体又可以称为君主立

---

① 休谟:《休谟政治论文选》,张若衡译,商务印书馆,1993年,第3页。
② 坎南编:《亚当·斯密关于法律、警察、岁入及军备的演讲》,陈福生等译,商务印书馆,1997年,第40页。

宪政体，它的自由的本性在于宪政。休谟推崇英国自由制度的价值，这一切固然得益于法律制度对于自由的保障，但除此以外，还有一个因素也是休谟考察英国政体所强调的，那就是商品经济和科学技艺的发展与繁荣。休谟写道："自技艺改进以来，英格兰的自由虽没有衰退，却不如那时繁荣，尽管近年来腐败似乎有所增长。这主要应归功于完善的自由制度。我们的王公贵族发现，如果不实行议会制、或用特权魅影恐吓议会的话，国家就无法治理。更毋庸说，这些堕落腐朽之风在选举人中间的流行比在当选人中更甚；因而不能把这些腐败只归咎于奢侈带来的任何进步。如果从一个适当的角度思考这个问题，我们将会发现，技艺所带来的进步对自由是相当有利的，并自然而然地维持——如果不是形成的话——一个自由的政府"①，"举世公认，下议院的势力和威望基本上要归功于商业的发展，正是这种发展使得这么多财富落入平民之手。既然如此，对技艺改进横加指责，把它看作是自由和共和精神的死对头，岂不自相矛盾！"②同样反过来说，休谟也认为一个自由的法治的政府对于经济和商业的推进作用也是很大的，英国社会之所以能够实现如此的经济发展、科学繁荣、贸易发达，其中一个关键的因素在于它是一个法制的国家，是一个财产权得到保障、商业规则得到遵守、个人利益能够在法律的范围内获取最大化追求的政体。

总而言之，休谟基本上是肯定英国的自由君主制的，根据英国革命后的政治情况，面对托利党与辉格党在英国选择何种政体的争论时，休谟看到"长期以来以某种势头涌向民政政体一边的

---

① 休谟：《论政治与经济》，张正萍译，浙江大学出版社，2011年，第152页。
② 休谟：《休谟经济论文选》，陈炜译，商务印书馆，1984年，第25页。

潮流,正在开始转向君主制"①。他主张在现实中应该采取君主立宪制,他认为只有接受英国的君主制,才能够防止更大的灾难和混乱发生,只要基于法治,就可以防止君主走向专制。

有关专制君主制,休谟则重点考察了法国的政体。他认为,从形态上说"法国是纯粹君主制最完善的典范"②,从本性上说,是少许自由与君主制的结合,因此,法国的君主制是一种专制君主制,但不是绝对专制的君主制,而是有限专制,与一些英国的自由君主制一样属于文明政体。实际上法国的君主专制应该说是欧洲绝对君主专制的典型代表,波旁王朝从14世纪以来逐渐形成高度中央集权的君主专制,直至路易十四时期到达巅峰。他的一句名言"L'Etat,c'est moi.(朕即国家。)"也便意味着他的意志便是国家最高的法律,最终这样的绝对君主专制在路易十六时期走到了尽头,法国大革命的爆发彻底颠覆了波旁王朝君主专制体制。不过休谟的法国情节是比较特殊的,他的《人性论》就是在法国写作的。我们知道苏格兰和法国的思想传统与政治忠诚之间存在着一种源远流长的关系,休谟与巴黎的沙龙以及法国的启蒙哲人们的联系密切,法国启蒙思想家们对他也是推崇备至,这从休谟任职巴黎期间受到欢迎的热烈程度就可以看出。休谟本人对法国文化也比较向往,他对于法国政制体制的认知也不同于伏尔泰、卢梭等法国启蒙哲人,休谟认为他们对于法国君主制的批判过于极端。他笔下的法国是一个"文明的君主国,其特征是文雅、人道和知识"③。斯蒂沃特指出:"休谟首先举出的例子便是法国,

---

① 休谟:《休谟政治论文选》,张若衡译,商务印书馆,1993年,第36页。
② 休谟:《休谟政治论文选》,张若衡译,商务印书馆,1993年,第59页。
③ David Hume, *Political Essays*, edited by K. Haakonssen, Cambridge University Press, 1994, p. 85.

与一些英国人的夸夸其谈相反,法国人民并不是可怜的奴隶。"[1]在休谟看来,把法国君主制与绝对的野蛮专制混为一谈,显然是不符合实际的。尽管法国的君主专制非常突出,甚至在某一个时期接近于野蛮,但总的来说,它们之间仍有根本性的区别,法国的君主专制仍然是一种文明的政体。

休谟认为法国的专制君主制之所以区别于野蛮的君主制,首要一点在于它仍然存在着一些有限的法治。法国的君主权力虽然是专断的,但并不是绝对不受制约的,法国的君主专制仍然为臣民带来了安全,会保护财产,并且统治者依照一定的法律治理国家。尽管这种法律完全是君主自己制定出来的,但仍然是一种法律,而且受到了荣誉、传统、品德、贵族等多种因素的制约。孟德斯鸠曾谈到君主制的原则是荣誉,法国的君主历来把荣誉看得很重,为了保持君主的尊贵、威严和恢弘气派等,尽管他们每每断于主观意志,但为了维持整个君主制的荣誉原则,这些法律仍然构成了对其权力的限制。相比之下,东方的绝对专制显然是不讲荣誉的,他们讲的是恐惧。为此,休谟眼中的法国君主制虽然要比英国专制一些,但是法治的因子并没有断绝,因而这样的专制君主制依然是一种文明的政体。

除此以外,休谟更关注两个不同体制国家在文明表现上的不同。他在其政治论文《谈艺术与科学的起源与发展》等文章中重点分析比较了英国和法国两种政体导致两个国家在科学、艺术与商贸等领域的差异,而且是各有优劣。通过比较,休谟首先提出了一个著名的观点,即一个文明的共和国最有利于科学的成长,而一个文明的君主国则适合于优雅艺术的成长。休谟写道:"唯

---

[1] John Stewart, *The Moral and Political Philosophy of David Hume*, Columbia University Press, 1963, p. 236.

一不同的是,在共和国中,谋求职位的候选人必须两眼向下,争取民众的选票;而在君主国则必须两眼向上,祈求大人物的恩宠。走前一途径获得成功,人们必须是自己成为有用之人,必须依靠自己的勤勉、能力或知识;以后一种方式兴旺发达,则必须使自己善于取悦于人,依靠自己的机智、殷勤或彬彬有礼。"①最终导致的结果就是:科学较自然地在共和国中生长,而高雅的艺术则较自然地在君主国出现。② 其次,关于商业,休谟则认为专制君主国家有损于商业繁荣,他说:"我要断言:不管法国人怎样努力,但仍存在着一些损害商业的因素,这些因素产生于专制政府的性质,与之不可分割。"③接下来,休谟则进一步解释其原因:"在我看来,在专制政府下,商业之所以易于衰落,并不是因为那儿不够安全,而是因为不够体面。等级隶属关系是维护君主制度所绝对必需的,出身、称号和地位必然比产业和财富更为光荣。当这些观念占据上风时,所有巨商都会受到诱惑,抛弃商业,买取这些带有荣誉和特权的头衔。"④而英国则相反,经济上独立于上层社会的平民阶层组成了与贵族相抗衡的力量。"在奢侈孕育商业和工业的国家,农民耕种有力,就会变得富有、独立;零售商和批发商也从财富中分得一份,并逐渐赢得了中间阶层的权力和报酬,而这些中间阶层则是公共自由最良好、最坚实的基础。他们不会向农民那样因为贫穷和鄙俗的精神而屈服于奴隶制,也不会像贵族一样希望对别人实行专制,更不会因为酬劳而臣服于君主的专制。他们渴望平等的法律,如此才能保障他们的财产安全,防止他们陷入

---

① 休谟:《休谟政治论文选》,张若衡译,商务印书馆,1993年,第74—75页。
② 休谟:《休谟政治论文选》,张若衡译,商务印书馆,1993年,第75页。
③ 休谟:《休谟政治论文选》,张若衡译,商务印书馆,1993年,第57页。
④ 休谟:《休谟政治论文选》,张若衡译,商务印书馆,1993年,第58页。

君主专制或贵族专制。"①他们不像贵族那样仰视君主,在政治上支持法治,渴望人人平等的法律,主要由他们构成的下议院是英国民选政府的支柱。休谟写道:"下议院是我们平民政府的支柱,众所周知,它主要的影响和思想都要归功于商业的发展,正是这种发展才使得财富落入平民的手中。"②休谟分别以英国、法国政制的现实案例为我们描述了自由君主制与专制君主制这两种文明政体的基本形态,总结出了两种不同君主制的制度贡献:与英国在自由制度以及科学对于人类文明的贡献相比,法国的贡献主要体现在文化艺术等精神文明方面。这其实也比较符合18世纪欧洲的时代特征。

如果看到休谟对君主制的肯定,并且尤其推崇英国的君主立宪政体,我们认为这可能是他被视为一个保守主义者的重要原因。然而,从理想状态来说,休谟又是一个共和主义者。作为一个务实的历史学家,他对于政治事务的考虑又并不是完全从理论出发的,而是从经验中来的,他看到了尊重传统是英国政治的一个重要法则,英国传统中近千年的君主权威也已经深入英国人民心中,因此,休谟认为君主立宪制比理想中的共和制更符合英国的现实与传统。他也并没有放弃进步主义理念,对于在适当的时刻建设一个他所设想的理想共和国依然充满希望。斯蒂沃特也指出:"休谟不主张在英国建立共和制,不是因为他对他的知识缺乏信心,而是因为大众的保守主义倾向。"③但这并不等于休谟就认为英国的自由君主制就是他理想中的最好的政体,休谟认为君

---

① 休谟:《论政治与经济》,张正萍译,浙江大学出版社,2011年,第153页。
② 休谟:《论政治与经济》,张正萍译,浙江大学出版社,2011年,第153页。
③ John Stewart, "The Public Interest vs. Old Rights," in *Hume Studies*, Volume XXI, Number 2(November), 1995, p.177.

主制的缺陷就在于统治者的权力。休谟理想中最好的政体制度就是共和制,可以说,对于共和制休谟从来没有放弃过研究与探讨,有关共和制的思考是他的政治论文中的一个未曾间断的主题。在《关于理想共和国的设想》一文中,休谟指出人类政治事务的不可试验性以及人的基于习惯的服从是考虑问题的一个前提,但尽管如此,休谟又认为不妨从哲学上探讨一下究竟何种政体是最为完美的政体,他说:"谁知道将来某个时代不会有机会将此理论付诸实践呢?这种实践既可能是解散某些旧有的政府,也可能是在世界某个遥远的地方将人们组织起来,建立一个全新的政府。在一切情况下,了解一下哪种政体最为完美,使得我们只需通过温和的改变和革新便能将现有的一些政治结构或体制变得与之甚为近似而又不致引起过大的社会动荡,这毕竟是有益无害的事。"[①]不过,总的来看,休谟在那个时代依然是为君主制高唱赞歌的代表性人物之一。

第三节 卢梭与休谟政体观的冲突

作为古典共和主义继承者的卢梭与现代商业共和主义者的休谟,基于在人性思想上善恶之分的差异,他们的政体思想存在着较大的差异。卢梭主张主权在民,休谟则更偏爱议会主权主导下的君主政体。卢梭推崇小型的古代共和国才是共和政体的典范,休谟则认为一个大型的现代商业共和国更具有优越性。他们在政体观上的冲突具体表现为"古今之争"与"大小之争",实际上

---

① 休谟:《休谟政治论文选》,张若衡译,商务印书馆,1993年,第158页。

也反映了两者在思想本质上的对立。

一、人民主权 VS 议会主权

在卢梭的政体观中,他尤其强调"主权"这一概念,在反对君主主权以及议会主权的基础上,提出了"人民主权"的概念。在卢梭的语境中,作为主权者的公民集体,其唯一权力在于制定法律。立法权与行政权之间的关系,实际上还是决定性意志与执行性权力之间的关系。政府是主权者与国民之间的联系——一种"居间实体"(corps intermédiaire);它可能是一个人,也可能是一组人,但最重要的是,按照卢梭的观点,主权者与政府的职能必须永远不被掌握在同一个实体手中。卢梭与霍布斯一样都主张绝对主权,主权者不能拥有执法权,而政府也不能有立法权。政府与主权发生冲突的时候,也就是社会机体衰老和死亡之时。卢梭曾写道:"既然个体意志总是不断在反对公意,因此政府也就继续不停地努力反对主权者。这种努力越强,则体制就改变得越多;而且这里既然根本没有别的团体意志可以抗拒君主的意志并与之相平衡,那么迟早总有一天君主终于会压倒主权者并毁灭社会协约的。"[1]而卢梭也亲身经历了这样的事情的发生:日内瓦的小议会组织其政府,取代了主权者全体大会,篡夺了日内瓦的主权,这批寡头也就抢夺了日内瓦市民阶级的权力。

在《社会契约论》一书中,卢梭支持人民主权的概念,特别憎恶以议会主权为特征的代议制的概念,也说明了他的政体学说具有激进主义的民主倾向。卢梭坚持认为"主权是不能被代表的",因为法律只有经过全体公民直接的、无中介的批准才有效。他写

---

[1] Jean-Jacques Rousseau, *The Social Contract and Other Later Political Writings*, edited by V. Gourevitch, Cambridge University Press, 1997, p. 106.

道:"人民的议员不是,也不可能是人民的代表,他们只不过是人民的办事员罢了;他们并不能做出任何最终的决定。凡是不是由人民亲自批准的法律,都是无效的;那就不是法律。"①这表明卢梭的眼界也并不仅仅局限于古代城邦的那种面对面的公民大会,它还指那种委任性的、可任意解职的代表体制,以及通过公民投票批准法律的机制。在18世纪70年代初期草拟的《论波兰政府》中,卢梭提议波兰独立国家的议会实行委任议员制,因为波兰国家太大,不适合采用全体公民大会。但是在《社会契约论》中卢梭则谴责代议制,并且就以实行代议制的英国为批判对象,他说:"英国人民认为他们是自由的;他们错得离谱,他们只有在选举国会议员的期间才是自由的;议员一旦选出之后,他们就是奴隶,他们就丧失一切了。"②应该说,《社会契约论中》存在着明显的乌托邦思想,卢梭所设计的理想型的共和政体只适合由品德高尚的公民组成的小型斯巴达式社会。③

休谟则是对英国的代议制政体大唱赞歌,我们发现休谟的政体观中并没有花太多笔墨论述主权的概念,不过从他的政治论文中可以看出,休谟并不反对君主主权和议会主权的概念,并且指出在君主制下,君主主权和议会主权可以在一个平衡体制制约下实现调和,这就是当时英国的君主立宪制。而对于卢梭的全民参与立法的人民主权概念,休谟则认为并没有太多的实践意义,并且还有可能导致暴政。休谟一直强调政府的关键作用,他认为政

---

① Jean-Jacques Rousseau, *The Social Contract and Other Later Political Writings*, edited by V. Gourevitch, Cambridge University Press, 1997, p. 114.

② Jean-Jacques Rousseau, *The Social Contract and Other Later Political Writings*, edited by V. Gourevitch, Cambridge University Press, 1997, p. 114.

③ Mark Goldie and Robert Wokler, *The Cambridge History of Eighteenth-Century Political Thought*, Cambridge University Press, 2006, p.578.

体的比较包括对它们的相对优点的判断,而不是参照事物本质之中固定不变的标准。他区分了绝对君主制和自由君主制,以及文明政体和野蛮政体的概念。他认为既绝对又专制的政体属于野蛮君主制,例如东方或亚洲的政体。不过,这种政体也可能在欧洲出现,休谟把克伦威尔的"护国公统治时期"称为"黩武的和专制的";它"把人民划分为众多细碎的奴隶状态"。但是绝对君主政体可能是文明政体,尽管它们的国王握有主权,不过他们根据一般法来进行统治。休谟认为法国君主政体正是这样的体制。国王受到"习俗、先例和自身利益意识"的约束。在法国这个文明的君主政体下,盛行的是自由,而不是专横的强制。财产也是安全的,"工业受到鼓励,艺术繁荣,君主与臣民安然相处,就好像父亲与自己的孩子安然相处一样"[1]。文明政体中,除了法国式的绝对君主政体外,接下来就是自由政体了,包括英国式的有限君主政体以及纯粹的共和政体。休谟语境中的自由政府"允许少数成员分享权力,他们联合起来的权威不逊于任何君主的权威;但是他们必须依照一般的、平等的法律来行动,这些法律早就为所有成员以及所有国民所熟知"[2]。

休谟对于绝对君主政体和自由政体的比较,缩小了在它们之间做出选择的必要。他认为法国和英国都是有规则地推行正义之治,以保护臣民的财产。它们之间的差异并不重要,与文明的君主政体相比,自由政府更加鼓励商业;不过,在文明君主政体下,艺术会更加繁荣。休谟颠覆了"粗鄙的辉格派"所主张的学

---

[1] David Hume, *Political Essays*, edited by K. Haakonssen, Cambridge University Press, 1994, p. 56.
[2] David Hume, *Political Essays*, edited by K. Haakonssen, Cambridge University Press, 1994, p. 23.

说,即法国奴役状态和英国自由的对比。他把法国描述为一个现代商业社会,受到法律的统治,这些法律保护公民以及国民的财产。① 休谟认为他的这个结论批驳了英国人自以为是的偏见。不过他的这个评价偏袒了法国君主政体,也忽视了法国人对本国君主制的批判。

至于英国的自由君主制,休谟则认为英国的混合政体做到了君主制与共和制的均衡调和。他指出英国的混合政府体制产生了无与伦比的公共自由。他说,"整个人类历史"都没有提供一个可以与之相比的例子,让社会治理得"如此自由、如此理性并如此适合人性的尊严"②。不过,休谟也强调这种体制的历史创新性、制度脆弱性以及重大的政治风险。他说,宪制中"共和与君主两部分"的极其微妙的联合意味着,在宪制的适当平衡之上也"必然会出现不同的意见","即便在最明智的人之中也是如此"。这样一来,党派分野就会作为"英国政府的天然产物"而被接受。③ 对于休谟而言,既然政治的分野成为英国有限君主制的不可避免的短处,那么对于宪制平衡机制本身就需要进行类似的重新考察与说明。在国王、上议院与下议院的权力平衡中,休谟认为宪法"实际上为下议院分配了如此大的权力,以至它可以绝对地指挥政府其他部门"④。无论是君主的立法否决权还是上议院的特权,都不

---

① David Hume, *Political Essays*, edited by K. Haakonssen, Cambridge University Press, 1994, pp. 54-55.
② David Hume, *Political Essays*, edited by K. Haakonssen, Cambridge University Press, 1994, p. 217.
③ David Hume, *Political Essays*, edited by K. Haakonssen, Cambridge University Press, 1994, pp. 44-45.
④ David Hume, *Political Essays*, edited by K. Haakonssen, Cambridge University Press, 1994, p. 25.

足以对抗下议院的力量。现代国家治理所需的花费,加上下议院对"拨款权"的确定控制,都使下议院压倒宪政秩序的能力绰绰有余。① 事实上,能够防止这种对混合政体破坏的,恰恰是那些常常受诟病的王室扶持的人脉,他们在下议院中抱成一团,足以支持王室的权威。② 由此,休谟总结说,人们渐渐发现行政影响力成了维护宪政秩序的真正救星。

二、古代共和国 VS 现代共和国

作为一位来自日内瓦小共和国的高傲市民,卢梭对 18 世纪欧洲最时髦的"现代性"发起了猛烈的抨击。他在精神上与巴黎的知识界相去甚远,从他的第一论的出版,就开始了作为启蒙时代批评者的学术生涯。尤其是在他的第二论中,卢梭谴责了现代文明社会普遍存在的民风败坏与道德缺失,并且断言私有制是人类社会不平等的祸根,并导致政府、统治者以及暴力的产生。而休谟的观点与卢梭的观点是完全对立的,他把当时的欧洲与古代加以比较,并表明自己在"古今之争"这个问题上坚定地站在现代人一边。他不同意卢梭对现代艺术和科学的批判,在《英国史》中,他甚至把几个世纪之前处于较低阶段的风俗和政府与现在加以比较,并且认为现代的英国与法国就是迄今为止最文明、最优雅的商业社会。

对于卢梭所主张的古代民主制,休谟则持不信任的观点,并且认为这种民主制存在着很大的弊端。他写道:"罗马共和国的政治体制将整个立法权授予人民,贵族或者执政官均无反对之

---

① David Hume, *Political Essays*, edited by K. Haakonssen, Cambridge University Press, 1994, pp. 25 - 26.

② David Hume, *Political Essays*, edited by K. Haakonssen, Cambridge University Press, 1994, p. 26.

权。这种无限的权力由人民集体享有而不是由一个代表机构享有……整个政府因而限于无政府状态,而罗马人当时所能寻求的最大幸福,就是恺撒式的专制权力,这就是没有代议制的民主产生的恶果。"① 此外,对于雅典的民主制,休谟也进行了批判,他说:"雅典的民主政治是一个极为混乱的政体,我们从现代世界的概念很难想象。每条法律都由全体人民表决通过,表决权不受财产限制,没有地位的区别,也不受行政长官或议事会的监督,当然也就谈不上什么秩序、公道和慎重了。"② 休谟对古代民主政体持如此批判的态度,有理论与现实两方面的原因。从理论上看,休谟所处的时代之前的主流政治思想都对民主制持否定态度,民主制也是现代的产物,古代的直接民主制与近代的民主代议制存在着本质的差别。从现实来看,休谟认为当时英国的情况,由广大的人民直接参与治理社会往往是非常危险的,因为在人民中间很难有共同一致的审慎的选择,众多的利益难以协调在一起。人民总是爱走极端,将政府的统治权力完全交给人民,其结果最终会导致暴政,这一点已被历史证明。

与休谟颂扬现代社会、批判古代的基调完全相反,卢梭则是在推崇古代共和国的基础上,对现代政治进行谴责。他批评现代政治生活缺少公共道德,忽视爱国主义与公民宗教,听任"低俗"哲学及不道德的艺术教化蔓延。同时,他赞扬古代高度同意的政治制度,他认为在那种制度下,道德、公民宗教、爱国主义以及简朴生活方式使众人成为"一人",从而实现完整的社会化和真正的政治。他认为现代政治生活导致人的自我冲突,使人仅仅关心个

---

① 休谟:《休谟政治论文选》,张若衡译,商务印书馆,1993年,第7页。
② 休谟:《休谟政治论文选》,张若衡译,商务印书馆,1993年,第111页。

人的反社会的利益,一半属于政治社会之内,一半又在政治社会之外,使人既不能享受那种天然的、与道德无关的独立,又不能享受真正的社会化所带来的道德提升。[1] 卢梭认为古代城邦,比如斯巴达,由于其单纯、公共利益上的道德和对艺术、军事技术的合乎道德的使用,以及很少的极端个人主义与个人利益,才是真正意义的政治社会。现代"偏见""低俗哲学""卑劣的自私自利之心"注定了"现代人无法从自身找到任何灵魂活力,而这在古代人身上则随处可见"。[2] 在像古代那样一个高度一元化的国度里,政治教化会在自我"变得热衷于那些与所有美德背道而驰,只会陷入卑劣的灵魂生活的卑鄙情趣"之前,"使我们超越自身"。[3] 由此我们也可以看出,卢梭语境中的现代政治的主要弊端就是它的政治化的不足。它介于政治生活的完全人为性、公共性与前政治生活的自然性、独立性之间,由此造成了现代人的极度不幸:自我分裂、个人意志与公共利益相冲突、总有一种不知身在何处的感觉。我们也可以得出这样的结论:卢梭所推崇的高度一元化的古代城邦及其追求普遍的或公共的善的政治道德优越于现代支离破碎的政治体制及其自私自利的政治道德。

那么休谟又是如何来回应的呢?他认为古代共和国的优越性是相对于古代君主制的,与现代商业社会下的各种政体相比,古代共和国显得十分落后。休谟强烈批判卢梭这种美化古代共和国的思想观点,他认为古代共和国既没有值得现代人称道的公

---

[1] Mark Goldie and Robert Wokler, *The Cambridge History of Eighteenth-Century Political Thought*, Cambridge University Press, 2006, p. 364.

[2] Jean-Jacques Rousseau, *The Social Contract and Other Later Political Writings*, edited by V. Gourevitch, Cambridge University Press, 1997, p. 69.

[3] Jean Jacques Rousseau, *The Social Contract and Other Later Political Writings*, edited by V. Gourevitch, Cambridge University Press, 1997, pp. 20 - 21.

民美德,古代人也不享有真正的公民自由。首先,休谟认为古代共和国的公民美德是存在重大缺陷的。他认为古代共和国的公民是一种特权阶级,他们对公共生活的参与以及能够"免于物质劳动",是以对奴隶阶级的残酷压迫为基础的,他们的自由是以奴隶的不自由为代价的。① 其次,这种古典公民美德要求公民必须勇于为公共利益牺牲个人利益,并在生活上保持质朴和战斗精神,这对人性提出了更高的要求,而且古典公民美德具有残忍苛刻的特征,与增进人生的乐趣完全不相容。休谟接下来又进一步论述了近代商业社会无法与古代共和主义相融合的观点。他认为现代商业的发展是以承认个人私利的合法性为前提的,是一种与"奢侈"相伴随的经济形态。古代共和国要求保持质朴的生活方式,必然会对商业发展持反对态度,这也是古典共和主义者卢梭反对奢侈的重要原因。因而,现代商业社会要求公民保持奉献国家和集体的精神,自觉约束贪欲,几乎是无法实现的。卢梭所提倡的国家应建立在公民道德基础上的思想,也是不切实际的。至于卢梭所称颂的古代斯巴达,休谟认为斯巴达的稳定与强大也不是因为公民美德,而是来自立法。斯巴达法律禁止一切商业活动,并规定公民从小就要在极端艰苦的环境中训练,这就使得斯巴达的公民人人都成为勇猛的斗士。也就是说,斯巴达公民的美德事实上是法律造就的结果,是法律最终造就了古代斯巴达的强大与辉煌。②

三、小型共和国 VS 大型共和国

我们知道卢梭是欧洲古代城邦共和国的拥护者,不过休谟并

---

① 休谟:《休谟经济论文选》,陈玮译,商务印书馆,1984 年,第 97 页。
② Neil McArthur, *David Hume's Political Theory: Law, Commerce, and the Constitution of Government*, University of Toronto Press, 2007, p. 89.

不完全赞同卢梭对于小型共和国的理想化描述,他说:"小型共和国是世界上最令人满意的政府形式,因为凡事都尽在统治者的眼皮底下;不过它却可能被外来大国征服。而这个方案似乎具有大型共和国和小型共和国的所有优点。"[1]虽然一方面休谟也赞同小型国家易于实行共和政体的一般政治学原理,但他又深感政制的设计还需要审慎的创造勇气,因为他所处的国家并没有为他提供那样的现实条件,所以,另一方面他在文章中又大胆地提出了一个重要的思想,即在一个大国也存在着成功实行共和制的可能。休谟所设计的理想共和国,其领土范围、人口数量等要远大于传统的古代城邦共和国或者近代城市共和国,它基本上是以英国或者法国这样的欧洲大型国家为蓝本设计出来的。他在制度安排、组织结构、权力配置等方面提出了国家治理的新方案,从某种意义上说,休谟的设想具有准宪法的性质。

首先,休谟为我们描述了一个大型国家的具有代议制性质的选区规模、程序设置以及权力运作模式。其次,关于行政权,休谟写道:参议员们在首都开会,并授予他们共和国的全部行政权。关于司法权,休谟写道:参议院享有上议院所拥有的全部审判权,可接受下级法庭的一切申诉,它任命大法官和所有司法官员。关于地方自治,休谟写道:治安官可任命各郡的所有财政税收官员,任命各教区的教区长和牧师。建立长老式管理机构。关于军队,国民军模仿瑞士模式建立。治安官任命所有上校及以下军官,参议院任命上校以上军官。共和国的代表、治安官或参议员均无薪资,护国公、国务秘书、委员会成员、大使等则有薪资。休谟在他的设计蓝图中,对于共和国政府的各个职能机构,如立法、行政和

---

[1] 休谟:《休谟政治论文选》,张若衡译,商务印书馆,1993年,第389页。

司法及地方自治等的权力安排方面,特别是它们相互之间的制衡问题上,都做了细致周密的考虑,提出了一系列方案。

此外,休谟也明确指出一个共和国大国的优势,他写道:"我们将评价一下目前流行的谬论来结束这篇文章。这种观点认为,像法国或大不列颠这样的大国不应该塑造成共和国,因为这种政府形式只能存在于城邦或疆域较小的国家。这种观点反过来似乎更为可能。虽然在一个疆域辽阔的国家比在一个小国家建立共和制政府更加困难;但这样的政府一旦建立,维持稳定和统一就更加容易,不会发生骚乱和派系斗争。"[1]由此我们可以看出,休谟所设计的大型共和国所体现出的优越之处可以总结为以下三个方面:第一,只有领土广袤与人口众多的共和国才能具有与君主制政府相抗衡的力量,小型共和国虽然幸福,但更容易遭受外敌入侵而灭亡;第二,大型共和国更有利于商业的发展,贸易更容易在大国内部扩展;第三,大型共和国更有利于化解派系纷争,这种纷争是古代共和国最难以消除的威胁。休谟的大型共和国采取联邦制的设计原则,众多的小共和国联合成为一个大的主权国家,它与当时具有联邦特征的荷兰共和国相比,有着更高的效率。[2]

总体来看,休谟认为古代共和国与现代社会相比,无论是在公民美德还是公民自由保障等方面都是落后的,而卢梭所坚持的古代共和国比现代政治优越的观点是建立在一种错误的历史想象之上的。

---

[1] 休谟:《休谟政治论文选》,张若衡译,商务印书馆,1993年,第392页。
[2] Douglass Adair, "'That Politics May Be Reduced to a Science': David Hume, James Madison, and the Tenth Federalist," in *The Huntington Library Quarterly*, Vol. 20, No. 4, Early American History Number (Aug 1957), pp. 343-360.

四、塑造人性 VS 防范人性

卢梭的共和主义政体观也深受其人性思想的影响。卢梭认为,人性本善,但是在社会状态下,人性变坏,出现了"虚荣",自爱走向了腐败。个人意志则占据了第一位,个人利益置于公共利益之上,促使人们互相为恶。那么如何改变走向腐败的人性? 卢梭又提出通过创建新的共和国制度去改变人性。在《社会契约论》中卢梭写道:"孟德斯鸠说过:'社会诞生时是共和国的首领在创设制度,此后便是由制度来塑造共和国的首领了。'敢于为一国人民进行创制的人——可以这样说——必须自己觉得有把握改变人性,能够把每个自身都是一个完整而孤立的整体的个人转化为一个更大的整体的一部分,这个个人就以一定的历史方式从整体里获得自己的生命与存在;能够改变人的素质,使之得到加强;能够以作为全体一部分的有道德的生命来代替我们人人得之于自然界的生理上的独立的生命。总之,必须抽掉人类本身固有的力量,才能赋予他们以他们本身之外的而且非靠别人帮助便无法运用的力量。这些天然的力量消灭得越多,则所获得的力量也就越大、越持久,制度也就越巩固、越完美。从而每个公民若不靠其余所有的人,就会等于无物,就会一事无成;如果整体所获得的力量等于或者优于全体个人的天然力量的总和,那么我们就可以说,立法已经达到了它可能达到的最高的完美程度了。"[1]制度能够塑造人。立法人肩负创设制度的艰巨任务,需通过良好的制度设计和公民教育改变人性,人不再将自己看作孤立的,而是看作融入

---

[1] Jean-Jacques Rousseau, *Ouvrages de politique*, *Du Contrat Social*, in *Collection complète des oeuvres*, Edition du Peyrou et Moultou, 1780 - 1789, vol. 1, pp. 233 - 234.

共同体的一部分,作为全体一部分有道德的生命,相互帮助,相互配合,践行公民美德,个人意志与公意一致,私人利益服从公共利益,从而实现公民真正的自由与平等。

休谟的共和主义政体观也是从他的人性论思想为基础来进行阐述的。与卢梭相反,休谟认为人性本恶,人的本性是自私的,并且舍远求近,只顾自己的利益,不考虑社会的利益,结果造成种种损失,造成种种非义和恶,使社会不得安宁。人的天性又是不能改变的,"人们无法根本地救治自己或他人那种舍远图近的偏狭心理,他们不能改变自己的天性,他们所能做到的就是改变他们的境况,使遵守正义成为某些特定的人的直接利益"[1]。人们渐渐认识到要互相服务,要顾自己的利益,同时也要顾公共利益,要有人执行正义,维持社会,"这些人就是我们所谓民政长官、国王和他的大臣,我们的长官和宪宰"[2],这些人大多没有私情关系,对非义的行为没有利益可图,每一次执行正义都有一种直接利益,这样政府就产生了。休谟认为人性自私,虽然有同情、有慷慨,但毕竟是有限的,不是每个人都愿天生能做应该做的事,往往有人会极端追求个人利益,甚至损害他人利益,损害公共利益,因此人们为了自己的利益和公共利益,便设计出一种社会制度,无论采取什么形式,是君主政体、民主政体,还是共和政体,最为重要的是运用政府的权力实施正义规则,以政府的权威调整制约人们的行为,保障社会安宁,休谟指出:"人类虽然可以维持一个没有政府的小规模的不开化的社会,可是他们如果没有正义,如果不遵

---

[1] David Hume, *A Treatise of Human Nature*, edited by L. A. Selby-Bigge, The Clarendon Press, 1896, Book Ⅲ, p. 537.

[2] David Hume, *A Treatise of Human Nature*, edited by L. A. Selby-Bigge, The Clarendon Press, 1896, Book Ⅲ, p. 537.

守关于稳定财物占有、根据同意转化所有物和履行许诺的那三条基本法则,他们便不可能维持任何一种社会……当人们看出维持和平和执行正义必须要有政府的时候,他们自然就会集合起来,选举执政长官,规定他们的权限,并且许诺服从他们。"[1]

政治体制的关键在于制度本身的设计,法律制度是政体支柱性框架,休谟认为其中存在着深层的人性根源,人们出于本性逐渐认识到需要合作形成政治社会,这种需要对于产生怎样的法律制度会有重要的影响,休谟对政体制度与人性关系进行了深入的研究,和孟德斯鸠求助于普遍的人类理性不同,休谟认为不是先有政治理性,然后按理性要求去建立政体制度,而是理性从属于人的情感,尤其是从属于人的共同利益,相对来说,政体与法律制度的设计中,协调好情感与利益具有更重要的意义,"人类的便利和需要作为他们建立每项规则的最终理由","为了制定调整财产的法律,我们必须熟悉人性和世情,必须扬弃似是而非的虚假的表象,必须探求那些总的说来最为有用和有益的规则,只要通常的理性和稍许的经验就足以解决这个问题,人们就不会过分自私贪婪,或者过分恣意狂热"。[2] 法律制度必须植根于人性世情的土壤,奠定了了解和适合人性世情的基础之上。

休谟指出,人的本性是"自私与有限的慷慨"。人往往一味追求眼前微小私利,而损害和丢弃了长远重要的价值。"人们会由于目前的诱惑而偏离自己巨大而重要的,然而又是长远的利益。这是人性中难于医治的一大弱点。"[3]正因为人性这一弱点,才需

---

[1] David Hume, *A Treatise of Human Nature*, edited by L. A. Selby-Bigge, The Clarendon Press, 1896, Book Ⅲ, p. 541.
[2] 休谟:《休谟政治论文选》,张若衡译,商务印书馆,1993年,第182页。
[3] 休谟:《休谟政治论文选》,张若衡译,商务印书馆,1993年,第25页。

要制定法律和制度对其加以约束。在休谟的政体理论中，休谟从消极的方面理解政体的人性基础，在制度层面上，把人性只往坏处想，人性趋恶、人性丑陋，因为假如人都本性良善，法律和制度就没有存在的理由了。"许多政论家已将下述主张定为一条格言：在设计任何政府体制和确定该体制中若干制约、监控机构时，必须把每个成员都设想为无赖之徒，并设想他的一切作为都是为了谋求私利，别无其他目标。我们必须利用这种个人利害来控制他，并使他与公益合作，尽管他本来贪得无厌，野心很大。不这样的话他们就会说，夸耀任何政府体制的优越性都会成为无益空谈，而且最终会发现我们的自由或财产除了依靠统治者的善心，别无保障，也就是说根本没有保障。因此，必须把每个人都设想为无赖之徒确实是条正确的政治格言。"①

休谟认为，政治法律制度用于防范人性邪恶。在他看来，人性自私，虽然具有有限的慷慨，但还是说"自私是其中最重大的"②，并且自私是产生非义和恶的根源，因此从某种意义上说，休谟的人性观也是一种性恶论，这显然也与卢梭的性善论思想背道而驰。因此，休谟的共和主义政体理论也便是一种基于人性痼疾的政体理论。这一政体理论认为，建立政治法律制度不是为了发挥人的良善本性，而是为了防范人性的邪恶，政治法律制度所具有的就是一种否定性的价值。如哈耶克所言："斯密及其同代人所提倡的个人主义的主要价值在于，它是一种使坏人所能造成的破坏最小化的制度，而对于这一点则很少有人谈及。这种社会制度的功能并不取决于我们发现了它是有一些好人在操纵着，也不

---

① 休谟：《休谟政治论文选》，张若衡译，商务印书馆，1993年，第27页。
② David Hume, *A Treatise of Human Nature*, edited by L. A. Selby-Bigge, The Clarendon Press, 1896, Book III, p. 486.

取决于所有的人将都比他们现在变得更好。一样的制度利用人们的多样化和复杂性来发挥其作用,这些人们时好时坏,有时聪明,但通常表现出来的特征是愚蠢,他们的目标是建立能给所有的人以自由的制度,而不是像他们的法国同代人所希望的那样,建立一种只给'善良和聪明'的人以自由的极受约束的制度。"[①]

卢梭和休谟,他们的基于各自不同人性观的政体理论有着重大区别,卢梭认为,良好的政体制度可以塑造人,改变人性,让人把自己看作共同体的一部分,使个人意志与公意达到一致,从而去实现公民真正的自由和平等;在休谟看来,政体制度只是防范人性邪恶,防范非义的措施,并无更高目标的追求,它着力于通过法律约束人们的行为,调整人们之间的利益关系,防止侵权,实施消极正义,虽不及法国人那样崇高,却也能有效防止恶人作恶,维持社会秩序,这一思想理论是一种审慎的政治哲学。

[①] 哈耶克:《个人主义与经济秩序》,贾湛等译,北京经济学院出版社,1989年,第12页。

第四章

卢梭与休谟的共和主义德性观[①]

对18世纪共和主义道德政治思想的研究表明,启蒙时代存在着两个关于道德与政治反思的主流学派。第一个是理性主义学派,我们知道18世纪也被称为"理性的时代",我们对此不会陌生。第二个则是道德情感主义学派,他们的学说表明18世纪不仅是理性的天下,也是同情的时代。作为情感主义的启蒙哲学家们大多是英国人,例如哈奇森、休谟和斯密等;而其对立阵营,也就是那个时代的理性者们多是法国人,诸如伏尔泰、狄德罗等人。但是这并不绝对,卢梭就是个例外,作为法国启蒙思想家的一个代表人物,在这个问题上他却与休谟属于同一个阵营。卢梭使情感超越经验主义的论证,与"公意"融合在一起,上升至先验的普遍规律层面,情感在启蒙运动中的地位就有了质的飞跃。他的另一大贡献则是重新将情感引入了政治理论中,使以情感为核心的道德成为人类政治社会架构不可或缺的要素。休谟则成功地把情感主义从神学和形而上学的基础中解放了出来,他认为道德所

[①] 高全喜在《休谟的政治哲学》中使用了德性观的表述,他阐述了休谟基于自然德性与人为德性的两种德性观。

具有的规范权威性并不取决于它们和超自然物的联系,而是建立在人类的幸福需要依靠精神稳定性这一事实上的。

第一节　卢梭的德性观及其政治美德

共和主义的核心价值包含了自主、政治自由、平等、公民身份、自治、公共利益、爱国主义、公民美德等。共和主义者强调唯有在公民参与公共事务的决议时,才有可能通过沟通辩论超越个人私利的范围,并建立追求共同善的德性。公民自治的政治制度是在人性以及政治日趋腐化的倾向下,通过公民个人美德典范以及制度的运作加以克服。"德性"[①]是卢梭伦理和政治思想中最重要、最基本的概念之一,它频繁地出现在卢梭所有的重要著作中,并且也是卢梭思想中对法国大革命及后世产生巨大影响的成分,因此,受到学者们的广泛重视。同时,就西方整个共和主义传统而言,德性问题也是最核心的问题之一,而检视共和主义思想家的文本,阐述最为丰赡者仍然当属卢梭。

一、卢梭的共和主义德性观与公民美德

卢梭的德性概念有多种多样的含义,很难给出一个明确的界定。大致说来,在不同的著作中,"德性"的所指各不相同:在《论科学与艺术》中,主要指的是斯巴达和罗马的德性;在《论人类不平等的起源和基础》中,"人类唯一具有的自然美德"是指同情心;在《爱弥儿》和《新爱洛伊丝》中,德性是指在一个败坏的社会中,

---

[①] 法文 vertu,英文 virtue,其中文译法有多种,有的译为"美德",有的译为"德性",有的译为"德行"。为了统一上下行文,本文使用"德性"一词。

独善其身的个人经过恰当的教育所可能具有的道德品质;而在《论政治经济学》《社会契约论》《波兰政府论》中,德性则是指政治美德,即在一个理想的政治共同体中公民应该具有的美德。毫无疑问,政治美德或者说公民美德是卢梭关注的主要对象。在卢梭的整个思想体系中,公民美德居于非常核心的地位:首先,卢梭思想中最具争议的概念与构想,如公意、立法者、公民宗教都是围绕和结合公民美德问题设定的;其次,在很多具体问题上,尤其是卢梭对科学(哲学)、艺术、剧演、宗教的看法,无一不是和公民美德的培育联系在一起的。他说:"我自信我谴责的不是科学本身;而是要在有道德的人面前捍卫美德。"[1]不过,总的看来,学术界关于卢梭公民美德思想的论述仍然停留在比较粗放的阶段,其中有很多具体的问题需要详细考察与深入探讨。

人类的一般德性,就是要使一个人成为自觉履行道德义务的好人;而公民美德,就要是使一个人成为将公共利益置于私人利益之上的好公民。具体到卢梭的思想,所谓好公民就是要服从公意,公民美德的主要表现就是热爱自由、法律和祖国。在卢梭看来,这些概念其实同属一个范畴,并在很大程度上是相互支持的,其逻辑关联是:法律应该是公意的体现,也是自由的保障;如此,人民才能尊重法律、热爱祖国,才是好公民;反过来,公民有德行,公意才能实现,自由才有保障。用卢梭的话说,"没有自由,祖国就不能继续存在;没有德行,自由就不能继续保持;没有公民,德行就荡然无存"[2]。

当公民认识到其个人福祉和自由与政治体制间的紧密关系

---

[1] 卢梭:《论科学与艺术的复兴是否有助于使风俗日趋纯朴》,李平沤译,商务印书馆,2016年,第7页。
[2] 卢梭:《政治经济学》,李平沤译,商务印书馆,2013年,第27页。

时,爱国情操便油然而生,所以共和主义思想家重视爱国情操对于凝聚公民意义的重要性,卢梭就是最重要的代表人物之一。卢梭指出,在教导人们做好公民方面,"爱国思想是最灵验的","爱国思想的确产生了美德最伟大的奇迹";为了使人民有德行,"那就使他们从爱祖国做起"。[1] 热爱祖国构成了公民美德的直接动力,也是公民美德的主要表现形式:"根据我对美德所下的定义,一个爱祖国的人是必然会实践美德的;我们所爱的人的希望,我们将尽力为他们实现";"对祖国的爱,使他们具有行美德的力量,并使他们的行为上升为英雄行为"。[2] 因此,理想政治社会的中心任务就是提供各种渠道不断地将自爱转化为爱国主义,即培养有德性的公民。

不难看出,卢梭认为爱国主义是公民美德一个主要形式。有学者也指出,在卢梭那里爱国主义与公民身份之间事实上存在一种对照,前者产生于"自发的意愿和内在的情感",是自然的、私人的;而后者产生于"协商性意愿和工具性推理",是人为的、公共的。"按照这种理解,公民美德只能从政治情感理性与政治利益理性的联姻中获得。"[3]这可能夸大了公民美德的理性因素,就像学者维罗利指出的,对于卢梭来说,公民美德是一种激情而不是算计的结果,立法者的任务是赋予公民一种从属于民族共同体的情感。由爱国主义还引出另外一个问题:与其他人类德性相比,公民美德显然是一种特殊主义的激情,而不是普遍主义的激情。在卢梭看来,人类一般的德行都产生于自爱心的扩展以及怜悯、

---

[1] 卢梭:《政治经济学》,李平沤译,商务印书馆,2013年,第22页。
[2] 卢梭:《论祖国》,载《卢梭全集》(第5卷),李平沤译,商务印书馆,2013年,第606页。
[3] F. M. Bernard, *Self-direction and Political Legitimacy:Rousseau and Herder*, Clarendon Press, 1988, p. 66.

同情。因此,"我们所关心的对象同我们愈是没有直接的关系,我们则愈不害怕受个人利益的迷惑;我们愈是使这种利益普及于别人,它就愈是公正;所以,爱人类,在我们看来就是爱正义"①。然而,"当范围扩及于全人类时,人的同情心似乎就会消失或趋弱……必须稍稍约束并限制我们的关心和同情,以便使它活跃起来"。也就是说,必须把这种同情只限于我们的公民同胞,才能使之更加热烈、纯粹。

在《山中来信》中,卢梭对比了人道主义与爱国主义这两种美德。他认为"爱国主义与人道主义是两种不相容的美德,希望同时得到这两种美德的立法者将一无所获"②。这里的论证同样遵循了适用对象的广度与激发情感的强度成反比的思路,同时也为他关于公民宗教的设想提供了理论基础。因此,卢梭在他的著作中一再批评所谓的"世界主义者":"我们是按照我们的特殊社会在设想普遍社会的;小共和国的建立使我们梦想着大的;而我们都只不过是在成为公民之后,才真正开始变成人的。由此我们就可以看出应该怎么样来看待这些所谓的世界公民了;他们以自己爱全人类来证明自己爱祖国,他们自诩爱一切人,为的是可以有权不爱任何人"③;"不要相信那些世界主义者了,因为在他们的著作中,他们到遥远的地方去探求他们不屑在他们周围履行

---

① Jean-Jacques Rousseau, *Emile ou de l'éducation*, tome premier, in *Collection complète des oeuvres*, Edition du Peyrou et Moultou, 1780 - 1789, vol. 4, livre quatième, p. 443.
② Letter to Beaumont, *Letters Written from the Mountain, and Related Writings*, translated by Christopher Kelly and Judith R. Bush, University Press of New England, 2001, p. 134.
③ 转引自卢梭:《〈日内瓦手稿〉第二章》,《社会契约论》,李平沤译,商务印书馆,2012年,第192页。

的义务。这样的哲学家之所以爱鞑靼人,为的是免得去爱他们的邻居"①。

由此,对于古典共和主义传统中一再受人诟病的狭隘性与排他性,卢梭并不以为然:"凡是爱国者对外国人都是冷酷的:在他们心目中,外国人只不过是人,同他们是没有什么关系的。这种缺陷是不可避免的,然而是很微小的。重要的是,要对那些同他们一块儿生活的人都很好。在国外,斯巴达人是野心勃勃的,是很贪婪的,是不讲仁义的;然而在他们国内,却处处洋溢着公正无私、和睦无间的精神。"②考虑到前面分析的理由,这段话自然不无道理,但它出自宣称自己是"人类之友"的卢梭之口,不免让人惊诧。

共和主义的公民美德观是指公民通过审议、行动来增进共同善的意愿和能力,也就是说将公共利益置于私人利益之上的品质与德性。在卢梭看来,公民美德就是公意对个别意志、特殊意志的克服,个人利益服从公共利益。然而,在社会状态中,自私自利是人性固有的、自然的特征,美德反倒是人为的:"如果是生长在森林里,他当然是可以生活得更快乐和更自由的,但是,由于他在听任他的天性的发展过程中,他没有什么事情需要他去进行斗争,所以,他虽然可以成为一个好人,但不能成为一个有德行的人,他决不可能像他现在这样克服他的欲念而成为有美德的

---

① Jean-Jacques Rousseau, *Emile ou de l'éducation*, tome premier, in *Collection complète des oeuvres*, Edition du Peyrou et Moultou, 1780 - 1789, vol. 4, livre premier, p. 7.

② Jean-Jacques Rousseau, *Emile ou de l'éducation*, tome premier, in *Collection complète des oeuvres*, Edition du Peyrou et Moultou, 1780 - 1789, vol. 4, livre premier, p. 7.卢梭在这一页脚注中特别提到共和国之间的战争比君主国之间的战争更加残酷。不过君主国之间的战争虽然较为缓和,但可怕的是它们的和平,与其成为它们的臣民不如成为它们的敌人。

人。……公众的福利尽管被他人用来作为行为的借口,但对于他是真正的行为的动机。他已经学会了怎样同自己进行斗争,怎样战胜自己,怎样为公众的利益而牺牲个人的利益。"①

卢梭认为,私人利益、个别意志与公共利益、共同意志之间的对立是持久的:"纵使个别意志与公意在某些点上互相一致并不是不可能的,然而至少这种一致若要经常而持久却是不可能的;因为个别意志由于它的本性总是倾向于偏私,而公意则总是倾向于平等。"②而且,这种对立的力量也是不平衡的,因为"按照自然的次序",个别意志比公意更为活跃,"占一切之中的第一位",与社会秩序所要求的直接相反。显然,这是古典共和主义传统中"腐败"命题的重申,卢梭并不回避这个难题。共和主义传统语言中认为人民天然地倾向腐败而非德性。所谓"腐败"是指一种自然倾向,"一旦共同体的要求与我们自己的眼前利益发生冲突,我们往往取后者而弃前者"③。共和主义视角下的"腐败"并不等同于现代社会中的政治腐败,即与公共职务联系在一起的谋取私人利益的行为,而是更为宽泛地指一切公民(包括统治者与被统治者)的自私倾向。

既然腐败(也就是将个人利益置于公共利益之上)是人的天性,那么,政治艺术的关键就在于通过良好的制度设计和公民教育,实现人的去自然化:"知道如何才能够最好地使人改变他的天性"剥夺他的绝对存在,让他不再把自己看作一个独立的人,而是

---

① 刘训练:《共和主义——从古典到当代》,人民出版社,2013年,第85页。
② Jean-Jacques Rousseau, *Ouvrages de politique*, *Du Contrat Social*, in *Collection complète des oeuvres*, Edition du Peyrou et Moultou, 1780-1789, vol. 1, pp. 215-216.
③ 斯金纳:《共和主义的政治自由理想》,应奇、刘训练编:《公民共和主义》,东方出版社,2006年,第73页。

共同体的一部分。这正是立法者的艰巨任务:"必须自己觉得有把握能够改变人性,能够把每个自身都是一个完整而孤立的整体的个人转化为一个更大的整体的一部分,这个个人就以一定的方式从整体里获得自己的生命与存在;能够改变人的素质,使之得到加强;能够以作为全体一部分的有道德的生命来代替我们人人得之于自然界的生理上的独立的生命。总之,必须抽掉人类本身固有的力量,才能赋予他们以他们本身之外的,而且非靠别人帮助便无法运用的力量。这些天然的力量消灭得越多,所获得的力量就越大、越持久,制度也就越巩固、越完美。从而每个公民若不靠其余所有的人,就会等于无物,就会一事无成;如果整体所获得的力量等于或者优于全体个人的天然力量的总和,那么我们就可以说,立法已经达到了它可能达到的最高的完美程度了。"[1]总之,资本社会的弊端——金钱的主导地位、奢侈的盛行和不平等的加剧——使得卢梭强化了共和主义传统中的"腐败"命题,使他更加关注避免"依附"而强调独立,而这些都属于公民美德的语言。

公民美德的养成是困难的,却又是极其必要和迫切的。前文指出,在卢梭那里,公民美德是与公意、自由等概念联系在一起的。公民美德的践行事实上就是公意的实现,即私人利益服从公共利益;如此,公民才能获得真正的自由,平等才能实现。卢梭区分了两种利益:一种是有形的、外部的利益,"它只与我们的物质福利、财产、报酬以及实物相关,它可以使我们从他人的良好评价中获益",这种利益不可能是德行的基础;另外一种是"精神的或道德的利益","它与社会的好处全不相干,它只与我们自己、我们

---

[1] Jean-Jacques Rousseau, *Ouvrages de politique*, *Du Contrat Social*, in *Collection complète des oeuvres*, Edition du Peyrou et Moultou, 1780-1789, vol. 1, p. 234.

灵魂的善、我们绝对的福利相关"。后一种利益虽然不是可见的、触手可及的,"但它并不因此而不真实、不伟大、不可靠",相反,"只有这种利益才通向我们真正的幸福,因为它是如此密切地与我们的本性联系在一起",这是德行追求和应当追求的利益。在这个意义上,"为行善而行善就是为自己而行善、出于自利而行善,因为它给灵魂以一种内在的满足,没有这种自足的满足就不会有真正的幸福"①。如果说卢梭在这里还只是坚持一种完全内在的标准,可以不考虑他人的评价;那么,他在其他地方又承认,"假如你不是过孤独生活,而是生活在其他人中间,那么他们的见解左右一切:一个人是否真是好人和令人满意的人,只有其他人承认了才算数。多数人所共知的唯一的幸福就是被别人公认为有福之人"②;"在一个不崇尚奢侈和鲜见腐败现象的国家里,公众对一个人的美德的尊重,就是他能得到的最高的奖赏;而对一切善良行为的报酬,只需有众人的口碑就行了"③。因此,在卢梭看来,德性是一种作为荣誉的利益。

当卢梭充当"立法者"为科西嘉和波兰提供立法建议的时候,他特别注重并详尽阐述了荣誉在培养公民美德方面的巨大作用,体现了一种以荣誉对抗财富的思路:"我希望通过给予公民们荣誉和公共奖赏而使爱国美德熠熠生辉,使公民不停地关心祖国,使报效祖国成为公民们最重要的事业,使祖国时时刻刻呈现在公民眼前。"④在卢梭给波兰的关于军事制度和官职升迁制度改革的

---

① 刘训练:《共和主义——从古典到当代》,人民出版社,2013年,第92页。
② 卢梭:《论戏剧——致达朗贝尔的信》,王子野译,生活·读书·新知三联书店,1991年,第88页。
③ 卢梭:《荣誉与美德》,《卢梭全集》(第5卷),李平沤译,商务印书馆,2013年,第561页。
④ 卢梭:《波兰政府论》,田飞龙编:《卢梭立宪学文选》,中国政法大学出版社,2013年,第98页。

第四章 卢梭与休谟的共和主义德性观

建议中,他指出,如果说金钱的驱动是"最微不足道和最脆弱的",那么荣誉的激励则是"最为强大、最为有力,甚至会毫无差错地带来成功的方法"。具体地说,就是"要让所有公民都始终感觉到处于公众的注视之下,除非公众认可没有人会获得提升或成功,没有民族的意愿任何职位都不会授命于人;最后,如有可能,每个人,从最小的贵族,从甚至最微不足道的平民到国王都如此依赖于公众的尊重以至于没有它没有人能做任何事情,获得任何事物,达到任何目标。从这种共同的竞争中所产生的激动会生发出爱国激情的陶醉,只有它才能将人提高到自身之上,没有它自由只是一个空洞的语词,立法只是一种幻象"[1]。

卢梭清楚地意识到,人们是不可能仅凭个人的努力而获得公民美德的,相反,必须通过各种方式加以塑造;而这种塑造要想有效,则需要一定的艺术,不能让被塑造者感觉自己是在服从外来异己的意愿。一句话,公民只有形成对共同体的真正认同,才能自觉自愿地践行公民美德,履行公民义务。[2] 在培育、维护公民美德的具体机制方面,卢梭曾说过:"我只知道有三样武器,靠它们可以影响人民的风尚:法律的力量、社会舆论的威力和娱乐的吸引力。"[3]在《社会契约论》中,卢梭将风尚、习俗,尤其是舆论称为"第四种法律"[4]。卢梭认为,"由于热爱祖国,他们全心全意地为它效劳。只要有这种感情,即便立法本身不好,也会产生好公民,

---

[1] 卢梭:《波兰政府论》,田飞龙编:《卢梭立宪学文选》,中国政法大学出版社,2013年,第166页。

[2] Rousseau, *Political Economy*, in *The Social Contract and Later Political Writings*, edited by Victor Gourevitch, Cambridge University Press, 1997, p. 20.

[3] 卢梭:《论戏剧——致达朗贝尔的信》,王子野译,生活·读书·新知三联书店,1991年,第27页。

[4] Jean-Jacques Rousseau, *Ouvrages de politique*, *Du Contrat Social*, in *Collection complète des oeuvres*, Edition du Peyrou et Moultou, 1780-1789, vol. 1, p. 252.

也只有好公民才能使国家强大繁荣"。也就是说,法律反过来还需要公民美德的支撑:"法律的作用只涉及形之于外的事情,只能约束人的行为;唯有善良风俗才能浸透人心,引导人的意志。"①政府用什么方法去影响风尚？我的回答是靠社会舆论。"评判风尚就是在评判荣誉,而评判荣誉则是社会舆论中得出相应的法则的。"②不难看出,前文提到的荣誉正是借助于舆论发挥作用的。

二、卢梭政治美德的情感基础:自爱与同情

在《论人类不平等的起源和基础》中,卢梭第一次阐述了这对概念:"不应该把自尊心(amour-propre)和自爱心(amour de soi)混为一谈,这两种感情,无论按它们的性质还是效果来说,都是迥然不同的。自爱心是一种自然的感情,它使所有的动物都注意自我保存。在人类中,由于自爱心为理性所指导,为怜悯心所节制,从而产生人道和美德。自尊心只是一种相对的、人为的,而且是在社会中产生的感情,它使每一个人重视自己甚于重视其他任何人,它促使人们彼此间做出种种的恶,它是荣誉心的真正源泉。"③不过另一方面,卢梭从来都没有彻底否定过自尊心。即使在《论人类不平等的起源和基础》中,他也承认自尊心可以产生美德:"正是由于每个人都渴望别人颂扬自己,正是由于每个人都几乎终日如疯似狂地想出人头地,才产生了人间最好和最坏的事物:我们的美德和我们的恶行;我们的科学和谬误,我们的蛊惑家与

---

① 卢梭:《论风俗》,《卢梭全集》(第5卷),李平沤译,商务印书馆,2013年,第615页。
② Jean-Jacques Rousseau, *Ouvrages de politique*, *Du Contrat Social*, in *Collection complète des oeuvres*, Edition du Peyrou et Moultou, 1780－1789, vol. 1, p. 341.
③ Jean-Jacques Rousseau, *Discours sur l'origine et les fondements de l'inégalité parmi les hommes*, *Ouvrages de politique*, in *Collection complète des oeuvres*, Edition du Peyrou et Moultou, 1780－1789, vol.1. p. 171.

哲学家,都是由此产生的,这就是说,在极少数的好事物之中有无数的坏事物。"①在《论政治经济学》中,卢梭指出,对祖国的热爱"这种高尚而活跃的情感把自尊心的力量与德性的全部魅力结合起来,并给予它一种能量,使之成为所有激情中最具英雄主义色彩的激情而不会扭曲它"②。他又说,爱国主义教育就是要让公民们"最后能够在某种程度上认同这个更大的整体,觉得自己是国家的成员,以每个孤立的人只对自己才有的细致情感来热爱祖国,使他们的灵魂永久地向着这个伟大的对象,从而把产生我们全部恶习的危险倾向转化为一种崇高的美德"。③ 这里所谓"每个孤立的人只对自己才有的细致情感"和"产生我们全部恶习的危险倾向"无疑指的就是自尊心。

卢梭曾指出,同情是"人类具有的唯一的自然美德""人类最普遍、最有益的一种美德",它的作用在于"在某些情形下,缓和了他强烈的自尊心,或者在这种自尊心未产生以前,缓和了他的自爱心",甚至可以说"一切社会美德正是从怜悯心这种性质中产生出来的"。但正如他后来在《爱弥儿》中阐述的,同情也是从自爱这一"原始的、内在的、先于其他一切欲念的欲念"中产生的。④ 因为同情是一种通过相互比较产生的情感或激情,具有自爱的特

---

① Jean-Jacques Rousseau, *Discours sur l'origine et les fondements de l'inégalité parmi les hommes*, *Ouvrages de politique*, in *Collection complète des oeuvres*, Edition du Peyrou et Moultou, 1780 - 1789, vol. 1, pp. 122 - 123.

② Rousseau, *Political Economy*, in *The Social Contract and Later Political Writings*, edited by Victor Gourevitch, Cambridge University Press, 1997, p. 16.

③ Rousseau, *Political Economy*, in *The Social Contract and Later Political Writings*, edited by Victor Gourevitch, Cambridge University Press, 1997, p. 20.

④ Jean-Jacques Rousseau, *Emile ou de l'éducation*, tome premier, in *Collection complète des oeuvres*, Edition du Peyrou et Moultou, 1780 - 1789, vol. 4, livre quatième, p. 361.

征;但同时,同情又能通过考虑他人,在自我与他者之间建立一种想象性的认同,从而起到节制、缓和自爱走向腐化的作用。所以,登特(Dent)指出,"在卢梭的决定性论证中,不是通过同情建立的联系取代通过自尊心建立的联系;相反,前者为自尊心对承认和荣誉的需要提供了唯一有效的满足途径。只有当这一需要变得过于极端时,同情的感觉才会成为自尊心之病态激情的一种替代选择"[1]。一般而言,情感是私密性、排他性的,属于个人体验,难以与人分享;德性则是建立在人们对特定道德规范共同认可的基础上,具有相互性与共享性。克服情感与德性之间的突破点在于同情。卢梭的理论尝试就是为了克服这样一种矛盾:人类的情感与人类的德性之间的对立。[2] 正是在同情这一要素中,人类的情感与德性之间的对立得以化解,两者得以充分融合,从而为政治生活确立起既符合天性又发展意志力、既有力量感又具认同度的道德规范。在现代政治社会中,同情本身就是一种利他克己的道德情感,不需要通过理性的规范来证明其道德性。卢梭认为,现实社会正是因为自爱太多、同情太少,才需要理性来对自爱加以克制,才迫切地需要更多的同情。

如果要使情感能够有效引导和规范人们在政治生活中的行为,那么只有当它作为一种政治美德的时候,当体现个人意志的情感遵从于体现公共意志的情感的时候,才能实现。因此,在政治社会中,情感只有成为一种政治美德,而不只是普通的个人美德,对于国家的公民而言才有实质意义。作为政治美德的情感是一种特殊的道德情感,它凝聚的是公民内心对政治共同体的认可

---

[1] N. J. H. Dent, *A Rousseau Dictionary*, Blackwell publishers, 1992, p. 54.
[2] 马斯特:《卢梭的政治哲学》,胡兴建、黄涛译,华东师范大学出版社,2013年,第83—84页。

与拥护,是政治共同体合法性基础的直接来源。"只有道德可以维持统治,什么东西也不能取而代之。"①那么凭借什么手段才能使人们搁置暂时的个人意志,以一种长远的全局性眼光来服从公意呢?绝对不能是暴力。因为"单凭暴力就会造成文明社会状态的解体"②。卢梭的答案是:政治美德。

政治美德是个人意愿使自己的意志服从公意的唯一合法的条件。③ 只有政治美德才有力量驱使公民们在公共生活中把国家与同胞的共同利益置于首要考虑的位置。这种政治最明显的标志是,它源于公民对国家的共同的忠诚感,以及对国家命运与前途的高度关注。这就是一种爱国主义的政治美德。在卢梭美德政治哲学的语境中,爱国就是公意,爱公意就是要使个人意志服从公共意志。卢梭认为:"要让国家成为全体公民公共的母亲;要让公民在国家享受的种种利益能使他们热爱这个国家;要让政府在公共事业中留给人民足够的地位以使公民总感到像在自己家里一样;要使法律在公民的心目中只是一种保障公民自由的东西。这些权利如此巨大,都是属于全体公民的。"④由此可见,国家—公民关系是爱国主义政治美德所涉及的、核心的政治关系。

休谟在《人性论》中关于感觉而非理性是道德基础的论证,强化了政治情感对于政治美德的决定性作用。同样,在卢梭政治哲学的特定语境中,爱国主义"这种善良而又活跃的情感使自爱的力量获得了一切精神上的美,使它得到一种能力"⑤。正如同情情

---

① 卢梭:《政治经济学》,李平沤译,商务印书馆,2013年,第17页。
② 卢梭:《政治经济学》,李平沤译,商务印书馆,2013年,第23页。
③ N. J. H. Dent, *A Rousseau Dictionary*, Blackwell publishers, 1992, pp. 123-125.
④ 卢梭:《政治经济学》,李平沤译,商务印书馆,2013年,第25页。
⑤ 卢梭:《政治经济学》,李平沤译,商务印书馆,2013年,第21页。

感就是自爱情感在他人身上的延伸一样,爱国主义不仅使同情作为一种利他的美德得到升华,还在政治中为自爱正名——爱自己与爱国家并不矛盾,两种情感的目的是一致的。因此,卢梭把以爱国主义为核心的政治美德看作人类情感在世俗政治社会中可以达到的理想典范,也以此作为评判现实的标准。

三、卢梭人性理论的两个向度

如上一节所述,人类在自然状态下,天赋自爱和同情两种情感,既具有关注自我保存的自爱心,又具有同情他人、希望他人幸福的怜悯心,人性本善,那么,为什么人会变坏作恶呢?是社会环境使然,卢梭认为人性是变化的、可塑造的、可完善的,会依据一定的条件向变坏和变好两个向度发展。

卢梭说:"人类天生的独一无二的欲念是自爱,也就是从广义上说的自私。这种自私,对它本身或对我们都是很好和很有用处的;而且,由于它不一定关系到其他的人,所以它对任何人也自然是公允的,它的变好或变坏,完全看我们怎样运用和使它具有怎样的关系而定。"[1]按卢梭的观点,自爱是人自然状态下的本能,是先于理性的原理,是先于社会的本性。自爱追求人的自我保存,并不关系到他人,不妨碍他人追求自我保存,追求自己的好,所以自爱作为人的自然本性是善的,而人在社会状态下,生活在人与人相互利害关系的旋涡之中,受到社会环境的影响,人性就会发生变化,在这里,卢梭提出了人性变化的两个向度:人性变好和人性变坏。

(一)人性变坏。卢梭指出,世道变了,人也会变,不良的社会制度、社会风气和社会思想会使人性变坏,他在《一个孤独的散

---

[1] Jean-Jacques Rousseau, *Emile ou de l'éducation*, tome premier, in *Collection complète des oeuvres*, Edition du Peyrou et Moultou, 1780-1789, vol. 4, livre premier, pp. 115-116.

步者的梦》第六次散步中谈到他对他人生的反思,列举了他经历过的人性变坏的例子,他说:"曾受过我的恩惠的巴勒神甫,他本来是一个好人,是我的朋友,在青年时期是一个很诚实的小伙子,可如今在法国一有了点名气,就使劲出卖我。比尼斯神甫也是如此;此人在我任法国驻威尼斯使馆秘书期间,曾当过我的副手,因此,我的所作所为自然赢得了他的爱戴和尊敬,可是后来为了大发横财,一言一行都全不顾良心和真理。穆尔杜本人也由白变成了黑。当初,他们为人都很坦率和真诚,如今却竟然变成了这个样子,行事和别人完全一样。世道变了,人也跟着世道一起变。唉!那些当初以他们的人品赢得我的敬重的人,如今行事与当年判若两人,我怎么还能对他抱同样的感情呢?!我不恨他们,因为我根本就不懂得什么是恨;然而我不能不轻视他们,因为他们理所受到轻视。"[①]原本敬重的品行好的人,为了名气,为了大发横财等私利,就出卖有恩于他的人,就不顾良心和真理,就由白变成了黑,与从前判若两人,人性变坏如此惊人,令人心寒。

关于人性变化,卢梭进行了深入的研究。卢梭分析了人性变化的原因,阐述了完善人性的思想与方法。卢梭有关人性变化的论述,其中有两个概念,即自爱心与自尊心,正确理解这两个概念,对于把握卢梭的人性变化思想至关重要。在18世纪法国的语境中,自爱心与自尊心被认为是自爱的两种形式,但人们对这两个概念的使用很混乱。如卢梭将它们区别对待,而帕斯卡与伏尔泰则在同一含义上使用它们,伏尔泰在肯定意义上使用,帕斯卡则在否定意义上使用。即使卢梭本人,虽对这两个概念有明确说明,但在不同地方的表述也不尽一致。不过,关于两个概念的

[①] 卢梭:《一个孤独的散步者的梦》,李平沤译,商务印书馆,2013年,第79—80页。

对比及其贬褒的基本态度还是始终没有改变的。①

卢梭曾经指出,不应该把自尊心与自爱心混为一谈,应加以区分。有学者认为,卢梭区分了自爱心与自尊心之后,又进一步将后者分为两种形式:一种是健康的自尊心,即"骄傲"(fier);另一种是腐败的自尊心,即"虚荣"(vanité)。从认识自尊心的性质及作用这个角度,我们可以把它理解为健康的与腐败的两种形式。自爱的两种形式分为:自爱与自尊,为方便讨论,我们把自尊的健康形式译为"骄傲",把自尊的腐败形式译为"虚荣"。②

在《论人与人之间不平等的起因和基础》中,卢梭区分了自爱的两种形式:"不能把自尊心和自爱心混为一谈,这两种感情在性质和效果上是完全不同的。自爱心是一种自然的情感;它使各种动物都注意保护自己。就人类来说,通过理性的引导和怜悯心的节制,它将产生仁慈和美德,而自尊心是一种相对的情感,它是人为的和在社会中产生的;它使每一个人都把自己看得比他人更重,它促使人们相互为恶,它是荣誉心的真正源泉。"③自尊心是自爱的变体,是另一种自爱,但是二者的区别也是明显的,自爱是一种出自本能的情感,而自尊则是人为的,在社会中产生的;自爱心将在理性的引导和怜悯心的节制下产生美德,而自尊把自己看得比他人重要,可以促使产生恶。

必须指出的是,卢梭并没有完全否定自尊,在《论人与人之间不平等的起因和基础》中,他也承认自尊心可以产生美德;"正是

---

① 刘训练:《共和主义——从古典到当代》,人民出版社,2013年,第88页。
② 刘训练:《共和主义——从古典到当代》,人民出版社,2013年,第89—90页。
③ Jean-Jacques Rousseau, *Discours sur l'origine et les fondements de l'inégalité parmi les hommes*, *Ouvrages de politique*, in *Collection complète des oeuvres*, Edition du Peyrou et Moultou, 1780 - 1789, vol.1. p. 171.

由于人们有这种力图使自己得到别人夸赞的强烈欲望,有这种几乎使我们终日处于疯狂状态的出人头地之心,所以才产生了人间最好的事物和最坏的事物,即我们的美德和恶行……"①与自爱相比,自尊心是相对的,卢梭指出:"自爱心所涉及的只是我们自己,所以当我们真正的需要得到满足的时候,我们就会感到满意的;然而自尊心则促进我们同他人进行比较,所以从来没有而且永远也不会有满意的时候,因为当它使我们顾自己而不顾别人的时候,还硬要别人先关心我们然后才关心他们自身,这是办不到的。可见,敦厚温和的性情是产生于自爱,而偏执妒忌的性情是产生于自私。"②卢梭阐述了自尊心的相对性,自爱只涉及自己,其需要得到满足就满意,而自尊心的满意则是通过与他人的比较得到的,需寻求他人的认同,有赖于他人的意见,因而是相对的,它使我们顾自己而不顾别人时,还要别人先关心我们后关心他们自身,可见自尊心是另一种自爱,本性上是自私的。这种自爱,实际上就是自私、虚荣的,是"自尊"的腐败形式。

在自然状态,人关注自我保存,自爱只涉及自己,在社会状态,人则永无满足地追求物质财富、名誉地位和各种利益,在社会中自爱并没有循着自然的路线发展,因为受到社会环境的影响,产生和加剧了"虚荣"(自尊心的腐败形式),扭曲了人的自然感情,败坏了人性。

"虚荣"有如下几个特征。第一,重视自己甚于重视他人,"它

---

① Jean-Jacques Rousseau, *Discours sur l'origine et les fondements de l'inégalité parmi les hommes*, *Ouvrages de politique*, in *Collection complète des oeuvres*, Edition du Peyrou et Moultou, 1780 - 1789, vol. 1, pp. 122 - 123.
② Jean-Jacques Rousseau, *Emile ou de l'éducation*, tome premier, in *Collection complète des oeuvres*, Edition du Peyrou et Moultou, 1780 - 1789, vol. 4, livre quatième, p. 364.

使每一个人都把自己看得比他人更重,它促使人们相互为恶"①。第二,"虚荣"具有追求更强大的优势而无法满足的欲望。仅仅追求比他人好是容易实现的,但是虚荣厌恶任何阻止人的欲望实现的事物。第三,"虚荣"与专横、易怒、奴性等恶习直接关联。第四,"虚荣"使人远离人的自然本性,"虚荣"剥夺了人的自由。"即使一个人表面上控制别人,他仍渴望一些东西——评价——这是只有他人才能提供的东西。个人必须去做那些迎合他人的事,以便能从他人那得到想要的评价。于是,为了获得更多的关注,他的一切思考和行为都以获得和保持他人对自己的关注而行动,以这种方式,人疏远了他真正的本性和价值源泉,人被异化了。"②

卢梭考察了人类最初的"自尊"感觉,考察了最初的"虚荣"是怎样产生的。当初,人们常在屋前树下聚会,唱歌跳舞(二者都是爱情和时间闲暇的产物)就成了他们的娱乐,成了成群悠闲男女们喜欢的活动,每一个人都细心注视他人,同时也希望自己受到别人的注视,于是,众人的尊敬,就成了对一个人的奖赏。唱歌或跳舞最棒的人,最美、最壮、最灵巧或最善言辞的人,就成了最受尊敬的人;走向人与人之间不平等的第一步,就是从这里踏出来的;走向罪恶的深渊的第一步,也是从这里踏出来的。从这些初级的偏爱心中,一方面产生了虚荣心和对他人的轻视,另一方面也产生了羞耻心和羡慕心。③ 卢梭描述了私有权出现后处在事物

---

① Jean-Jacques Rousseau, *Discours sur l'origine et les fondements de l'inégalité parmi les hommes*, *Ouvrages de politique*, in *Collection complète des oeuvres*, Edition du Peyrou et Moultou, 1780 - 1789, vol. 1, p. 171.
② 吴珊珊:《追问幸福——卢梭人性思想研究》,上海人民出版社,2017年,第74页。
③ Jean-Jacques Rousseau, *Discours sur l'origine et les fondements de l'inégalité parmi les hommes*, *Ouvrages de politique*, in *Collection complète des oeuvres*, Edition du Peyrou et Moultou, 1780 - 1789, vol. 1, p. 95.

新秩序中的人类境况:"我们的各种官能都得到了发展,记忆力和想象力也开始活动,自尊心树立起来了,理智活跃起来了,智力几乎发展到了它可能达到的完善程度。现在,所有的各种自然禀赋都在积极发挥作用;每个人的地位和命运,不仅建立在财产的数量和为他人效劳或损害他人的能力上,还建立在天资、容貌、体力、技巧、功绩和才能上。只有靠这些资源,才能赢得他人的敬重,因此必须早日具备这些资质或假装具有这些资源,为自己的利益,必须表现得比实际的情况要好。"[1]可见,卢梭认为,随着社会的发展,私有制的产生和社会不平等(不仅是经济上的不平等,还包括人的能力、外貌等方面的不平等的出现),就产生了"虚荣",并加剧了"虚荣心"的发展,使人性变坏。

"虚荣"导致了虚伪邪恶的人性,败坏了社会风尚,"由这些新的祸患之源造成的风波,最终给人类的幸福和宁静带来了极大的危害"[2]。进入新秩序社会的人有许许多多新的需要,使他受制于同类,他必须使他们关心他的命运,又要让他们感到为他效劳有好处,于是就有了奸诈和虚伪、粗暴和冷漠。"最后,毒害人的心灵的野心,以及不是为了真正的需要,而是为了显示自己高人一等的聚集财富的狂热,必然使人们产生互相损害的险恶意图,一种暗中嫉妒的用心:这种用心是极其危险的,因为它为了达到目的往往戴着伪善的面具,总之,一方面是由于竞争和敌对,另一

---

[1] Jean-Jacques Rousseau, *Discours sur l'origine et les fondements de l'inégalité parmi les hommes*, *Ouvrages de politique*, in *Collection complète des oeuvres*, Edition du Peyrou et Moultou, 1780-1789, vol. 1, p. 102.

[2] Jean-Jacques Rousseau, *Discours sur l'origine et les fondements de l'inégalité parmi les hommes*, *Ouvrages de politique*, in *Collection complète des oeuvres*, Edition du Peyrou et Moultou, 1780-1789, vol. 1, p. 95.

方面是由于利害冲突,人们个个都暗藏损人利己之心。"①

(二)人性变好。卢梭认为,自爱是人的自然本性,"自尊"是自爱在人的社会交际过程出现的一种激情。"自尊"本质上是另一种自爱,他受到个体意念和社会环境的影响,向着腐败的方向发展就会变成"虚荣",而向着健康方向发展则会变成"骄傲"。在社会中人性会变坏,变得虚伪邪恶,给人类带来灾难,危害人类的幸福和宁静,能阻止人性变坏吗?能将变恶的人性导向善吗?卢梭认为,人具有自我完善的能力,人性是可塑的。卢梭说:"尽管围绕着所有这些问题的诸多疑难尚未解决,因而在人和动物之间的差别这个问题上还有争论,但有一个无可争辩的特殊品质使它们之间的区别极其明显,这个品质就是自我完善能力,这个能力,在环境的帮助下,可以使其他的能力不断发展,这个能力,既存在于我们种类中间,也存在于个人身上。"②

卢梭认为要使人性变好,引导人性向善,必须把自爱扩大到爱别人,"只要把自爱之心扩大到爱别人,我们就可以把自爱变为美德。这种美德,在任何一个人的心中都是可以找得到它的根基的。我们所关心的对象同我们愈是没有直接关系,我们愈不害怕受个人利益的迷惑,我们愈是使这种利益普及于别人,他就愈是公正;所以,爱人类,在我们看来就是爱正义"③。自爱之心关注自

---

① Jean-Jacques Rousseau, *Discours sur l'origine et les fondements de l'inégalité parmi les hommes*, *Ouvrages de politique*, in *Collection complète des oeuvres*, Edition du Peyrou et Moultou, 1780 - 1789, vol. 1, p. 103.

② Jean-Jacques Rousseau, *Discours sur l'origine et les fondements de l'inégalité parmi les hommes*, *Ouvrages de politique*, in *Collection complète des oeuvres*, Edition du Peyrou et Moultou, 1780 - 1789, vol. 1, p. 58.

③ Jean-Jacques Rousseau, *Emile ou de l'éducation*, tome premier, in *Collection complète des oeuvres*, Edition du Peyrou et Moultou, 1780 - 1789, vol. 4, livre quatrième, p. 443.

我保存,把自爱之心扩大到爱别人,就是要像关注自我保存,关注自己的生命那样去关注别人,同情别人的苦难,希望别人幸福,这种美德都能从每个人的心中找到根基,找到源头,人都有自爱心、怜悯心,怜悯心是人唯一的自然美德。所谓关心的对象同我们愈没有直接关系,我们愈不害怕受个人利益的迷惑,就是指我们必须事事使自己远远地离开自己的利益去考虑问题,并且愈是关心别人的幸福,就愈少搞错什么是善和什么是恶,愈是这样做,就愈是公正。所以,爱人类就是爱正义。卢梭就是这样践行的,他说:"我太爱我自己了,所以我不对任何人抱仇恨之心,因为一旦仇恨他人就要压缩我自己的生活范围,而我追求的是把我的生活范围扩大到整个宇宙。"①尽最大的力量,把对自己的爱扩大到对整个宇宙的爱,通过把自爱扩大到爱他人,培养美德,改变人性,提升"自尊",使人性沿着健康的方向发展为"骄傲"。

美德在每个人心中都能找到根基,培养美德,引导人性健康发展,必须内求于心,卢梭说:"道德啊!你是心灵淳朴的人所探讨的最崇高的科学,难道非要花许多力气并经过许多过程才能寻到你吗?你的原则不是铭刻在每个人的心里吗?不是只需反躬自问,并在欲望沉静的时候倾听良心的声音,就能知道你的法则吗?这才是真正的哲学,让我们满足于懂得这门哲学,我们并不羡慕那些在文学领域里永世不朽的名人的荣耀。让我们和他们之间像古时的两个伟大的民族那样有一个明确的区别:让他们去研究怎样说话才漂亮,让我们研究怎样做事才稳妥。"②卢梭认为,人要有好的德性并不需要太多的苦心和功夫,德行的原则就在心里,只要内求于自己,减少欲望,平静心情,谛听自己良心的声音,

---

① 卢梭:《一个孤独的散步者的梦》,李平沤译,商务印书馆,2013年,第82页。
② 卢梭:《论科学与艺术的复兴是否有助于使风俗日趋纯朴》,李平沤译,商务印书馆,2016年,第41页。

就可以认识德性的原则。良心是人的灵魂深处正义和道德的原则:"在我们的灵魂深处生来就有一种正义和道德的原则;尽管我们有自己的准则,但我们在判断我们和他人的行为是好或是坏的时候,都要以这个原则为依据,所以我把这个原则称为良心。"①良心从不欺骗人,"理性欺骗我们的时候是太多了,我们有充分的权利对它表示怀疑;良心从来没有欺骗过我们,它是人类真正的向导;它对于灵魂来说,就像本能对于肉体一样;按良心去做,就等于是服从自然,就用不着害怕迷失方向"②。在卢梭看来,人心中自有美德,心中自有正义和道德的原则,这就是以自爱之心爱他人的良心,要找到道德并不难,只要静静谛听良心的声音,而要培养美德,使人性健康发展,重要的还在做事,以良心作为判别好坏善恶的标准,重要的不是去研究怎样说话才漂亮,而是去研究怎样做事才稳妥,按良心去做事,就是服从自然,人在按良心做事的过程中提升自身的道德,追求人性的完善。

第二节 休谟的德性观及其同情论

德性问题是西方古典政治学的一个基本问题,最早可以追溯到古希腊罗马的思想家。古希腊思想家们特别注重德性在公共社会的关键作用,突出政治德性和公民美德,这是古代西方政治思想的一个突出特征。苏格拉底之后的希腊思想史有主副两条线索:一条是主流的主智主义,以柏拉图和亚里士多德为代表;另

---

① Jean-Jacques Rousseau, *Emile ou de l'éducation*, tome Ⅱ, in *Collection complète des oeuvres*, Edition du Peyrou et Moultou, 1780-1789, vol. 5, livre quatième, p. 59.
② Jean-Jacques Rousseau, *Emile ou de l'éducation*, tome Ⅱ, in *Collection complète des oeuvres*, Edition du Peyrou et Moultou, 1780-1789, vol. 5, livre quatième, p. 54.

一条则是以智者学派、怀疑主义为代表的非主流思潮,后者虽然一直没有占据古希腊的主导思想,但势力仍然是十分强大的,而且一直没有中断。两条线索都有各自的理论基础,非主流思潮并不是空穴来风,它们构成了希腊思想传统中的一条十分重要的副线,它们虽然派别繁多,但哲学基础大体是一致的,即不是目的论的,而是自然主义的,不是理性主义的,而是感觉主义的。在德性问题上,它们并不承认由德性可以支撑起一个社会的道德秩序,而是转向关注个人幸福。十七八世纪的英国道德哲学继承的不是亚里士多德理性主义目的论的主流思想,而是情感主义的非主流道德原则。但是,就其关注于政治社会与强调政治的德性原则这个方面来看,又与希腊的主流政治哲学完全一致。对于休谟来说,其道德中的德性问题所指向的并不是让人退守到个人情感的内心感受中去,而是旨在建立一种公共的社会政治秩序,也就是说,这种道德学是通过美德的社会塑造功能,建立起一种公共的正义的政治社会。所以,休谟在《人性论》"导论"中才这样写道:"政治学研究结合在社会里并且互相依存的人类。"[1]

一、休谟德性理论的基本观点

从某种意义上说,休谟的德性理论是从古典古代的非主流思想中接续而来的,他有关德性的一个基本原则,即把苦乐感与德性联系在一起,便属于古代的感觉主义哲学。休谟认为:"道德上的区别完全依靠于某些特殊的苦乐感,而且不论我们或其他人的什么心理性质,只要在考察起来或反省起来的时候给予我们以一种快乐,这种性质自然是善良的,正如凡是产生不快的任何这种

---

[1] David Hume, *A Treatise of Human Nature*, edited by L. A. Selby-Bigge, The Clarendon Press, 1896, intro, p. XX.

性质是恶劣的一样。"①当然,休谟的德性思想远不是简单地重复古代的感觉主义道德哲学,他在其基本原则之上所建立的并非反社会的道德逃避,而是一种面向公共社会的政治德性论,这不能不说是以休谟为代表的英国政治哲学对于思想史的一个创造性贡献。

休谟之所以能够突破传统感觉主义的反社会政治的瓶颈,与他对于情感的深刻认识有着密切的关系。可以说,他有关两种情感的分类直接导致了他的两种德性的划分,并且为他通过人为德性而转向政治社会开启了一条道路。休谟从苦乐感中推出了有关道德的两个基本的分类,他发现"我们的某些道德感是人为的,而另外一些的道德感则是自然的"②。由此,休谟提出了两种德性的观点,他认为自然的情感所产生的是一种自然德性,人为情感所产生的是人为德性。仔细考察休谟的《人性论》一书,我们将发现在其中并列存在着两条有关德性正义的逻辑线索:一条是隐含的线索,从直接感情→自然善恶→自然法→自然正义;另一条是明显的线索,从间接情感→社会善恶→基本规则→人为正义。在《人性论》中休谟强调的是基于人为德性的政治正义,着重论述一个基于正义规则的社会政治理论,涉及政治德性论、正义规则论、政治经济学和政体论等多个领域,这些是休谟思想的重点。

休谟不认同理性主义的道德律,否定理性在情感活动中的推动作用,他认为,"道德上的善恶确实是被我们的情绪,而不是被我们的理性所区别出来的;不过这些情绪可以发生于性格和情感

---

① David Hume, *A Treatise of Human Nature*, edited by L. A. Selby-Bigge, The Clarendon Press, 1896, Book Ⅲ, pp. 574 - 575.

② David Hume, *A Treatise of Human Nature*, edited by L. A. Selby-Bigge, The Clarendon Press, 1896, Book Ⅲ, p. 474.

的单纯的影响或现象,或是发生于我们反省它们促进人类或某些个人幸福的倾向"①。由于排除了理性在情感发生机制的关键作用,那么,当个人在社会中遵循着原始的德性原则来决定行为的道德善恶时,实际上就必然会面对一个有关自然德性的最大困难,即我的基于个人苦乐感之上的善恶判断,无法得到他人的认同。我认为是善的、好的,未必他人就同样认为,甚至相反,由于自然资源的相当匮乏,对于我是好的、满足了我的欲望的东西,由于未能满足他人反而变成了令他们憎恨的东西,于是,原始的基于个人快乐感之上的德性原则,以及由此建立的自然德性就被推翻了,在一个社会共同体之中,人们需要的是另外一个更为重要的德性原则,即人为的德性原则或人为正义。

休谟写道:"每个特殊个人的快乐和利益既然是不同的,那么人们若不选择一个共同的观点,据以观察他们的对象,并使那个对象在他们全体看来都显得是一样的,那么人们的情绪和判断便不可能一致。在判断性格的时候,各个观察者所视为同一的唯一利益或快乐,就是被考察的那个人自己的利益或快乐,或是与他交往的人们的利益和快乐。这一类利益和快乐触动我们的程度,虽然比我们自己的利益和快乐要更微弱,可是因为它们是恒常的、普遍的,所以它们甚至在实践中也抵消了后者,而且在思辨中我们也只承认它们是德性和道德的唯一标准。只有它们,才产生了道德的区别所依据的那种特殊的感觉或情绪。"②

休谟的德性论显然继承的是古典政治学的传统,他也把德性

---

① David Hume, *A Treatise of Human Nature*, edited by L. A. Selby-Bigge, The Clarendon Press, 1896, Book Ⅲ, p. 589.
② David Hume, *A Treatise of Human Nature*, edited by L. A. Selby-Bigge, The Clarendon Press, 1896, Book Ⅲ, p. 592.

与政治联系在一起加以考察,在他看来,一个有效的稳固的政府,必然是法治的而非人治的政府,其统治的合法性使其具有了必不可少的正当性。对于这样一种政府来说,其政体的德性就是责任,尤其是保障公民的财产权不受侵犯的责任,而臣民的美德就是忠顺,即对于一个合法政府的尊崇与服从。在《人性论》第3卷第2章"论正义与非义"中,休谟着重考察了政府的起源,以及忠顺的起源、限度与对象等问题,其围绕的一个中心实际上便是德性与正义,即政府的正义美德与公民的忠顺美德。需要注意的是,休谟虽然在形式上接受了古希腊主流思想对于公共政治的重视,并且置于首要的位置,但他对于政治社会的理解,对于政治共同体的把握,对于政府起源与本性的看法,对于公民德性的认识等,与古希腊罗马的政治理论,乃至近代以来的欧洲大陆政治思想有着本质性的区别。他所展示的政治社会早已不是古希腊的城邦国家,而是一种基于私人财产权之上的近代市民社会,从某种意义上说,休谟是商业共和主义的典型代表。

休谟认为要维系一个复杂的社会群体,原先的那种基于自我苦乐感的自然德性原则是远远不够的,在社会中人们的合作、习惯、规则与制度等都是人为的创造。他写道:"我们对于每一种德的感觉并不都是自然的;有些德之所以引起快乐和赞许,乃是由于应付人类的环境和需要所采用的人为措施或设计。我肯定正义就属于这一种;我将力求借一种简短和(我希望)有说服力的论证,来为这个意见进行辩护,然后再来考察那种德的感觉所产生的那种人为措施的本性。"[①]休谟在此所揭示的问题实际上已经超

[①] David Hume, *A Treatise of Human Nature*, edited by L. A. Selby-Bigge, The Clarendon Press, 1896, Book Ⅲ, p. 477.

越狭义的道德学而进入政治哲学中最为艰深的一个问题,即德性与正义的关系问题,它已不单纯是一个私人的苦乐乃至良知问题,而是涉及一个社会共同体的公共政治问题,即如何使个人的行为在社会群体中获得承认并共同形成社会的规则与秩序。休谟指出,从人的自然本性来看,我们无法证明人一开始就具有关怀他人的利他主义动机,我们很难直接地从人的自然情感中找到所谓的善良原则,人是一个本性上自私的存在物,因此从自然本身无法推出人的善良和对于德性的尊重以及其他各种普遍动机。人与人相互构成了一个社会,并要在社会中生活,就出现了一些社会化的德性原则,我们实实在在地在人的心中发现了对于他人的关怀、对于公共事业的关心和对于规则的遵守,以及各种履行社会义务等方面的动机。这里就出现了一个问题,即这些美好的动机和善良的德性到底是怎么产生的?休谟认为它们是通过人的设计和制作而产生的,是一种人为努力的结果,是围绕着社会的公共利益和普遍幸福而由人设计出来的。

那么,这样看来,人为德性就必然地与正义问题发生了联系,而正义在休谟的论述中又与规则和制度问题相关联。正义之德是最重要的一种德性,它涉及公共秩序和社会共同体问题,因此以正义为核心的人为德性就不再是一般心理学上的道德情感了,而是具有了公共政治的意义。在休谟看来,各种各样的人为德性,它们都脱离不开社会共同体,脱离不开社会共同体中的公共利益问题,脱离不开社会的规则与秩序问题,因此从这个意义上来说,这些德性便都是社会性的,或者说都是政治性的。当然,我们这里所说的政治并不是法国大革命之后所产生的那种意识形态化了的政治,而是一种古典哲学意义上的政治,即人们对于社会公共事务的共同参与。正如孟德斯鸠在《论法的精神》一书开篇中的"几点说明"所一再强调指出的:"我所谓品德,在共和国的场合,就是爱祖国,也就是说爱平等。这不是道德上的品德,也不是基督教上的品德,而是政治美德。它是推动共和政体的动力,正如荣誉是推动君主政体的动力一样。因此,我把爱祖国、爱平等叫作政治的品德。我有些新的思想,很需要找些新的词汇或是给旧的词汇一些新的含义。"[1]休谟有关政治德性的观点与孟德斯鸠是一致的,他也是在社会公益和社会制度的前提下,考察了骄傲、自尊、平庸、勇敢、无畏、荣誉心、仁善、慈善、慷慨、仁爱、怜悯、感恩、友谊、忠贞、热忱、无私、好施等各种德性,并进一步划分了四种不同的种类,这也与卢梭所强调的以爱国主义为核心的公民政治美德有共通之处。

二、正义是人为之德

有些德,有些善良原则是从人的自然情感中找不到的,正义就是这种德,休谟论证了这一点。休谟认为正义规则是人为的由利益所确立的,人们如果是自然地、热心地追求公益,那么,他们就不会梦想要用这些规则来互相约束;同时,如果他们都追求他们自己的利益,丝毫没有任何预防手段,那么,他们就会横冲直撞地陷于种种非议和暴行。"因此,这些规则是人为的,是以曲折和间接的方式达到他们的目的的,而且产生这些规则的那种利益也不是人类的自然的、未经改造的情感原来所追求的那样一种利益。"[2]

在自然界,人不如狮子雄壮有力,但有着超过牛羊无数倍的

---

[1] 孟德斯鸠:《论法的精神》,许明龙译,商务印书馆,2015年,"说明",第1页。
[2] David Hume, *A Treatise of Human Nature*, edited by L. A. Selby-Bigge, The Clarendon Press, 1896, Book Ⅲ, pp. 496-497.

欲望和需要，如何弥补人类的这些缺陷，休谟认为："人只有依赖社会才能弥补他的缺陷，才可以和其他动物势均力敌，甚至对其他动物取得优势。"[1]社会提供了三种补救：协作，提高了人的能力；分工，增长了人的才能；互助，使人较少遭到意外和偶然事件的袭击。"社会就借这种附加的力量、能力和安全才成为对人类有利的。"[2]人要克服自己的缺陷，就必须组成社会。

不过，休谟指出，人的自私本性又是不能适合社会的；"在自然性情方面，我们应当认为自私是其中最重大的"，"我们虽然必须承认，人性中具有慷慨这样一种美德，可是我们同时仍然可以说，那样一种高层的感情，不但使人不能适合于广大的社会，反而和最狭隘的自私一样，使他们几乎与社会互相抵触"。[3] 因为每个人爱自己胜于爱其他人，爱其他人中，对于亲戚和熟人又有最大的爱，就必然产生各种情感的对立、各种行为的对立，这对于新建立起来的社会不能不是有危险的。

因此，只能给人的自然性情以新的方向，进行正确的引导。所能企图的，"只是给予那些自然情感的新的方向，并且教导我们说，我们通过间接的、人为的方式，比起顺从我们的欲望的直接冲动来，更可以满足这些欲望。因此，我就学会了服务别人，虽然我对他并没有任何真正的好意；因为我预料到，他会报答我的服务，以期得到同样的另一次的服务，并且也为了同我或同其他人维持同样的互助的往来关系。因此，在我为他服务，而他因我的行为

---

[1] David Hume, *A Treatise of Human Nature*, edited by L. A. Selby-Bigge, The Clarendon Press, 1896, Book Ⅲ, p. 485.

[2] David Hume, *A Treatise of Human Nature*, edited by L. A. Selby-Bigge, The Clarendon Press, 1896, Book Ⅲ, p. 485.

[3] David Hume, *A Treatise of Human Nature*, edited by L. A. Selby-Bigge, The Clarendon Press, 1896, Book Ⅲ, p. 487.

而得到利益后,他就被诱导来履行他的义务,因为他预见到他的拒绝会有什么后果"①。

休谟考究了人类行为的通常途径,指出心灵并不以一般、普遍的规则约束自己,大多数情况下是根据当前的动机和倾向行动的,这是人类行为的通常趋势,所以可以断言:"正义法则是普遍有效的,完全不可以改变的,所以绝对不能是由自然得来的,也不能是任何自然动机或倾向的直接产物。"②休谟列举一例:两人争夺一笔财产,一个是富人、笨蛋、单身汉,另一个是穷人、通情达理并且家庭人口众多,前者是他的敌人,后者是他的朋友,在这个争执中不论他是为公益还是为私益,是为友谊还是出于敌意,他一定尽最大努力使后者得到这笔财产。但是,如果处理社会问题,都照此办理,就会在人类社会中产生无限纷扰,人类的贪心和自私如果不受某种一般的不变的原则所约束,就会立刻使世界陷于混乱之中。"人类正是因为着眼于这些弊害,才确立了那些原则,并同意以一般的规则约束自己,因为一般的规则是不会被敌意和偏爱,不会被对于公私利益的特殊看法所改变的,所以这些规则是为了某种目的被人为地发明出来的。"③

休谟认为,区别正义与非义有两个基础:利益和道德。利益为基础是因为如果不以某些规则约束自己,就不可能在社会中生活;道德为基础是因为一旦看出这些利益,人们见到有助于社会安宁的行动就感到快乐,见到有害于社会安宁的行动就感到不

---

① David Hume, *A Treatise of Human Nature*, edited by L. A. Selby-Bigge, The Clarendon Press, 1896, Book Ⅲ, p. 521.
② David Hume, *A Treatise of Human Nature*, edited by L. A. Selby-Bigge, The Clarendon Press, 1896, Book Ⅲ, pp. 531-532.
③ David Hume, *A Treatise of Human Nature*, edited by L. A. Selby-Bigge, The Clarendon Press, 1896, Book Ⅲ, p. 532.

快。"使最初的利益成立的,乃是人类的自愿的协议和人为措施,因此在这个范围内来说,那些正义法则应当被认为是人为的,当那个利益一旦建立起来,并被人公认之后,对于这些规则的遵守自然地并自动地引发了一种道德感,当然这种道德感还被一种新的人为措施所增强,政治家们的公开教导,父母的私人教育,都有助于我们在对他人的财产严格约束自己行为的时候,生发一种荣誉感和义务感。"①

三、休谟的同情论与基本道德原则

在休谟看来,人为德性还有着共通的道德情感,有着同情心、仁爱与互助精神。因此,这样一种由同情之心所联系起来的德性是比现代自由主义远为丰富的、更符合古典意义上的德性,也就是说,休谟用同情原则取代了目的原则,借着同情仍然可以建立起一个美好的德性生活。这个基本原则显然是在人的有限的自私本性中所贯穿着的那种共通的同情感,在这一点上休谟和卢梭是完全一致的。他们都认为这种共通的同情感并不排斥人的自私或自爱,但又不完全等同于自私或自爱,当人在社会中活动的时候,他的一切行为都取决于这个既包含了自私又同时包含了同情的人性原则。这个人性原则可以说是国民经济学中的基本原则,它构成了人们追求财富与物质利益的出发点,形成了每个人在经济活动中计算利益得失的支点,有关市场经济的规则和秩序都是基于它而产生的。与此同时,这个人性原则也是人的道德行为的基本原则,人们在社会化的生活中如何恰切合宜地处理与他人的关系,实现互助友爱的共同体,求得内心的快乐与喜

---

① David Hume, *A Treatise of Human Nature*, edited by L. A. Selby-Bigge, The Clarendon Press, 1896, Book III, pp. 533–534.

悦，也是依赖于这个原则，有关道德善恶的判断也是源自这个原则。

休谟所说的同情并不等同于对弱者的怜悯，同情是一个含义更加广泛的词汇，不等同于对于一个处在不幸状态中的人所发的那种同情的情感，而是一种设身处地地考虑自己与他人同在一种状况下的那样一种同情的感情，或者说他是一种由己推人的共通的情感。[1] 关于这个同情的本性问题，还要从休谟谈起，休谟所说的同情很类似于中国传统思想中的等差之爱，它是一个由己推人的逐渐扩展的量化过程，也就是说，同情以人的自私或自爱为出发点，然后由己推人，从个人推到家庭再到朋友，乃至到整个社会。正像休谟所说的："人类的慷慨是很有限的，很少超出他们的朋友和家庭以外，最多也超不出本国以外。在这样熟悉了人性以后，我们就不以任何不可能的事情期望于他，而是把我们限于一个人的活动的狭窄范围以内，以便判断他的道德品格。当他的感情的自然倾向使他在他的范围内成为有益的、有用的人时，我们就通过同情那些与他有比较特殊联系的人的情绪，而赞许他的品格，并且爱他这个人。"[2]在休谟看来，同情是人性中一个强有力的原则，对于我们的美感有一种巨大的影响。虽然同情是建立在人的自私本性上的，并且它的延伸是有限度的，但仍不能排除它在人的道德行为中的关键性作用。与法国大革命前后所鼓吹的那种绝对的博爱原则相比，休谟的同情或许称不上是伟大的心情，

---

[1] Terence Penelhum, *Hume's Moral Psychology*, *The Cambridge Companion to Hume*, edited by David Fate Norton, Cambridge University Press, 1992, p. 134.

[2] David Hume, *A Treatise of Human Nature*, edited by L. A. Selby-Bigge, The Clarendon Press, 1896, Book Ⅲ, p. 602.

却是现实存在的。

在《人性论》中,休谟以同情为核心对道德感展开论述。他指出,道德是被"感受"或"感觉"到的,而不是由理性来加以判断的。同情产生了人们对于一切人为的德的道德感。在此,同情被传统情感论者视为一种本质上是道德情感的人道感。[1] 它与理性、理智并不相互排斥,反而两者对于实践美德的行为而言,是相互支持与相互补充的。作为美德的同情所体现出来的是人与人之间的相互关怀、尊重与爱护的情感联系和情感实践。这种情感并不是随意的、滥化的,而是与理智、明智的品质密切相关。休谟不仅努力呈现同情与理性之间相互补充的理论状态,还强调理性是作为同情的辅助工具来发挥作用的:它为人们指出恰当的同情的对象,因而刺激其恰当的同情感;它能够发现情感及其对象之间的因果联系,为人们提供了发挥同情情感的必要手段。[2] 而手段有时会是错误的或虚幻的,情感本身才是真正的事实。因此,在休谟看来,同情这种"强有力的原则"永远处于道德的核心与基础位置。

休谟认为,对于一个生活在政治社会中的成员来说,寻求一种在自私与慷慨之间的恰当比例,即合宜性的程度,是至关重要的。休谟德性思想的关键点是立足在一个社会上面,也就是说,他所关注的并不是纯粹的道德感情,而是一个社会中的道德感情。这种道德感情对于这个社会共同体的形成与确立究竟起到

---

[1] David Hume, *A Treatise of Human Nature*, edited by L. A. Selby-Bigge, The Clarendon Press, 1896, Book Ⅲ, p. 578.

[2] David Hume, *A Treatise of Human Nature*, edited by L. A. Selby-Bigge, The Clarendon Press, 1896, Book Ⅲ, p. 459.

了怎样的作用,反过来,社会又是在怎样的范围和限度内能够容纳和接受这种道德感情。因此,所谓合宜性实际上是以社会共同体的相关纽带而将不同的各色人等联系在一起的人性。从这个意义上来说,休谟的道德学说又是一种政治论,他的德性观也是一种政治性的德性观,对此,卢梭和休谟都有明确的论述,他们把道德问题,把同情、自私、自爱、仁慈、仁爱等一些基本的原则,适用于公共政治领域或政治社会,而不像狭义的道德学仅限于内在良知以及私人领域,其原因也正在于此。这样一来,在休谟的道德哲学中,根本性的问题就不再是传统的道德善恶问题,而是正义问题。正是由于正义问题的导入,十七八世纪英国哲学中的道德学变成了一种政治哲学,在其中德性原则作为道德学中的一个基本原则由于与正义原则发生了本质性的关联,或者说正义的德性上升为最重要的一种德性,这种德性论也就自然而然成了政治德性论。政治哲学意义上的正义德性对于一个社会秩序的形成,对于个人与他人以及不同利益群体之间的利益调整,特别是对于建立一种政府治理的方式和政体形态,对于统治者的政治品德和公民美德的塑造等诸多方面,都有着十分重要的意义。

第三节 卢梭与休谟德性观的分歧与调和

18世纪启蒙运动时期的理性主义与情感主义的碰撞产生了两大理论阵营:一个就是以休谟、斯密为代表的苏格兰启蒙思想家,以及以法国的卢梭为代表的情感主义阵营,另一个就是以伏尔泰、达朗贝尔、狄德罗等为代表的法国理性主义者们。[1] 休谟是一个性恶论者,他主要把人性问题限制在政治领域来讨论。卢梭是一个性善论者,他没有把人性问题限制在政治领域,也没有从经验的意义上来界定人性的善恶,而是把人性问题作为一个哲学论题来看。尽管卢梭与休谟在人性善恶问题上存在着分歧,但是在道德情感论与启蒙理性论者之间的争论中,他们的观点则较为接近。卢梭将情感引入了共和主义政治理论之中,使以情感为核心的道德成为人类政治社会建构不可忽略的关键因素;休谟则在经验主义层面对情感作为道德感之基础做了充分论证。在卢梭的理论中,所有的政治规则都应当是道德的,都必须是道德规则,道德规则的一个显著特征就是包含了利他的诉求。休谟也和卢梭一样,认为同情——这种关心他人内心感受与实际处境的情感,是人类道德的根源。因此,以同情为核心的现代情感规则的确立,意味着现代政治应当有一种同情的诉求,它主张人们应更多地考虑共同体中其他成员的困难处境与迫切需求。而且这样的情感诉求应当成为人们处理各种政治关系的原则。遵循情感的道德规则,是人们实现美好政治生活的必要实践。从这种意义上说,作为共和主义政治美德的情感与作为道德规则的情感实现了统一。

一、自爱 VS 自私:人性善恶之辩

卢梭认为在自然状态,人性本善,只是到了社会状态,才出现人性变坏。休谟则认为,人只有依赖社会,才能对其他动物取得

---

[1] Michael L. Frazer, *The Enlightenment of Sympathy: Justice and the Moral Sentiments in the Eighteenth Century and Today*, Oxford University Press, 2010, p. 4.

优势,人类的生存离不开社会,人的最初状态就是社会状态,人性是自私的,人的慷慨是有限的。不过,无论是卢梭还是休谟,他们主要关注的还是人的社会性。

卢梭在《爱弥儿》中这样写道:"我们的种种欲念的发源,所有一切欲念的本源,唯一同人一起产生而且终生不离的根本欲念,是自爱。它是原始的、内在的、先于其他一切欲念的欲念,而且,从某种意义上说,一切其他的欲念只不过是它的演变";"自爱始终是很好的,始终是符合自然的秩序的。由于每一个人对保存自己负有特殊的责任,所以,我们的首要责任就是而且应当是不断关心我们的生命。如果他对生命没有最大的兴趣,他怎么去关心它呢?";"为了保持我们的生存,我们必须要爱自己,我们爱自己要胜过爱其他一切东西,从这种感情中将直接产生这样一个结论:我们也同时爱保持我们生存的人"。[1] 卢梭认为,自爱是人最原始的欲念,是演变出一切欲念的本源,自爱先于一切欲念,先于理性而存在。卢梭说:"本性的最初冲动始终是正确的,因为在人的心灵中根本就没有生来就有的邪恶,任何邪恶我们都能说出它是怎样从什么地方进入人心的。"[2]自爱以保存自己、关心自己的生命为首要责任,这出自人的本性,是人的本能,始终符合自然的秩序,因而自爱始终是很好的、善的。卢梭说:"我既然爱自己,难道不自然地对保护我们的人表示尊敬,对造福我们的人表示爱戴

---

[1] Jean-Jacques Rousseau, *Emile ou de l'éducation*, tome premier, in *Collection complète des oeuvres*, Edition du Peyrou et Moultou, 1780 - 1789, vol. 4, livre quatième, p. 362.

[2] Jean-Jacques Rousseau, *Emile ou de l'éducation*, tome premier, in *Collection complète des oeuvres*, Edition du Peyrou et Moultou, 1780 - 1789, vol. 4, livre premier, p. 115.

吗?"①因此,从自爱的情感中直接得出"我们也同时爱保持我们生存的人"的结论也就是自然而然的,这也体现了自爱的善。

卢梭反对霍布斯"人性恶"的思想,说:"我们尤其不可像霍布斯那样因为人没有任何善的观念,便认为人天生是恶人;因为人不知道什么是美德,便认为人是邪恶的;人从来不对他的同类效劳,因为他认为他们没有任何义务;人自认为他有取得自己所需之物的权利,因此便以为他自己是整个宇宙的唯一的主人。诚然,霍布斯看出了现今的人们对自然的权利所做的种种解释的缺点,然而,他从他自己所做的解释中得出的结论就可看出,他的解释的着眼点也是错误的。"②应该这样来看,我们在自然状态中追求自我保存、关心自己的生命,丝毫不妨碍他人追求自我保存、关心自己的生命,因此这个状态是有利于和平、适合于人类的。③

卢梭认为,人们的好善厌恶之心、人的良心,也像自爱心一样,是天生的、本身固有的。他说:"我们必然是先有感觉,而后才能认识,由于我们的求善避恶并不是学来的,而是大自然使我们具有这样一个意志,所以我们好善厌恶之心,也犹如我们的自爱一样,是天生的。良心的作用不是判断而是感觉;尽管我们所有的观念都得自外界,但是衡量这些观念的情感却存在于我们的本身,只有通过他们,我们才能知道我们和我们应当追求或躲避的

---

① Jean-Jacques Rousseau, *Emile ou de l'éducation*, tome Ⅱ, in *Collection complète des oeuvres*, Edition du Peyrou et Moultou, 1780 – 1789, vol. 5, livre quatième, p. 37.

② Jean-Jacques Rousseau, *Discours sur l'origine et les fondements de l'inégalité parmi les hommes*, *Ouvrages de politique*, in *Collection complète des oeuvres*, Edition du Peyrou et Moultou, 1780 – 1789, vol. 1, p. 73.

③ Jean-Jacques Rousseau, *Discours sur l'origine et les fondements de l'inégalité parmi les hommes*, *Ouvrages de politique*, in *Collection complète des oeuvres*, Edition du Peyrou et Moultou, 1780 – 1789, vol. 1, p. 73.

事物之间存在着哪些利弊。"①卢梭还认为,善与正义分不开,至善的人必然是极正义的人,因为"善"就是由于爱秩序而创造秩序的行为,"正义"就是由于爱秩序而保存秩序的行为。② 这种创造秩序、保存秩序体现了人无限的能力,无论是创造秩序还是保存秩序,都是基于爱秩序,而自爱始终是符合自然的秩序的,爱秩序是自爱心的本能,善就是人在自爱心的驱动下发挥无限能力去创造秩序,所以卢梭说:"善是一种无穷无尽的力量和一切有感觉的存在不可或缺的自爱之心的必然结果。"③可见,善与正义的行为源于自爱心。

在卢梭的人性思想中,与自爱一样,怜悯(同情)也是一种自然的感情。卢梭说:"只要我们把所有那些对我们只讲述已经变成现今这个样子的人的论著都束之高阁,并仔细思考人的心灵的最初的和最朴实的活动,我敢断定,我们就会发现两个先于理性的原动力:其中一个将极力推动我们关心我们的幸福和保存我们自身,另一个将使我们在看见有知觉的生物,尤其是我们的同类死亡或遭受痛苦时产生一种天然的厌恶之心。只要我们的心灵能使这两个原动力互相协调和结合起来,即使没有社会性这一动力,我觉得,自然法的一切规则也能从其中产生出来。"④这里,卢

---

① Jean-Jacques Rousseau, *Emile ou de l'éducation*, tome Ⅱ, in *Collection complète des oeuvres*, Edition du Peyrou et Moultou, 1780 - 1789, vol. 5, livre quatième, p. 61.

② Jean-Jacques Rousseau, *Emile ou de l'éducation*, tome Ⅱ, in *Collection complète des oeuvres*, Edition du Peyrou et Moultou, 1780 - 1789, vol. 5, livre quatième, p. 45.

③ Jean-Jacques Rousseau, *Emile ou de l'éducation*, tome Ⅱ, in *Collection complète des oeuvres*, Edition du Peyrou et Moultou, 1780 - 1789, vol. 5, livre quatième, p. 45.

④ Jean-Jacques Rousseau, *Discours sur l'origine et les fondements de l'inégalité parmi les hommes*, *Ouvrages de politique*, in *Collection complète des oeuvres*, Edition du Peyrou et Moultou, 1780 - 1789, vol. 1, pp. 37 - 38.

梭将"自爱"和"怜悯"对比,作为人最初、最朴实的心灵活动,也是两个先于理性原动力:一个是极力关切我们的幸福和保存,另一个是看到有知觉的生物,特别是我们同类死亡或受苦时,自然会产生憎恶。自然法的一切规则正是从这两个原动力的协调和结合中产生的。由自爱是"原始的、内在的、先于其他一切欲念的欲念"可知,怜悯(同情)亦是从自爱这一欲念产生的。

卢梭说:"怜悯心是一种自然的感情,它能缓和每一个人只知道顾自己的自爱心,从而有助于整个人类的互相保存。它使我们在看见别人受难时毫不犹豫地去帮助他。在自然状态下,怜悯心不仅可以代替法律、良风美俗和道德,还有这样一个优点:它能让每一个人都不可能对它的温柔的声音充耳不闻。它能使每一个身强力壮的野蛮人宁可到别处寻找食物,也不去抢夺身边的柔弱的孩子或他人费了许多辛苦才获得的东西。在训导人们方面,它摒弃了'你们愿意人怎样待你们,你们也要怎样待人'这一句高于理性和符合公正原则的精辟格言,而采用'在谋求你的利益时,要尽可能不损害他人'这样一句出自善良人性的格言,尽管这句格言没有前一句格言完善,但也许更有用处。"[1]怜悯(同情)以自爱为情感基础,经过相互比较,将对自我的关注推及对受苦的他人的关注,将心比心,身临其境地感受他人遭遇的痛苦,建立自我与他人情感的认同,表达了他人与我一样,他人的痛苦需即刻消除。为了共同生存,需要适当调节自爱心,限制利己的思维方式而保证相互受益。通过适当限制对自爱的追求而有助于实现自爱的目标,即人们自我保存。在这里,怜悯(同情)可被视为一种自爱

---

[1] Jean-Jacques Rousseau, *Discours sur l'origine et les fondements de l'inégalité parmi les hommes*, *Ouvrages de politique*, in *Collection complète des oeuvres*, Edition du Peyrou et Moultou, 1780 - 1789, vol. 1, p. 78.

产生的变体。虽然"你们愿意人怎样待你们,你们也要怎样待人"的格言很精辟,但是"在谋求你的利益时,要尽可能不损害他人"的格言更实在,更贴近现实社会,体现了人的善良天性,这是"人类唯一具有的天然的美德"。①

总之,卢梭的人性观认为,自爱是人在自然状态下最原始、最初的欲念,以自我保存为最重要的责任,其他欲念则是自爱的演变,因此自爱是一切激情和情感的源泉。怜悯(同情)由自爱产生,自爱与怜悯都是自然的感情,先于理性而存在。怜悯将爱自己、关注自己的情感推己及人,去爱他人、关注他人,是人类唯一的天然美德。自爱与怜悯二者的协调和结合而产生自然法的一切规则,怜悯通过限制对自爱的追求,助力自爱自我保存目标的实现,而彰显的善良天性,这其实是一种源于自爱的人性本善的思想。

反观休谟的人性思想,则是一种基于自私的人性本恶的思想。休谟认为,人的天性是自私与有限的慷慨,顺从人的天性,很少会为他人的利益付出。休谟说:"人类因为天性是自私的,或者说具有一种有限的慷慨,所以人们不容易被诱导去为陌生人的利益做出任何行为,除非他们要想得到某种交互的利益,而且这种利益只有通过自己做出有利于别人的行为才有希望得到。"②但是这些交互行为往往不是同时完成的,一方受益而另一方只好处于一种不确定的状态,只好等待着对方的感恩和报答。"但是人类

---

① Jean-Jacques Rousseau, *Discours sur l'origine et les fondements de l'inégalité parmi les hommes*, *Ouvrages de politique*, in *Collection complète des oeuvres*, Edition du Peyrou et Moultou, 1780-1789, vol. 1, p. 74.

② David Hume, *A Treatise of Human Nature*, edited by L. A. Selby-Bigge, The Clarendon Press, 1896, Book Ⅲ, p. 519.

中间的腐败情况是太普遍了,所以一般地说,这种保障是很脆弱的;而且,我们这里假设施予者是为了自利才施惠于别人的,这就既消除了义务,又树立了一个自私的榜样,这种自私正是忘恩负义的母亲。所以,我们如果只是顺从我们情感和爱好的自然途径,便很少会由于无私的观点而为他人的利益做出任何行为,因为我们的好意和仁爱天然是很有限的;我们就是为了利益,也很少会去做那一类的行为,因为我们并不能依靠他人的感恩。"[1]由于人的"自私与有限的慷慨"的天性,人们不容易为了他人的利益而有所为。除非为了自利才施惠于别人,然而,这也往往是靠不住的,因为人类的腐败太普遍了,屡见不鲜,这种自私正是忘恩负义的母亲。

从自然界赐予人的条件来看,休谟认为人对外物的占有相对于人的需要和欲望总是稀少的。休谟考察了自然赋予动物的有利条件和欲望,指出狮子勇猛雄壮的自然条件与其欲望是成正比的,羊和牛的条件不如狮子,但其食欲也不是太大,且食物容易得到,而人却不一样:"只有在人一方面,软弱和需要的这种不自然的结合显得达到了最高的程度。不但人类所需要的维持生活的食物不易为人类所寻觅和接近,或者至少是要他花了劳动才能生产出来,而且人类还必须备有衣服和房屋,以免为风雨所侵袭。"[2]可见,人类要获得赖以生存的外物是不容易的,人们可享用的外物相对于人类的需要和欲望总是很匮乏,因此人们出于自私的本性必然会相互争夺外物,从而造成社会的不稳定和不安全。

---

[1] David Hume, *A Treatise of Human Nature*, edited by L. A. Selby-Bigge, The Clarendon Press, 1896, Book Ⅲ, p. 519.

[2] David Hume, *A Treatise of Human Nature*, edited by L. A. Selby-Bigge, The Clarendon Press, 1896, Book Ⅲ, p. 485.

在休谟看来，人的自私心的自然活动是产生恶的根源："利己心，当它在自由活动的时候，确是并不促使我们做出诚实行为的，而是一切非义和暴行的源泉；而且人如果不矫正并约束那种欲望的自然活动，他就不能改正那些恶行。"①只有对人的自私本性加以矫正和制约，才能防止恶的发生。

总体而言，人的自私本性是产生恶的源泉，人并没有对于人类的一种普遍的爱："没有任何现象向我们指出，存在那样一种不考虑人们的优点和其他一切条件的对于人类的爱。我们一般地爱好交友，不过这也和我们爱好其他任何消遣一样。一个英国人在意大利时就成为英国人的朋友，一个欧洲人在中国时就是欧洲人的朋友；我们如果在月球上遇到一个人，我们或者会单因他是一个人而爱他。不过这只是由于别人和我们有一种关系；这种关系在这些情况下因为限于少数人而就加强起来了。"②人虽有同情，但心中并没有对人类之爱的纯粹情感："如果不考虑到个人的品质、服务或对自己的关系，人类心灵中没有像人类之爱那样的纯粹情感。诚然，任何一个人或感情动物的幸福或苦难，当其在与我们接近并以生动的色彩呈现出来时，的确在相当程度上影响着我们；不过这只是发生于同情，并不证明我们有对人类的那样一种普遍的爱情，因为这种关切是扩展到人类之外的。"③

休谟认为，自私是人的天性，在自然状态下，人类这种自私本性是不可能得到控制的。休谟指出，人类共有三种福利：一是内

---

① David Hume, *A Treatise of Human Nature*, edited by L. A. Selby-Bigge, The Clarendon Press, 1896, Book Ⅲ, p. 480.
② David Hume, *A Treatise of Human Nature*, edited by L. A. Selby-Bigge, The Clarendon Press, 1896, Book Ⅲ, p. 482.
③ David Hume, *A Treatise of Human Nature*, edited by L. A. Selby-Bigge, The Clarendon Press, 1896, Book Ⅲ, p. 481.

心的满意,二是身体外表的优点,三是凭勤劳和幸运而获得的所有物的享用。第一种福利是安全无虞的,第二种可以被夺走,但他人不会获得任何利益,只有第三种,既可以被夺走,也可以转移而不受损失,同时这种财富又没有足够数量可满足每个人的欲望和需要。因此,这种财富的占有的不稳定和它们的稀少便成了社会的主要障碍。休谟说:"我们不可能希望在未受教化的自然状态中给这种不利条件找到一种补救方法;我们也不能希望,人类心灵中有任何一个自然的原则,能够控制那些偏私的感情,并使我们克服由我们的外界条件所发生的那些诱惑。"[1]人类为了生存,必须占有一定财富获得福利,然而,这种财富的占有又是不稳定和稀少的,在自然状态中,对财物的争夺则是必然的,人的自私心则是不能控制的。

而卢梭否认自私是人的天性,自爱才是人的自然本性,是善的。只是进入社会后,人性会变坏,人会走向腐败,自私自利才会成为人的本性,人总是认为自己的利益重于他者的利益,私利占据第一位。如此,个别意志与公共意志、个人利益与公共利益总是持久对立的:"纵使个别意志与公共意志在某些点上互相一致并不是不可能的,然而至少这种一致若要经常而持久却是不可能的;因为个别意志由于它的本性就总是倾向于偏私,而公意则总是倾向于平等。"[2]虽然这种对立的力量也会出现一致,但是由于个别意志比公意更为活跃,占据"第一位",而与社会秩序的要求

---

[1] David Hume, *A Treatise of Human Nature*, edited by L. A. Selby-Bigge, The Clarendon Press, 1896, Book Ⅲ, p. 488.

[2] Jean-Jacques Rousseau, *Ouvrages de politique*, *Du Contrat Social*, in *Collection complète des oeuvres*, Edition du Peyrou et Moultou, 1780 - 1789, vol. 1, pp. 215 - 216.

相反，所以这种一致终不能持久。个别意志与公意的对立是持久的，"倾向于偏私"的个别意志的活跃，人的自尊心的活跃，"它使每一个人都把自己看得比他更重，它促使人们互相为恶"①，从而侵害公共利益。卢梭认为，某种情况下，人的怜悯心对这种促使人为恶的走向腐败的自尊心具有节制作用，因为怜悯心是"人类唯一具有的天然的美德"，是"最普遍的和最有用的美德"，"人天生就有一种不愿意看见自己同类受苦的厌恶心理，使他不至于过于为了谋求自己的幸福而损害他人，因而可以在某种情况下克制他的强烈的自尊心，或者在自尊心产生之前克制他的自爱心"。②前面说到人的自尊心源自自爱心，"自尊"是"自爱"的变体。卢梭认为，怜悯心作为一种自然的感情，能缓和只知道顾自己的自爱心，能节制会使人为恶的自尊心。"自爱心就人类来说，通过理性的引导和怜悯心的节制，它将产生仁慈和美德。"③由此可见，从某种意义上说，社会美德、公民美德是以自爱为情感基础，并在怜悯心的节制作用下产生的。这种节制作用可以促使个别意志对偏私倾向的克制，促使个别意志与公意达成一致。

在休谟看来，人的自私本性是不可改变的。他认为，人们可以经过物品、服务和行为的交换达到互利，但是实际情况不然。休谟列举了一个收谷子的例子：你的谷子今天熟，我的谷子明天

---

① Jean-Jacques Rousseau, *Discours sur l'origine et les fondements de l'inégalité parmi les hommes*, *Ouvrages de politique*, in *Collection complète des oeuvres*, Edition du Peyrou et Moultou, 1780 - 1789, vol. 1, p. 171.

② Jean-Jacques Rousseau, *Discours sur l'origine et les fondements de l'inégalité parmi les hommes*, *Ouvrages de politique*, in *Collection complète des oeuvres*, Edition du Peyrou et Moultou, 1780 - 1789, vol. 1, p. 171.

③ Jean-Jacques Rousseau, *Discours sur l'origine et les fondements de l'inégalité parmi les hommes*, *Ouvrages de politique*, in *Collection complète des oeuvres*, Edition du Peyrou et Moultou, 1780 - 1789, vol. 1, p. 74.

第四章　卢梭与休谟的共和主义德性观

熟。如果今天我为你劳动,明天你再帮我,则对双方都有益。只是你我对对方都没有好意,因此,我不肯为你白费辛苦,如果我帮了你,我不相信你能报答我,因此,还是各人独自劳动,天气变化时,由于双方都缺乏信任,以致有损收成。休谟说:"这一切都是人性中自然的、固有的原则和情感的结果,这些情感和原则是不可改变的,所以人们会以为依靠于这些原则和情感的我们的行为,也必然是同样不可改变的,而且不论道德学家们或政治学家们如何为了公益而干预我们,或是企图改变我们的行为的经常的路径,那也是徒劳无益的。如果他们的计划的成功依靠于他们在改正人类的自私和忘恩负义方面的成功,那么除非有全能的上帝加以协助,否则他们将不能前进一步,因为只有全能者才能够重新改造人类心灵,从而在那些根本之点方面改变心灵的性质。"①

而卢梭认为,人性是可以改变、可以完善的,这不仅是因为"人生来就是有学习的能力的"②,人的理性能辨善恶,"只有理性才能教导我们认识善和恶"③,人具有改变人性的潜质,还因为人性内在的善,人是有良心的,是有天然的美德的,道德的原则就在人心中,"只需反躬自问"④,就可以内求。卢梭认为,改变人性的途径是行动,是道德实践。"只要把自爱之心扩大到爱别人,我们

---

① David Hume, *A Treatise of Human Nature*, edited by L. A. Selby-Bigge, The Clarendon Press, 1896, Book Ⅲ, p. 521.
② Jean-Jacques Rousseau, *Emile ou de l'éducation*, tome premier, in *Collection complète des oeuvres*, Edition du Peyrou et Moultou, 1780-1789, vol. 4, livre premier, p. 52.
③ Jean-Jacques Rousseau, *Emile ou de l'éducation*, tome premier, in *Collection complète des oeuvres*, Edition du Peyrou et Moultou, 1780-1789, vol. 4, livre premier, p. 65.
④ 卢梭:《论科学与艺术的繁荣是否有助于使风俗日趋纯朴》,李平沤译,商务印书馆,2016年,第41页。

就可以把自爱变为美德。"①正义和善是分不开的,爱人类就是爱正义。"社会道德的实践给人们的心中带来了人类的爱,正是因为做了好事,人才变成了好人"②,在道德实践中,在做好事的过程中培养美德。卢梭认为,还可以通过舆论和教育加强道德的培养,要教育学生做他所能理解的一切良好行为,"要使他把穷人的利益看作自己的利益,要他不仅用金钱帮助他们,而且要对他们表示关心,要他为他们服务,要他保护他们,为他们牺牲他个人的利益和他的时间;要他把他自己看作他们的办事人,他应当终生都要担负这个这样高尚的职务"③。要敢于为他们说话,主持正义。休谟认为,人是自私的存在物,人的自私本性是不会改变的。虽然人的自然情感中有同情、仁爱的德性成分,但是还有许多美德是在社会生活中产生的,正义就是人为的德。人们组成社会,在社会中生活,为了维持社会秩序,人为设计制作了正义法则和社会化德性原则,这些一旦建立并被人们公认,"对于这些规则的遵守自然地并自动地发生了一种道德感"④。经过舆论宣传教化和教育去约束人们的行为,产生荣誉感和义务感。⑤ 卢梭主张发

---

① Jean-Jacques Rousseau, *Emile ou de l'éducation*, tome premier, in *Collection complète des oeuvres*, Edition du Peyrou et Moultou, 1780 – 1789, vol. 4, livre quatième, p. 442.

② Jean-Jacques Rousseau, *Emile ou de l'éducation*, tome premier, in *Collection complète des oeuvres*, Edition du Peyrou et Moultou, 1780 – 1789, vol. 4, livre quatième, p. 437.

③ Jean-Jacques Rousseau, *Emile ou de l'éducation*, tome premier, in *Collection complète des oeuvres*, Edition du Peyrou et Moultou, 1780 – 1789, vol. 4, livre quatième, p. 437.

④ David Hume, *A Treatise of Human Nature*, edited by L. A. Selby-Bigge, The Clarendon Press, 1896, Book III, p. 533.

⑤ David Hume, *A Treatise of Human Nature*, edited by L. A. Selby-Bigge, The Clarendon Press, 1896, Book III, p. 534.

扬人性的内在善,在道德实践、舆论和教育的行动中培养美德,休谟则以自私和同情为道德原则,主张人为设计并遵守正义规则,人们在外在的正义规则的指导和约束下培养美德。可见卢梭的改变人性、培养美德的特点是重在"扬善",发扬人性之善,推而广之,对于激励人们,提升人们的道德境界,实现个人利益与公共利益的一致,建设理想的共和国具有重要价值,而休谟则主张人们在遵守正义规则、严格约束自己的过程中培养美德,其特点重在"制恶",防止和抑制恶的产生,对于平衡个人利益与公共利益、维护社会秩序具有重要价值。

二、卢梭与休谟道德情感论的二元维度

如果从情感主义对理性主义的批判这一角度出发,卢梭与休谟的理论便形成了一股合力,对欧洲理性主义思想家们产生了巨大的冲击。我们知道,欧洲启蒙时代前期的思想倾向主要是强调人的理性思辨,按照牛顿和法国唯理主义者对自然科学的理解,人也成了机器。卢梭则不满于唯物论者的说教,他希望成为"人学中的牛顿",要把自然之道转为为人之道,回归人性,真正回归人的自身。他说:"我并不从高超的哲学中的原理推出为人之道,可是我在内心深处发现为人之道,是自然用不可抹除的文字写下的。"[①]在卢梭看来,诉诸自然就是回到人心中内在的天然本性,即人性本身,而最能体现这种人性官能的是感觉、情感、情绪、意志、欲望等。卢梭找到了情感、意志,他把本来从属于理性的情感、意志反过来支配并超越理性,给近代西方哲学带来了一次大转向:

---

① Jean-Jacques Rousseau, *Emile ou de l'éducation*, tome premier, in *Collection complète des oeuvres*, Edition du Peyrou et Moultou, 1780 – 1789, vol. 4, livre quatième, p. 452.

按照崇尚理性、科学、人道的启蒙时代的精神,哲学首先应该是人学,人学应该是最基本的科学,其他一切问题的解答都依赖于它。而同时代的休谟在其著作《人性论》中也提出了关于"人的科学是其他科学的唯一牢固基础"的思想①,显然在这一点上卢梭与休谟不谋而合。休谟认为,道德感是道德判断的最后裁判者,它是无规则、无标准的。一切关于评价对象的价值判断,并不是建立在理性的洞察或证明之上,而是道德行为发自内心直接意识到的善与恶,其终极原因就是"本能、欲望、情感或一种道德感"②。他这样的人性论观点与卢梭的自然情感原则无疑也是契合的。因此,休谟与卢梭的这一思想形成了一股引导启蒙运动发展的自然主义与情感主义的人性论思潮。

作为情感主义论的代表之一,休谟认为同情实质上是一种人道感,人道感就是一种道德的情感。因此,在休谟看来,同情必定是一种善的情感,足以成为道德心理与道德判断的基础。将同情引入政治理论的代表人物卢梭,坚定捍卫了同情在人类社会中的重要地位。但在关于同情是一种善的情感还是恶的情感的问题上,卢梭的立场不完全同于看似其情感理论同盟的休谟。卢梭追随霍布斯,认为同情作为人类天赋的自然情感,只是一种生理的本能,本身并没有善恶之分。但正是这种天然的情感本能可以约束人们不去作恶,甚至在人类进入社会状态后驱使人们努力行善,无形中便具有了道德含义。因此,同情被卢梭放置在人类自然状态中来对待时,它并不是一种美德,因为它没有善的价值,而自然状态中的同情是形成美德的重要条件。卢梭的"同情"具有

---

① David Hume, *A Treatise of Human Nature*, edited by L. A. Selby-Bigge, The Clarendon Press, 1896, intro, p. XX.

② Norman Kemp Smith, *The Philosophy of David Hume*, Macmillan, 1941, p. 37.

强烈的怀古色彩,卢梭所眷恋的古代精神特质,促使他极力推崇回归自然淳朴的同情情感,而对以科学和进步为旗帜的现代启蒙理性持审慎态度。这种古典主义倾向决定了卢梭不可能依照同时代休谟的经验主义路径来研究同情问题。

就理性与道德之间关系的问题,休谟认为,因为道德准则刺激的是情感,由此产生或者制止某种行为,所以情感必须成为确定道德准则之内容最根本的依据,而"理性本身在这一点上是完全无力的"[1]。因而,他得出结论,道德上的善恶之分不是依据理性而得来的,这似乎与卢梭认为理性叫人分辨善恶的观点是相斥的。不过,休谟也强调理性与情感、政治与道德结合的必要性,他说:"理性和情感是社会性的和普遍性的,它们在一定程度上形成人类反对罪恶或混乱这一人类共同敌人的联盟。"[2]于是在建立美德共同体这一点上,他与卢梭形成基本一致的立场。

卢梭与休谟同为启蒙同情论的主要代表人物,卢梭的同情论要比休谟的同情论更具有政治上的典范性与理想色彩。对于休谟而言,不是理性而是同情作为道德感的基础这一结论,更多地从属经验结论的范畴。作为一个温和的怀疑主义者,休谟并不反对为情感问题追求形而上的归宿。他曾经说过:"最完美的幸福,定然来自对最完美目标的沉思。"[3]休谟选择人性——这一在形而上的经验层面上有着众多交集的大问题作为研究对象,也说明了他对待先验问题不排斥的态度。但是,正如休谟一直以来坚持的经验主义立场一样,他始终不忘提醒人们:狭隘的能力将妨

---

[1] David Hume, *A Treatise of Human Nature*, edited by L. A. Selby-Bigge, The Clarendon Press, 1896, Book Ⅲ, p. 457.
[2] 休谟:《道德原则研究》,曾晓平译,商务印书馆,2011年,第128页。
[3] 休谟:《论道德与文学》,马万利、张正萍译,浙江大学出版社,2011年,第51页。

碍人们看到至美和至善的重要内容,生命的短暂让人们没有足够的时间去领略它们。人们应当做的是"运用当下赋予我们的才智",使至善与至美扩展到另一种状态,即经验层面的状态,"促使我们更加崇拜我们的创造者"。①

换言之,休谟致力于论证人们能够从经验,也就是积累的各种感受中,来获知人性的道德问题。当人们探讨行为的正当性与合理性问题时,情感上的经验判断就是根本出发点。休谟并不赞同事先设立好关于人性的某种规律、规则,然后再用演绎的方法来回答道德与情感、政治与情感之间关系的问题。在休谟的理论脉络中,为情感塑造道德人格、确立政治理想,不是依据人为构想出的以理性命令为核心的先验或超验准则,从而进行精心设计的结果,而是一种在经验中渐渐深化、发展而来的结果。所以,如果像卢梭这样的唯理主义者为同情预设一条发展轨迹、一套运行规则以及一种理想状态的话,那么他便与休谟的经验主义立场是相悖的。

在休谟的道德情感论中,同情(compassion)与怜悯(pity)需要区分开来。怜悯,主要指对他人苦难的关切,同情则是包括快乐与痛苦在内的所有情感在人与人之间分享和传递的情感体验过程。② 事实上,休谟以理性来调节情感,这凸显了理性的两种作用:第一,"它把成为某种情感确定对象的某种东西的存在告诉我们,因而刺激起那种情感来";第二,"它发现因果的联系,因而给

---

① 休谟:《论道德与文学》,马万利、张正萍译,浙江大学出版社,2011年,第52页。
② David Hume, *A Treatise of Human Nature*, edited by L. A. Selby-Bigge, The Clarendon Press, 1896, Book II, pp. 363 - 370.

我们提供了发挥某种情感的手段"。① 而这两种作用服务于一个前提:道德上善恶的区别源于道德感而不是理性。在休谟看来,理性在道德判断与道德行动中固然有很大的作用,它不仅"给我们指示品质和行动的趋向",而且能够"在各种模糊的或对立的效用所引起的如此复杂的种种怀疑中给出真正的规定"。② 但是仅凭理性并不能产生道德上的赞许或谴责,必须首先通过感觉为人们提供直接的刺激性体验。而后在形成关于道德的印象、观念的过程中,再逐步借助理性的力量来进行选择、判断与调节。这就是休谟式以理性来调节情感的基本前提与过程。休谟使浪漫主义与理性主义在经验主义的进路上达成和解,这之所以具有代表性意义,是因为他还发展出了同情者作为"公正的旁观者"的独特观点。③ 一般情况下,旁观者只有借助同情,才能对他人的际遇产生兴趣。④ 而同情者之所以能够与情感盲从、情感狂热者区别开来的重要标志在于,同情者可以是一个公正的旁观者。

卢梭同情论的一个核心问题是自律能力的问题,他自己也意识到,同情派生于自爱,自爱又是一切欲念的根源,因而同情的天性及意志很多时候难以克服自利的强烈需求而显示出其脆弱性。这样一来,人们虽然没有屈服于他人的、外在的权威,却屈从于自己的本能与欲望。只是屈从于自己在卢梭看来并不是什么坏事。宁可自律失败,也不依靠他律,从而实现自由,这是卢梭问题的关

---

① David Hume, *A Treatise of Human Nature*, edited by L. A. Selby-Bigge, The Clarendon Press, 1896, Book Ⅲ, p. 459.
② 休谟:《道德原则研究》,曾晓平译,商务印书馆,2011年,第137—138页。
③ Roger Scruton, *The Palgrave Macmillan Dictionary of Political Thought*, Palgrave Macmillan, 2007, p. 716.
④ David Hume, *A Treatise of Human Nature*, edited by L. A. Selby-Bigge, The Clarendon Press, 1896, Book Ⅱ, p. 365.

键所在。不过,卢梭也提供过一个解决方案,那就是让一个理想的"立法者"遵循公民的公共意志,制定出对人们产生共同规范的"他律"——"立法者缔造了共和国,但又决定不在共和国的组织之内;它是一种独特的、超然的职能,与人间世界毫无共同之处"。[1] 然而对于拥有这些至高无上权力的立法者的约束问题,卢梭并没有具体说明,因此也为极权思想的萌芽埋下了伏笔。这样一来,在情感天性的局限性不可避免的情况下,以一种他律对情感的天性进行约束就十分必要。休谟所强调的作为一种经验性道德秩序的情感,这种情感同时作为一种基于习惯的、能够形成他律作用的美德,对于卢梭的同情论而言,无疑具有理论补充的重要意义。

休谟理论中作为道德感基础的情感美德,也并非一种只适用于道德圣贤的政治美德。休谟批判由唯理主义主导的从建立普遍抽象原则演绎推理出道德规则的做法。他说:"这种科学方法本身可能更为完美,但是它不太适合不完善的人性,而且无论是在道德研究上还是在其他科学的研究上,这种方法都是引起错误和幻想的一个共同根源。"[2] 在这一点上,休谟与卢梭是意见一致的。但同时,休谟反对像卢梭那样,通过提升情感的意志力量在人类社会中的地位,把臆测和想象强加给世界,从而实现对情感天性的政治化升华。休谟认为:"如果每个人都有足够的洞察力,以至于在任何时候都能察觉使他奉行正义和平等法则的强大利益,并且每个人的意志力足以使他坚定不移地追求普遍的和长远的利益,抵御眼前的快乐和暂时的利益的任何诱惑,假如真是这

---

[1] Jean-Jacques Rousseau, *Ouvrages de politique*, *Du Contrat Social*, in *Collection complète des oeuvres*, Edition du Peyrou et Moultou, 1780 - 1789, vol. 1, p. 234.
[2] 休谟:《道德原则研究》,曾晓平译,商务印书馆,2011年,第5页。

样的话,就从来不会有像政府或政治社会这类东西存在了。"①比起卢梭否认理性的至上权威却肯定情感的至上权威而言,休谟一以贯之地遵循一种温和主义的怀疑主义立场。在休谟的理论脉络中,情感虽然是道德的基础,但并不意味着它就具有成为不需受任何约束的权威正当性,它更多地充当着引导人们对政治中的道德问题进行妥善思考的起点而不是终点。

休谟对情感的意志力量的质疑,使他明确主张:情感的道德原则,是根据习惯与经验的归纳和对人类心理的观察与分析所推断出的基本原理。因此,休谟的情感道德原则既是一种适用于普罗大众的规范,也是一种基于合乎理智的习惯,而不是单凭本能形成的经验秩序。这种情感的道德经验显然超越了个人体悟的范畴,落定在政治—社会的特定领域中。休谟强调,情感虽然源于自然的人性,但如同情这种情感所发展而成的美德,则是一种"社会的德","是我们对一切人为的德表示尊重的根源"②。因此,以这种情感为基础建立起来的道德规则能够促进社会的公共利益,并使共同体成员能够从中分享由情感联系带来的效用和利益。公共福祉便是一种推动人们遵循政治中道德情感规则的客观标准之一。这个客观标准是与社会习俗、传统、文化、历史等特殊因素紧密相关的。因此,道德情感不是一种绝对的美德,而是某些特定因素与情境影响着其道德价值与作用的、具有适应性意义的美德。

在主观标准方面,休谟申诉了自己与卢梭不同的意见。他不仅否认同情源于自爱,更不认同是人们痛苦的感受引起了同情。

---

① 休谟:《道德原则研究》,曾晓平译,商务印书馆,2011年,第32页。
② David Hume, *A Treatise of Human Nature*, edited by L. A. Selby-Bigge, The Clarendon Press, 1896, Book Ⅲ, p. 577.

相反，他认为是人们对于促进共同利益行为的赞许、喜爱，以及从中获得的快乐感受，引起了人们的同情。[①] 由于这种快乐的感受不是一种主观上虚幻的体验，而是来自生活中具有真实性的经验，所以这种真实性的经验赋予了同情所包含的快乐感受一种客观的本质。所以，我们说休谟以情感为核心的道德原则是一种能够起到他律作用的美德，终究是归因于这一原则作为人们道德判断的基础所具有的客观意义——其中既包含了具有促进公共福祉的效益价值，也包含了能够提升人们快乐感受的真实体验。

卢梭认为人的同情心、怜悯心是一种天然的美德，具有节制因自爱心的活跃而使人为恶的作用。卢梭所说的同情心，用于同情弱小、不幸的人，主张更要同情贫穷苦难的人们。卢梭主张要爱一切人，而休谟所说的同情本性，类似于中国传统思想的差等之爱，以人的自私或自爱为出发点，推己及人，从家庭到朋友再到社会。休谟说："人类的慷慨是很有限的，很少超出他们的朋友和家庭以外，最多超不出本国以外，在这样熟悉了人性以后，我们就不以任何不可能的事情期望于他，而是把我们的观点限于一个人的活动的狭窄范围以内，以便判断他的道德品格。当他的感情的自然倾向使他在他的范围内成为有益的、有用的人时，我们就通过同情那些与他有比较特殊联系的人的情绪，而赞许他的品格，并且爱他这个人。"[②]虽然同情是建立在人的自私本性上的，而且很有限，但是也不能排除它在人的道德行为中的重要作用。尽管卢梭和休谟都承认，人是有同情心、怜悯心的，但是卢梭的同情引导人们追求理想的道德境界，而休谟的同情则是现实世界中更能

[①] 休谟：《道德原则研究》，曾晓平译，商务印书馆，2011年，第57页。
[②] David Hume, *A Treatise of Human Nature*, edited by L. A. Selby-Bigge, The Clarendon Press, 1896, Book Ⅲ, p. 602.

够真实存在的。

三、情感主义进路上的调节与互补

虽然分别具有唯理主义与经验主义的色彩,但是卢梭与休谟的道德情感论述之间并没有严格的分界线,也并不具有不可调和的差异。卢梭在其浪漫情怀中不时夹杂着类似"经验先于教育"这样的经验论观点,并且休谟与卢梭都是自然主义的倡导者。虽然两人共同批判作为启蒙至上权威的理性,但他们都不是非理性主义者。卢梭建构美德共和国就是一种思辨的理性设计;休谟对习惯与经验的考察、分析、归纳就是一种理性的考证方法。卢梭与休谟都是在"运用启蒙运动自身造就的武器去反对启蒙运动","运用理性分析的方法去削弱种种对理性的诉求"[1],所以,在充分寻求共同点的前提下使休谟与卢梭的道德情感论相互调节、相互补充,从而尽可能地完善情感的规则向度,使现代政治中的情感规则充分凸显其作为一种特殊的"法"的性质,是一种可取的进路。

作为对共和主义德性观的情感问题做出重要解释的两种思潮,浪漫与理性不应当是相互抵触、相互消解的。两者实际上构成了共和主义道德情感建设的二元维度。浪漫主义情感论主张在制度安排上营造出宽容、多元的政治氛围,从而鼓励人们通过唤起内心天然的情感体验来展示自我、张扬个性,并在政治共同体成员之间,通过这样的情感纽带来传递自由的价值。理性主义对情感问题的阐述则提醒人们,一个以弘扬情感之道德价值为目的的政治体制,应当首先为情感确立规则并设定边界,从而警惕各种以善之名来遏制自由的情感压迫与道德压迫。

---

[1] 弗里德里希·冯·哈耶克:《自由秩序原理》(上),邓正来译,生活·读书·新知三联书店,1997年,第81页。

我们也可以从微观与宏观两个方面阐明这个观点。首先,从微观的角度来看,共和主义德性观的情感规则可以是卢梭强调的作为意志的情感与休谟强调的作为特定习惯的情感的结合。两者之间相互联合与相互协调,有助于建立起以情感的政治美德为基础的"共有的信念"。这一信念的具体内容,是指共同体成员在共同的情感纽带和美德规范的作用下,相互分享着对政治生活的特定期待与要求。这种"共有的信念"既建立在人们一直以来的生活习惯以及特殊的政治与社会经验传统的基础上,又显示出人们在情感与意志上对未来的某种共同期待与展望。这似乎与卢梭提出的"公意"概念又有些相似。但是这种"共有的信念"与"公意"的区别在于:"共有的信念"是情感的习惯与情感的意志相结合的产物;而"公意"则倾向于把习惯视为偏见,以打破习惯与常规为己任,主要体现为一种以情感为核心的强烈意志。

从宏观的角度来看,卢梭与休谟两种情感理论的调和,可以理解为两种美德传统的调和:一种是以实践为核心的古典美德伦理传统;另一种是以规则为核心的义务论美德传统。第一种传统强调作为一种美德的情感,是付诸了情感行动的美德。这种"行动"既表现为明确表达出来的情感态度,也体现为以这种态度为动力的行为。以同情为例,对他人处境"感同身受"的认知与态度构成了同情的心理经验,伴随同情而产生的相关行动则构成了同情的行为经验。以实践为核心的美德传统就是要把两种结合起来的实践经验发展成为持之以恒的习惯。休谟正是在这样的美德理论基础上发展出了源自经验和习惯的道德情感原则。第二种以规则为核心的义务美德传统则充分体现在卢梭的美德共和国中对同情这一政治美德的思辨性设计。卢梭虽然强调情感意志的内涵是一种更稳定的情感天性,而不是强加给人们的情感义务,不过,这是他对社会道德风俗表示失望时所提出的保护人类真性情的诉求。转而寄希望于人性改造之后,卢梭在建构美德共和国的理想方案中提出了大胆的良好的愿望。此时,作为一种意志的情感,其核心就由天性转向了义务,尤其是转化为服从于公意,忠诚于国家的政治义务。对上述两种美德传统的调和,意味着情感规则将成为一种与实践密切相关的具体的道德规则,同时包含了自由意志的理念,并具有强有力的规范力量。

总的来看,在西方共和主义思想史上,道德情感论者与理性主义论者之间的论争也赋予了启蒙运动重要的政治理论意义:一方面,理性观念的提出,为现代理性主义的发展奠定了理论基础,现代政治应该是一种理性的规则政治,而不是道德化的人情政治;另一方面,道德情感论者对启蒙理性的批判,又重新把道德引入现代政治理论的建构当中,以道德来为现代政治提供合法性辩护。我们认为,情感主义与理性主义不应该被看作基于国别的思想之争,而是作为关于反思性自主的一场跨越国别辩论的中心,它贯穿了整个18世纪思想史,并延续至今。[①] 尽管他们在自由观、政体观以及人性思想的理念上相互排斥,但卢梭与休谟的共和主义德性观在情感主义进路上的调和给予了我们很好的启示。卢梭强调的作为意志的道德情感和休谟强调的作为特定习惯的道德情感构成了共和主义德性观的二元维度,卢梭与休谟道德情感论的结合与互补,可以进一步完善道德情感规则,是共和主义道德情感建设可取的进步。对于现代政治社会中道德情感作用的发挥具有一定的借鉴意义。

[①] Michael L. Frazer, *The Enlightenment of Sympathy: Justice and the Moral Sentiments in the Eighteenth Century and Today*, Oxford University Press, 2010, p. 4.

第五章

卢梭与休谟共和思想的评估

18世纪法国的启蒙思想家，反映历史发展的客观要求，高擎理论的旗帜，无情批判和揭露宗教神学和封建专制制度，主张实行政治和经济上的革新，但是一些启蒙思想家的政治思想具有温和色彩及妥协性，如伏尔泰主张实行"开明专制"，弗朗斯瓦·魁奈主张实行"合法专制制度"，孟德斯鸠与休谟一样，以英国的君主立宪制度为最理想的政体。百科全书派的思想家狄德罗、霍尔巴赫、爱尔维修等是战斗的无神论者，他们否定上帝的存在，指出宗教是用来抬高国王身价、压迫人民的，但是，他们大多寄希望于"开明君主"，这个派别中有人一边批判封建专制，一边又从封建君主那儿领取津贴。卢梭则主张"主权在民"，人生而平等；号召人民用暴力推翻暴君，建立民主共和国，与现存社会政治制度不做任何妥协，其批判态度比较激进，成为法国大革命的理论旗帜，其政治思想与主张超越了早期的启蒙思想家伏尔泰、孟德斯鸠，也超越了百科全书派思想家。虽然诞生于18世纪，但是休谟的共和思想在21世纪的今天仍然有着重要的理论价值。休谟对于社会秩序的构成及其进步的解释对我们今天理解社会秩序的转型仍然有着重要的意义，他关于商业、政制、德性之间关系的论述也非常符合我国的历史情境。

第一节 卢梭与休谟共和思想的历史价值

卢梭是18世纪法国启蒙学者,伟大的政治思想家。卢梭的共和思想启发了法国人民的觉悟,动员他们投身于推翻封建专制的运动,不仅为法国大革命奠定了理论基础,而且对欧美乃至世界许多国家的资产阶级民主革命产生了深刻的影响。同时代的休谟是英国启蒙时期的思想家,他把他的政治理论及共和思想建立在他的人性论基础上,他"在情感主义的人性基础上建立起一种新的全面参与社会的政治理论。这种理论不但对于英国市民社会的形成和英国的君主立宪政体的建立提供了坚固的理论支撑,而且对于美国立宪时代的政治实践,对于西方政治理论中的英美主义的理论形态、原则和气质的形成,都产生了深远的影响"[①]。

一、卢梭共和思想的历史影响

卢梭共和思想是法国大革命的先导。法国人民从卢梭著作中找到了推翻旧政、建立新的社会秩序的尖锐的思想武器,极大地激发了人民反对封建专制统治的革命情绪。雅各宾革命党人是卢梭思想最积极的支持者和拥护者,卢梭思想经过雅各宾派的传播,震撼了法国大地。雅各宾派的领袖罗伯斯庇尔是公认的"卢梭革命民主主义的实行者",他赞颂卢梭是"革命的先驱""人类的导师"。罗伯斯庇尔完全接受了卢梭的人民主权、法治、自

[①] 高全喜:《休谟的政治哲学》,北京大学出版社,2004年,第3—4页。

由、平等思想,支持卢梭反对资产阶级代议制的立场,认为代议制不能真正保障人民的民主权利,三权分立的政体也不能从根本上消除官吏享有特权后人民被排斥在政权外的弊端,肯定了"法兰西革命是第一个建立在人权理论和正义原则基础上的革命"①。雅各宾派另一位领袖马拉,赞颂卢梭是"真理和自由的倡导者""人民神圣权利的复兴者",在公众场合以极大的革命激情宣传卢梭思想。作为卢梭共和思想的忠实追随者,他继承了卢梭的自然权利思想、社会契约理论和暴力反抗暴政的思想,认为一国全体公民是"合法的主权者",全部权利属于人民;国家是自由的人民协议组成的政治共同体,目的在保障全体成员的安全、自由和所有权;人民有武装反抗暴君的权利。

卢梭共和思想的影响还体现在雅各宾派执政后1793年《雅各宾宪法》中,其序文《人权宣言》中根据卢梭思想删去了体现孟德斯鸠思想的内容,增加了新的条文。"宪法按卢梭关于权利不可分割的主张否定三权分立原则,授予国民议会以至高无上的权利,确立了民主共和制,为法兰西第一共和国奠定了法律基础。"②卢梭的公意学说也产生了深刻的影响,卢梭认为人们只有服从自己制定的法律,才是自由的。公意就体现在保障人人平等的法律,体现在使每个人都能享有他们的自由权的政体。卢梭的公意学说具有重大的实践意义,"在现实生活中,公意的抽象概念不止一次地转化为'主权在民''人民的政权'等政治口号和民选政府的实践。公意的第一次实践就是法国大革命。这场革命的领袖虽有左中右派之分,但都是卢梭的信徒,都以'公意'标榜,以'公

---

① 罗伯斯庇尔:《革命法制和审判》,商务印书馆,1979年,第197页。
② 于凤梧:《卢梭思想研究》,北京师范大学出版社,2016年,第291页。

民'相称呼。1871年的巴黎公社是表达'公意'的又一次实践"①。

总之,卢梭共和主义思想对法国革命影响至深,用拿破仑的话说,没有卢梭就没有法国的大革命。不过,尽管卢梭共和主义思想蕴含着革命的基因,但是我们也不能简单地将卢梭本人与革命者之间画等号。法国学者波林(Polin)认为:"卢梭的思想从未反对革命,他本人并不是一位革命者。相比激进的革命方式,他更希望对社会风俗、家庭以及女性进行温和的改良,并且文学与教育也会在其中扮演重要的角色。"②也有一些西方保守主义与自由主义学者将卢梭视为极权主义民主的始作俑者③,这样的观点未必公正。我们看到,由信奉卢梭共和思想的雅各宾派在法国创建的极权统治及其政治实践,并没有忠实践行卢梭的思想。首先,卢梭的共和思想明确反对政党政治,而雅各宾派的政治却完全是政党政治。此外,卢梭明确反对议会主权下的代议制,而雅各宾派统治时期的政权形式却是典型的议会制政权。所以,事实上,尽管雅各宾派自称是卢梭思想信徒,但其政治实践是与卢梭人民主权的思想背道而驰的。卢梭是与一切形式的专制、暴政做不妥协斗争的斗士。

此外,德国思想家康德也深受卢梭共和思想的影响,推崇卢梭是"第二个牛顿",因为卢梭发现了人的内在本性和规律。康德房间唯一的饰品是卢梭的头像。当康德得到卢梭著作《爱弥儿》时,他爱不释手,竟忘了平时户外散步的习惯。康德承认是卢梭

---

① 赵敦华:《西方哲学简史》,北京大学出版社,2001年,第283页。
② R. Polin, *La politique de la solitude*, *Essai sur J. J. Rousseau*, Sirey, 1971, pp. 219-220.
③ 最具代表性的是塔尔蒙(Jacob Leib Talmon, 1916—1980),他在《极权主义民主的起源》中认为卢梭是"极权主义民主"的始作俑者。

纠正了自己的一个错误——鄙视那些缺乏知识的大众,是卢梭教他"学会了尊重人",使他从研究自然科学转到探究人类心灵的奥秘。卢梭的共和主义自由观对康德的影响甚深,黑格尔曾说,卢梭的自由原则"提供了向康德哲学的过渡,康德哲学在理论方面是以这个原则为基础的"①。康德的道德三律令,最后都集中在自由概念上:善的意志就是自由意志;遵循普遍立法原理的行为就是自由的行为;人的目的不是工具,人作为理性的存在本身就是目的,就是自由的;人是服从自己立法的主人,意志自律是自由的直接表现。可见卢梭的自由观对康德哲学的影响。

卢梭共和思想对18世纪法国的空想社会主义,也有一定影响,著名的法国社会主义者摩莱里接受卢梭自然法理论,认为人们生活在原始社会"自然状态"下是完全自由的,可自由地享用一切,而私有制的产生使人们在自然状态下的幸福和有道德的生活遭到破坏,滋生了邪恶。由于人类有理性,人们意识到生活需要人们联合起来,组成社会和国家。另一位法国空想社会主义者马布里与卢梭一样,认为立法权应当完全属于据有主权的人民,把立法权交给君主或贵族总是会使立法变成个人的欲望;马布里还要求限制商业,制定反对奢侈的法律,制定人们土地占有最高限额的土地法。

卢梭共和思想对世界许多国家的资产阶级民主革命都产生了深远影响。1776年7月4日通过的《独立宣言》,是美国和西方各国资产阶级革命史上的重要政治文献,它就是以卢梭天赋人权说和社会契约论为基础的,宣称"所有人都生而平等",天赋人权不可转让,为保护这些权利,人们通过契约建立政府,政府的权力

---

① 黑格尔:《哲学史讲演录》(第4卷),商务印书馆,1978年,第237页。

来自"被统治者的同意",政府要是侵犯这些权利,人们就有权改变或废除它。

20世纪初期卢梭反对封建专制的民主思想传到我国,严复接受卢梭"天赋人权"和"自由平等"学说,认为"民主自由,天之所界也",强调人民自由民主的政治权利是神圣不可侵犯的。人民是国家的主人。康有为以卢梭思想为基础,在《大同书》中阐述其大同思想。邹容的《革命军》将卢梭社会契约论称为"灵药宝方"。孙中山领导辛亥革命,自由、平等、博爱、主权等思想成为孙中山实现他的革命理想的旗帜。① 孙中山最初提出的三民主义,其内容是:"三大主义:曰民族,曰民权、曰民生","三大主义皆基于民"。② 民族主义是指推翻满人政权,建立汉人政府。民权主义是指"建立民国","今者由平等革命,以建民国政府。凡为民国,皆平等而有参政权,大总统由国民共举,议会以国民共举之议员构成之,制定中华民国宪法,人人共守"③。民生主义,主要指"平均地权"。对于民族主义,"反满"只是中国人民反帝反封建的一种必然的表现形式,"更重要的是,资产阶级革命派不是为反满而反满,孙中山是把驱除鞑虏同创立民国联系起来,把反满当作推翻君主专制、建立共和民国的手段"④,民权主义,是三民主义的核心,是要推翻君主专制制度,建立资产阶级的民主共和国,展现了与专制制度毫不调和的革命精神。由此可见,卢梭的共和思想也对中国资产阶级民主革命产生了深刻的影响。

---

① 详见于凤梧:《卢梭思想研究》,北京师范大学出版社,2016年,第296页。
② 《孙中山全集》第1卷,中华书局,1981年,第288页。
③ 《孙中山全集》第1卷,中华书局,1981年,第297页。
④ 郑大华、邹小站主编:《西方思想在近代中国》,社会科学文献出版社,2005年,第452页。

二、休谟共和思想的历史意义

我们将从德性思想、法制思想和政体思想三个方面探析休谟共和思想的历史意义。

（一）关于德性思想。休谟认为，很难直接从人的自然本性上找到善良原则，证明其最初就具有利他主义动机，"我们可以概括地说，如果不考虑到个人的品质、服务或对自己的关系，人类心灵中没有像人类之爱那样的纯粹情感"[1]。人们组成了社会，在社会生活，就有了社会化的道德原则，有了关心他人、关心公共利益、遵守规则、承担社会义务等方面的正义动机。这些好的动机和美德却不是自然产生的，而是人们的设计和制作产生的，"产生这种正义感的那些印象不是人类心灵自然具有的，而是发生于人为措施和人类协议"[2]。这些美德就是人为德性，是为了社会的公共利益和幸福事业而人为设计出来的。这种人为德性涉及社会共同体、社会秩序，具有政治意义，又可称为政治德性。正如孟德斯鸠所说："我所谓品德，也不是基督教上的品德，而是政治上的品德。它是推动共和政体的动力，正如荣誉是推动君主政体的动力一样。因此，我把爱祖国、爱平等叫作政治的品德。"[3]关于政治德性的观点，休谟与孟德斯鸠是一致的，他也是在社会公益、社会制度下考察了各种德性，如骄傲、自尊、勇敢、仁善、慈善、慷慨、仁爱、怜悯、友谊、感恩、忠贞、热忱、无私、好施等。

政治德性关键是政府的正义和公民美德，休谟在《人性论》中

---

[1] David Hume, *A Treatise of Human Nature*, edited by L. A. Selby-Bigge, The Clarendon Press, 1896, Book Ⅲ, p. 481.

[2] David Hume, *A Treatise of Human Nature*, edited by L. A. Selby-Bigge, The Clarendon Press, 1896, Book Ⅲ, p. 496.

[3] 孟德斯鸠：《论法的精神》，许明龙译，商务印书馆，2015年，"说明"，第1页。

考察了政府起源和忠顺起源,围绕的中心就是正义和德性,强调政府正义美德和公民的忠顺美德,政府执行正义,维护和平,尽到责任,公民服从政府的管理。

休谟之人性包括自然德性和人为德性。从休谟关于人性的论述中,我们可以看到,休谟揭示了道德感情和自然情感的内在联系,指出与人的自私、自爱、自然本能相关联,道德情感、同情、仁爱等基本情感也是人性中的基本内容,有些产生于人的自然感情,有些则是在社会生活中人为产生的。在休谟那里,人有着自私的自然本性,而人为德性还有着共同的道德情感,有着同情、仁爱和互相合作精神,这是休谟意义上的德性之人。借着这样一种由同情心联系起来的德性,仍然可以建立起美好的德性生活。

休谟所说的同情类似于中国儒家的推己及人的等差之爱,他说,人类的慷慨是很有限的,很少超出朋友和家庭之外,最多也超不出国外,"当他的感情的自然倾向使他在他的范围内成为有益的、有用的人时,我们就通过同情那些与他有比较特殊联系的人的情绪,而赞许他的品格,并且爱他这个人"[1]。在休谟看来,同情是人性中一个强有力的原则,虽然同情建立在人的自私本性上,但不能排除同情在人的道德行为中的关键性作用。斯密深化了休谟的同情理论,认为同情的关键,在于恰当合适地调整人的自私情感与利他情感之间的关系,他称之为合宜性。休谟、斯密的思想立足于社会层面,其所谓合宜性是以社会共同体的相关纽带而将不同的人联系在一起的人性,把同情、自私、仁爱等道德原则用于政治社会,而不是局限于个人内在良知的心性修养,因此,其

---

[1] David Hume, *A Treatise of Human Nature*, edited by L. A. Selby-Bigge, The Clarendon Press, 1896, Book Ⅲ, p. 602.

德性观的根本问题不再是善恶问题,而是正义问题。

斯密与休谟对于正义的看法是一致的。斯密认为,行善犹如美化建筑物的装饰品,而正义犹如支撑整个大厦的主要支柱,如果柱子松动,人类社会这个雄伟巨大的建筑必然会倾刻土崩瓦解,所以"为了强迫人们尊奉正义,造物主在人们心中培植起那种恶有恶报的意识以及害怕违反正义就会受到处罚的心理,它们就像人类联合的伟大卫士一样,保护弱者,抑制强暴和惩罚罪犯"①。

十七八世纪的英国,正是由于把正义问题引入道德学,正义德性升为最重要的一种德性,"正义德性对于一个社会秩序的形成,对于个人与他人以及不同利益群体之间的利益调整,特别是对于建立一种政府治理的方式和政体形态,对于统治者的政治品德和公民美德的塑造等诸多方面,都具有十分重要的意义"②。

(二)关于"法制"思想。休谟认为,正义优先于善良,是社会存续的基础。社会得以存续,不是因为每个人都是好人,也不是因为上帝先天安排好的,而是因为一种正义的人为设计,一套正义的法律规则和制度的实施,使得这个社会的存在成为现实。在这个社会中,每个人都可能是恶人,但也并不影响正义所支撑起来的文明社会比野蛮社会对人更有益。

这种正义如何产生?休谟认为,正义产生于人们的共同利益感。"我们只有通过这种方法才能维持社会,而社会对于他们的福利和存在也与对于我们自己的福利和存在一样,都是那样必要的。……我观察到,让别人占有他的财物,对我是有利的,假如他也同样地对待我。他感觉到,调整他的行为对他也同样有利。当

---

① 斯密:《道德情论》,蒋自强等译,商务印书馆,1999年,第106—107页。
② 高全喜:《休谟的政治哲学》,北京大学出版社,2004年,第107页。

这种共同的利益感觉互相表示出来,并为双方所了解时,它就产生了一种适当的决心和行为。这可以恰当地称为我们之间的协议或合同。"[1]正义就是基于共同利益感的规则,正义制度最主要的就是一套行之有效的法律制度。

休谟的共同利益感,实际是一种个人利益与公共利益的平衡。这种平衡是一种内在感觉,凭这种内在的感觉,指导各自行为,达到一种对于大家均有利的可预期的结果。休谟说:"如果我们考察用的指导正义和规定所有权特定的法律,我们仍将得出同一结论。增进人类的利益是所有这些法律和规章的唯一目的。"[2]基于共同利益感,休谟提出了正义三规则——财产权的确定、通过同意的财产转移及许诺的履行,它们为文明社会奠定了法律基础。

休谟指出:"法律和正义的整个制度是有利于社会的;正是着眼于这种利益,人类才通过自愿的协议建立了这个制度。"[3]休谟将正义的法律制度比作支撑文明社会大厦的拱顶,有了这个拱顶,作为一砖一瓦的各种德性才有意义。"人类的幸福和繁荣起源于仁爱这一社会性的德性分支,就好比城垣筑成于众人之手,一砖一石的垒砌使它不断增高,增加的高度与各位工匠的勤奋和关怀成正比。人类的幸福建立于正义这一社会性的德性及其分支,就好比拱顶的建造,各个单个的石头都会自行掉落到地面,整体的结构唯有各个相应部分的互相援助和联合才支撑

---

[1] David Hume, *A Treatise of Human Nature*, edited by L. A. Selby-Bigge, The Clarendon Press, 1896, Book Ⅲ, pp. 489-490.
[2] 休谟:《道德原则研究》,曾晓平译,商务出版社,2001年,第44页。
[3] David Hume, *A Treatise of Human Nature*, edited by L. A. Selby-Bigge, The Clarendon Press, 1896, Book Ⅲ, p. 579.

起来。"①

十七八世纪,自圈地运动开始,英国的社会结构发生了重大变化,随着商业和贸易的发展,新兴的市民阶级发展壮大,对于财产的稳定占有,取得合法性保障以至寻求正当性支撑,成为市民阶级的呼声。休谟顺应了市民阶级的历史要求,代表了时代精神,提出了以财产权的确定为核心的正义三规则,为英国法律制度奠定了坚实基础,为维持社会的和平繁荣稳定提供了理论支撑,同时也发展了英国的政治制度,为英国政治社会的延续做出了重要贡献。英国社会历史发展至今,"英国的政治制度之所以保持着文明、温和而又自由的特征,实乃因为在英国一直存在着一种尊重古老的法律制度的政治传统,并且根植于人民的德性中"②。

(三) 关于政体思想。休谟考察了英国历史,进而指出,近50年来,学术与自由的增进,人们观念突飞猛进的变化,这个岛国大多数人摆脱了对名人、权威的迷信崇拜,教会教义被人嘲弄,教会声望大大下降,就连国王的称号也很少受人尊重,君主专制时代的特征已本质性消失。基于历史事实及其研究,休谟的共和思想在英国历史发展中得到充分体现,其共和思想的一大特点就是"均权",所谓"均权",是指努力让全社会的每一个人、每个群体都享有均衡的权力。在国家间关系中,这种"均权"则表现为"共同利益"与"势力均衡"。③

一方面是休谟共和思想在英王权力中的表现。自汉诺威时

---

① 休谟:《道德原则研究》,曾晓平译,商务出版社,2001年,第157页。
② 高全喜:《休谟的政治哲学》,北京大学出版社,2004年,第162页。
③ 详见于文杰:《英国文明与世界历史》,生活·读书·新知三联书店,2013年,第226页。

代英王与政府分离后,人们便认为英王是"虚位元首",而事实上,"虚位不虚",英王在共和主义语境中既拥有权力,同时也是相对稳定、均衡全体的组成部分。英王不仅具有任命首相的权力,还可以对议会决议案使用否决权,如1866年,当德比和迪斯累利与威廉·格拉斯顿为各自利益,就选举权发生冲突时,在女王的协调和干预下,双方达成某种一致,1867年,英国主议会第三次改革获得圆满成功。此为英王发挥权威,达到权力均衡,推动社会政治协调发展的典型案例。

另一方面是休谟共和思想在英国政治中的体现。休谟的共和思想在英国历史发展进程中曾经以多种方式充分地表现出来。休谟认为,在外交方面,英国人应向雅典人学习,当他们发现自己卷入每场争斗是错误的时,就转而完全不关心国外事务,除了奉承赞扬胜利者外,在任何争斗中不参加任何一方。事实上,英国"光荣孤立"的外交政策正是这一共和主义外交思想的体现。19世纪70年代后,欧洲许多大国纷纷结盟争霸,德奥意三国联盟,法俄走得近,但英国还是坚守自己多元、平等、均衡的政治传统。由于德法的干预,英国国外事务受阻,连国内反对党领袖索尔兹伯里也反对这个外交政策,但索尔兹伯里上台后仍坚持不结盟的孤立政策,这个政策被概括为"光荣孤立"。索尔兹伯里等认为,光荣孤立使自己的民族有选择的自由,不受别国牵制。光荣孤立体现了休谟共和思想的历史意义。当今世界,共和思想与共和制已为世界绝大多数民主国家所普遍接受。[①] 总体说来,"休谟不仅系统探究了英国共和思想的历史根源和伟大传统,批判性地把哈林顿等思想家虚幻的共和理想转化为现实的共和思想,形成自己

[①] 于文杰:《英国文明与世界历史》,生活·读书·新知三联书店,2013年,第231—234页。

的思想体系,更重要的是休谟的共和思想为英国政治制度的历史发展提供了重要的参照系,并在英王权力、英国政治和外交等重大的历史领域中得到充分的体现"①。

需要指出的是,休谟的商业共和主义思想对18世纪美国立宪政体的建立也产生了重要的影响。或许休谟自己都没有想到,他的共和思想会在不久的将来对美利坚合众国的建立起到如此积极的推动作用。事实上,休谟的理想共和国的设想对美国立宪产生了非常重要的影响。美国史学家道格拉斯·阿代尔就指出,休谟在《关于理想共和国的设想》及其他论文中对"派系"和"大型共和国"的思想的论述成就了麦迪逊和他的国家。② 斯宾塞则更进一步认为,麦迪逊在大共和国理念、派系的产生,以及经验主义的政治思考方式等方面都直接受到了休谟思想的重大影响。他得出结论说,"休谟对麦迪逊的重要作用甚至超出了阿代尔所能想象的程度"③。当然,休谟的共和国设想与美国宪法有很多重大的差别,但是不可否认的是,两者在设计的原则上有着本质的相似性。休谟经验主义的思维方式、基于性恶论基础上无赖假设的制度设计、商业共和国、自由与政府权威的平衡等都在《联邦党人文集》中得以体现。

---

① 于文杰:《英国文明与世界历史》,生活·读书·新知三联书店,2013年,第225页。
② Douglass Adair, "'That Politics May Be Reduced to a Science': David Hume, James Madison, and the Tenth Federalist," in *The Huntington Library Quarterly*, Vol. 20, No.4, Early American History Number (Aug 1957), p. 300.
③ Mark G. Spencer, "Hume and Madison on Faction," in *William and Mary Quarterly*, 3d Series, Vol. LIX, Number 4(October 2002), p. 869.

第二节 卢梭与休谟共和思想的现实意义

卢梭的共和思想对于法国大革命,对于欧美等世界许多国家的资产阶级民主革命都产生了深刻的影响,不仅如此,卢梭有关自由平等、公民美德、人民主权的思想对于我们当下坚持和发展中国特色社会主义,实现中华民族伟大复兴,仍然具有重要的借鉴意义。集哲学家、历史学家身份于一身的休谟,对英国政治传统的历史性思考,以及基于本国国情探索政治体制的思想范式,也能给我们国家在21世纪探索政制改革的道路上提供一种有益的启示。

一、卢梭共和思想的现代价值

有关卢梭共和思想的现代价值,我们将从自由与平等、公民美德以及人民主权思想三个方面来探讨。

(一)自由与平等思想的启发:制定"好的法律",消除社会不平等。卢梭把平等与自由作为立法的目标和全体社会公民最大的幸福,他说:"如果我们探讨全体公民最大的幸福究竟取决于什么,一切立法体系的最终目的是什么,我们便会发现它们可以归结为两大主要目标:自由与平等。自由,是因为一切个人的依附都会削弱国家共同体中同样大的一部分力量;平等,是因为没有它自由便不能存在。"[1]这里还阐述了平等与自由的关系:平等是自由的前提条件。卢梭设立公意的根本目的还是在于获得自由。

---

[1] Jean-Jacques Rousseau, *Ouvrages de politique*, *Du Contrat Social*, in *Collection complète des oeuvres*, 1780-1789, vol. I, p. 247.

卢梭所说的不自由是指人的互相依赖,不仅奴隶受制于主人,主人也受奴隶的束缚,要消除这种依赖,就必须服从公意制定出的针对全体公民的法律,而不是靠任何个人的意志。"卢梭对个人意志予以高度重视,视其为个人自由、道德和责任的源泉;但是,他也认识到个人意志的薄弱,个人的短视以及个人陷入利己主义泥潭,造成政治共同体毁灭的危险。因此,在私人生活中,他求助于良民引导意志,使人在内心为自己立法获得道德自由;在政治生活中,则引入公意以消解个人意志的偏私和腐化,使个人服从社会的法律,成为公民从而获得自由。"[1]由此我们也受到启发:首先必须坚持立法为民,将人民的自由平等与幸福作为立法的根本目标,同时也必须引导公民抵制个人意志的偏私与短视,服从公意制定出的法律制度。

卢梭认为国家的法律制度好,人民就会更重公共事业,他说:"国家的体制愈良好,则在公民的精神里,公共的事情也就愈重于私人的事情。私人的事情,甚至于会大大减少的,因为整个的公共幸福就构成了很大一部分个人幸福,所以很少还有什么是再要个人费心去寻求了";"好的法律会使人制定出更好的法律,坏法律则会导致更坏的法律"。[2] 卢梭的这一思想启发我们,当前我国不仅需要根据国情加强原有法律制度的建设和完善,还需要重视根据时代发展的形势与要求,制定出新的法律制度,让人民满意。例如,近年来,我国电子商务发展迅猛,成为提供公共产品、公共服务的新力量和经济发展的新原动力,与此同时,针对电子商务发展面临管理方式不适应、诚信体系不健全、市场秩序不规范等

---

[1] 刘训练:《共和主义——从古典到当代》,人民出版社,2013年,第211—212页。
[2] Jean-Jacques Rousseau, *Ouvrages de politique*, *Du Contrat Social*, in *Collection complète des oeuvres*, Edition du Peyrou et Moultou, 1780-1789, vol. 1, p. 300.

问题，国家制定了电子商务法，为加快建立开放、规范、诚信、安全的电子商务发展环境奠定了坚实的法治基础，以便更好地服务经济发展和人民的幸福事业。[①]

卢梭揭示了私有制是产生社会不平等的根源，指出社会不平等加深了贫富对立，激化了封建专制社会内部的矛盾和对抗，从而使封建专制统治最终走向反面。卢梭的平等思想，历史上对于资产阶级民主革命、社会主义运动都产生了深刻影响，在今天也仍然具有重要意义，它启发我们重视社会不平等的危害性。社会不平等会产生和激化社会矛盾，严重阻碍社会的和谐发展，虽然这些年来我们的经济发展迅速，物质财富得到极大丰富，但是我国还处在社会主义初级阶段，存在很多社会不平等现象，存在社会经济发展不平衡、人民生活贫富差别较大的情况，不同行业间的收入差距大，就业制度方面也存在着同工不同酬的现象等。我们应当采取有效措施，领导人民共同富裕，努力增进社会公共福利，重视社会不平等现象的抑制、调节和消除。近些年来，国家组织精准扶贫工作，积极消除人民生活状况不平等的成就斐然，也是对实现人民自由平等目标的重大贡献。

（二）公民美德思想的启发：提倡良风美俗，培养公民爱国情怀。卢梭在《日内瓦手稿》中写道："在独立状态中，理性根据我们自身利益的观点就会引导着我们汇合成为公共的福利——这种说法是错误的。个人利益远不是和普遍的福利结合在一起。反而在事物的自然秩序之中他们是彼此互相排斥的。"[②]卢梭认为个人利益与公共利益、个别意志与公意的对立是持久的。按自然秩

[①] 参见蔡立东：《主持人语》，《光明日报》2019年3月22日第11版。
[②] 转引自卢梭：《日内瓦手稿》第二章，《社会契约论》，李平沤译，商务印书馆，2012年，第189页。

序,个别意志比公意更为活跃,与社会秩序的要求是直接相反的。因此,在社会状态中,人性的自私自利是自然的,而美德则是人为的。卢梭认为,公民美德是公意对个别意志的克服,是个人利益服从公共利益。要成为一个有德的公民,必须能克制自己的私欲。"一个有德行的人是能够克制他的感情的,因为,要这样,他才能服从他的理智和他的良心,并且能履行他的天职,能严守他做人的本分。"①要学会同自己进行斗争,怎样战胜自己,怎样为公众的利益而牺牲个人的利益。

卢梭认为,要做一个好公民,爱国思想是最灵验的,热爱祖国是公民美德的主要表现形式,也是爱国公民的一种内在激情和直接动力。卢梭说:"根据我对美德所下的定义,一个爱祖国的人是必然会实践美德的,我们所爱的人的希望,我们将尽力为他们实现的";"对祖国的爱使他们具有美德的力量,并使他们的行为上升为英雄行为"。② 因此,政治社会的任务,就在于通过各种渠道将人们的自爱转化为爱国主义,也就是培养有德行的公民。卢梭以上思想给我们以启示:公民美德是人为的,是通过节制、缓和个别意志的活跃,克制自私心而产生的,尤其是对于社会管理者,由于掌握一定权力,更容易谋求私利,侵吞公共财产,损害人民利益,更应具有战胜自己的刚强意志,自觉培养好的德行,国家则须为培养有德行的公民创造条件,努力将自爱转化为爱国主义。

有关卢梭公民美德思想的研究表明:"在很大程度上,公民美德是以自爱为心理和情感基础的,并受到同情心的强化,其具体的激发和动力机制,则是以舆论和荣誉为中介的;而其最终的目

---

① Jean-Jacques Rousseau, *Emile ou de l'éducation*, tome Ⅱ, in *Collection complète des oeuvres*, Edition du Peyrou et Moultou, 1780 - 1789, vol. 5, livre cinquième, p. 376.
② 卢梭:《关于祖国》,《卢梭散文选》,李平沤译,百花文艺出版社,1995 年,第 253—254 页。

的则是要达到克服自然的自私自利本性,达到对一个更大的整体即祖国的认同。"①卢梭认为,一切社会美德正是从怜悯心这种性质中产生出来的。在人类中由于自爱心为理性所指导,为怜悯心所节制,从而产生人道和美德。卢梭也重视荣誉在培养公民美德方面的巨大作用,他指出:"重要的是应当为人们创造条件,鼓励他们以自己的品德去赢得他们今天只知道用财富去取得的赞扬。"②卢梭提出以荣誉对抗财富,指出金钱奖赏的弊端:没有足够的公共性,一授予便消失,没留下痕迹,而这种痕迹能够让奖赏所伴随的荣誉永远存在,从而激发人们去效仿。

关于养成公民美德的渠道与途径,卢梭说:"我只知道有三样武器,靠它们可以影响人民的风尚:法律的力量、社会舆论的威力和娱乐的吸引力。"③法律可以约束人的行为,但是唯有善良风俗才能浸透人心,引导人的意志,所以法律还需要公民美德的支撑。社会舆论对人也有着重要的影响,如上面提到的荣誉就是借助于舆论发挥作用的。在卢梭看来,公共教育、公共节庆和公共娱乐是培养公民美德的主要渠道和途径。在公共教育方面,在《波兰政府论》中有详细论述,卢梭主张培养公民的爱国热情,从孩子开始用力,按法律规定的课目、顺序和形式学习阅读。一个真正的共和派在吮吸母亲的乳汁时,也在吮吸对祖国的爱,也就是对法律和自由的爱。在公共节庆娱乐方面,要能有"从中产生出共和国的安定、团结和繁荣"的公共节庆,"要在娱乐的名义之下给这些节庆活动提出有益的目标,从而使节庆成为保持秩序和良风美

---

① 刘训练:《共和主义——从古典到当代》,人民出版社,2013年,第91页。
② 卢梭:《荣誉与美德》,《卢梭全集》(第5卷),李平沤译,商务印书馆,2013年,第562页。
③ 卢梭:《论戏剧——致达朗贝尔信》,王子野译,生活·读书·新知三联书店,1991年,第27页。

俗的重要手段"。①

卢梭的公民美德思想在当今仍具有重要价值。公民美德的培养不仅要注重内在良心的节制作用,同时还要注重外在的社会舆论的正确引导和荣誉的长久激励作用。公民美德的培养,不仅通过法律对人的行为的规范,社会舆论对人行为的影响与引导,还有赖于通过公共教育、公共节庆和公共娱乐主渠道去实现。公民美德的培养,须从孩子抓起,设立维护国家统一稳定、团结繁荣,促进世界和平发展的目标,设置公共教育的课目和公共节庆、娱乐等活动的内容,采用多种为人们喜闻乐见的形式,培养人的爱国情怀,培养有德行的公民,使共和国事业后继有人。

(三)卢梭人民主权思想的启发:秉持"办事员"精神,服务人民之"大我"。卢梭指出,人民创制政府是由两种行为复合而成的:一是主权者规定要有一个政府共同体按照这样或那样的形式建立起来,这种行为就是一项法律;二是人民任命首领管理政府,这并不是一项法律,这一任命只是个别行为,是前一项法律的结果,是政府的一种职能。② 就是说,人民创制政府,人民任命管理者管理政府,主权在民。人民作为主权者立法,并任命管理者负责法律的执行。

卢梭认为,政府只能是由于主权者而存在,所以君主的统治意志应该就只是公意和法律。但是,当君主居然有了比主权者意识更为活跃的个别意志,竟然使自己所掌握的公共力量服从于这

---

① 卢梭:《论戏剧——致达朗贝尔的信》,王子野译,生活·读书·新知三联书店,1991年,第173页。

② Jean-Jacques Rousseau, *Ouvrages de politique*, *Du Contrat Social*, in *Collection complète des oeuvres*, Edition du Peyrou et Moultou, 1780 - 1789, vol. 1, pp. 305 - 306.

个个别意志的时候,社会政治体便会立即解体。当然,政府共同体能具有与国家共同体截然有别的真正生命,政府共同体必须有一个单独的"我",它具有大会、内阁会议、审议权、决定权等种种特权,具有要求自我保存的加固有意志和以保存自身为目的个别力量,困难就在于它如何能服务好人民,与国家共同体保持一致,而不改变国家共同体。说到底,就是要"使它永远准备着为人民而牺牲政府,却不是为政府而牺牲人民"①。

卢梭的人民主权思想,对于我们今天的治国理政具有一定的启发意义,在人民与政府的关系上,管理者必须保持清醒的意识,他们手中的权力是人民给予的,他们的责任就在于秉公执法,造福人民,任何时候都无权使公共力量服从个人意志,谋取一己私利。政府都有自我保持、自我发展的要求,有自身的利益和一定的权力,但是它必须始终以政府利益服从人民利益为原则,而不能损害国家利益、人民利益。政府也应随时准备为国家和人民利益之"大我"牺牲政府利益之"小我"。

卢梭指出,人民主权"不外是公意的运用",公意则是人民主权的体现,公意是人民的共同意志和公共利益的集中表现,国家主权者按照公意办事就是行使主权。卢梭认为,主权是不能转让的,也是不能代表的,主权在本质上是由公意构成的,而意志又是绝对不可以代表的,"因此人民的议员就不是,也不可能是人民的代表,他们只不过是人民的办事员罢了"②。卢梭这一思想对于今天管理者个人的定位具有启示意义,管理者必须执政为民,按人

---

① Jean-Jacques Rousseau, *Ouvrages de politique*, *Du Contrat Social*, in *Collection complète des oeuvres*, Edition du Peyrou et Moultou, 1780-1789, vol. 1, p. 258.
② Jean-Jacques Rousseau, *Ouvrages de politique*, *Du Contrat Social*, in *Collection complète des oeuvres*, Edition du Peyrou et Moultou, 1780-1789, vol. 1, p. 300.

民的意志办事,管理者无论职位高低,都是人民的办事员、人民的勤务员,没有个人特权,都必须忠实服务人员的幸福事业。

二、休谟共和思想的借鉴意义

休谟共和思想的现实意义有两个方面值得研究:一是政治德性问题,二是他的政体思想。

(一) 关于政治德性的启发:重视公民个人利益与社会公共利益的平衡。休谟的德性问题所指向的并不是让人退守到个人情感的内心感受中去,而是旨在建立一种公共的社会政治秩序,通过美德的社会塑造功能,建立起一种公共的正义的政治社会。正义之德是人为的德性,是最重要的一种德性,在休谟看来,各种各样的人为德性,它们都脱离不开社会共同体,脱离不开社会共同体中的公共利益问题,脱离不开社会的规则与秩序问题。[1]

休谟认为人的本性自私和有限的慷慨,人在社会生活中的行为都取决于其自私的同时又包含了同情的人性原则。休谟所说的同情,并不是指对于处在不幸状态中人同情,而是指设身处地考虑自己与他人同在一种状况下那样一种将心比心的同情。休谟认为同情是一个强有力的原则,虽然同情建立在人的自私本性上,并且很有限,但是其在人的道德行为中仍具有关键性作用,这是现实存在的。休谟认为,在政治社会中,寻求自私与慷慨之间的恰当比例即合宜性是很重要的,实际上,这种合宜性是指的社会共同体的纽带将不同的人联系在一起的人性,可见休谟的德性是指政治性的德性,把同情、自私、自爱、仁慈、仁爱等基本原则适用于公共政治领域或政治社会。

休谟认为,在市民社会,人们首先必须从事生产劳动,必须赚

---

[1] 高全喜:《休谟的政治哲学》,北京大学出版社,2004年,第79、89页。

钱，然后才能讲国家义务，讲个人幸福、社会繁荣、国家强大，才能谈公民美德，休谟的德性思想，即追求自私与慷慨比例的合宜性，也正体现了市民社会的需要。所以休谟的一个重要贡献，就是重建了市民社会的美德。社会转型到了近现代之后，社会结构发生了本质性变化，一个国家如何生存发展，最基本的问题是要构建一个正义的社会秩序，而正义德性对于一个社会秩序的形成，对于个人与他人以及不同利益群体之间的利益调整，特别是对建立一种政府治理的方式和政体形态，对于统治者的政治品德和公民美德的塑造等诸多方面，都有着十分重要的意义。[1] 休谟的政治德性思想对于我们今天的事业仍然具有启发意义。人民政府必须以最广大人民群众的利益为最高利益，努力营造良好的社会环境，促进社会生产和商品交换，为人民谋福祉，必须关心人民群众的切身利益，重视人民群众生活具体困难和问题的解决。尊重人民个人财产权的合法性，切实保障人民群众生命与财产的安全，并在此基础上激发人民群众的爱国热情，培养公民美德，维护社会安定与和平。

（二）关于政体思想的启发：制定符合国情的政治制度，确立促进世界和平发展的共和制大国担当。休谟一直在研究和探讨共和制问题，休谟说："在一切情况下，了解一下哪种政体最为完美，使得我们只需要通过温和的改变和变革，便能将现有的一些政治结构或体制变得与之甚为近似，而又不致引起过大的社会动荡，这毕竟是有益无害的事。"[2] 这种温和、改良的发展模式后来被概括为渐进主义的英国道路。当今世界，共和思想与共和制已为

---

[1] 高全喜：《休谟的政治哲学》，北京大学出版社，2004年，第106—107页。
[2] 休谟：《休谟政治论文选》，张若衡译，商务印书馆，1993年，第158页。

世界绝大多数民族国家所接受,180多个主权国家中有102个选择了共和制。我们研究休谟的共和思想,必须把握英国思想与文化传统的价值,休谟揭示了英国共和思想的伟大传统,并把这种多元互融与温和渐进的政治理想转化为现实,从根本上有益于民族国家和世界政治的稳定与发展。"在当今世界单边主义盛行,而多元化成为大多数民族国家的追求和理想的时代,正确理解休谟共和思想的价值,科学把握共和思想的历史根源和具体表现,尤其具有现实意义。从思想家休谟入手探求共和思想及其在英国历史发展中的意义,有助于推进当代世界政治向着多元互融与和平稳定的方向发展。"[1]

休谟共和思想存在着内在矛盾:君主制与共和制的矛盾。他非常尊重英国君主制的传统,要人们尽可能爱护、改进英国古老的政府,不要有激进的行动。同时,他又憧憬共和制理想,探究完美的政体,他说:"谁知道将来某个时代不会有机会将此理论付诸实践呢?这种实践既可能是能解散某些旧有的政府,也有可能在世界某个遥远的地方将人们组织起来,建立一个全新的政府。"[2]休谟主张的是"改良"、渐进式发展道路,可见他是一位温和的共和思想家。不过,与霍布斯不一样,休谟认为,对君主制的尊重,不是基于恐惧,而是基于习惯,基于传统与现实,基于传统所积累的合法性。休谟曾经探讨过英国政体,究竟是倾向于君主制还是共和制,比较之下,还是选择了君主制,其原因也在于此。虽然共和制更完善、更自由,但那是遥远的理想。休谟这一思想给我们启发:良好的政体不是凭空想象出来的,离不开从传统中吸取力

---

[1] 于文杰:《英国文明与世界历史》,生活·读书·新知三联书店,2013年,第234—235页。
[2] 休谟:《休谟政治论文选》,张若衡译,商务印书馆,1993年,第158页。

量,离不开国情。我们国家的政体必须符合我国的国情,人们认可我们当下的法律制度、政治制度的改革,也都需立足我国国情,从实际出发,一步一个脚印向深入推进,为实现中华民族的伟大复兴这一中国梦提供必要的制度保障。

休谟也认为小型国家易于实行共和政体,但是他也认为政制的设计,需要审慎,也需要勇气和创造性,他又大胆提出在一个大国也存在实行共和制的可能。休谟描述了大型共和国的设想。他首先描述了一个大型国家的具有代议制性质的选区规模、程序设置以及权力运作模式,其次,对于共和国政府的各个职能机构,如立法、行政和司法及地方自治等权力安排方面,特别是对它们的相互制衡,做了细致周密的考虑,提出了一系列方案。休谟没有想到他的共和国思想在不久后对美利坚合众国的建立产生了重大的影响和积极推动作用。休谟反对当时一种流行的观点,"这种观点认为,像法国或大不列颠这样的大国,不应该塑造成共和国,因为这种政府形式只能存在于城邦或疆域较小的国家。这种观点反过来,似乎更为可能,虽然在一个疆域辽阔的国家比在一个小国家建立共和制政府更加困难,但这样的政府一旦建立,维持稳定和统一就更加容易,不会发生骚乱和派系斗争"[1]。休谟的大国共和思想给我们以启发,对于我们这样疆域辽阔的社会主义共和制大国,政府职能机构的设立、相互间的制衡、权力运作模式等更应审慎周密考虑。我们建立起的政府应该发挥它的维持稳定和统一的大国优势,为造福本国人民、促进世界和平发展贡献更大的力量。近些年,我国提出的"一带一路倡议"受到世界大多数国家的普遍认同,世界上越来越多的国家参与其中,并与本

---

[1] 休谟:《论政治与经济》,张正萍译,浙江大学出版社,2011年,第392页。

国的发展战略实现对接。随着 G7 集团国家意大利的率先加入,这一倡议也初步实现了亚欧大陆与非洲大陆的大连通,在取得丰硕成果的同时,也体现了一个共和制大国的担当。

结　语

卢梭与休谟是18世纪欧洲启蒙运动的见证者与参与者,日内瓦公民卢梭一生坎坷多难,一度过着流亡国外的生活。而被法国人视为"好人大卫"的世界公民休谟一生相对平顺,正如他较为均衡的思想观念那样,在学术与仕途上休谟似乎找到了某种平衡点。卢梭与休谟有过短暂的相处,之后便分道扬镳,成为一个历史事件,这也为我们对卢梭与休谟共和思想的比较研究提供了一个历史背景和出发点。

卢梭与休谟两人之间的争论在18世纪欧洲思想界是一个大事件,现在看来,这似乎是不可避免的事情,因为就在事件发生之前,他们已经意识到了彼此之间存在的巨大差异。我们从卢梭与休谟写给他们共同的朋友布芙勒夫人的信中可以找到一些依据。卢梭在写给布芙勒夫人的信中敏锐地辨别出休谟和他自己在智识和性情方面的差异,他说:"在我所认识的人中,休谟先生是一位真正的哲学家,也是唯一一位在写作时不带任何偏见、公正无私的历史学家。我敢说,他并不比我更热爱真理;但我的研究时常掺杂着激情,而休谟的研究只掺杂着智慧和才华。我不仅痛恨共和派的专制主义,也痛恨有神论者的不宽容。休谟先生曾经说过,正是我对于不宽容和专制主义的这种痛恨造成了不宽容和专制主义。休谟先生看待问题总是很全面,而激情却使我只能从一个角度思考问题。休谟先生在测算人类谬误的时候仍能高居于这些人类缺憾之上。"[1]休谟其实也意识到了自己与卢梭的巨大差异,在致布芙勒夫人的信中,他写道:"在我看来,卢梭先生所有的作品都值得称颂,尤其是滔滔雄辩。如果我没弄错的话,他赋予法语一种活力,一种能量,而这是其他任何作家无法做到的。但是,正如他的论敌所指控的那样,他这种超迈绝伦、雄睨一切的雄辩力量,总是混杂着某种程度的夸饰,对于这种指控,他的朋友几乎无法否认。要不是他始终如一并乐此不疲地与流俗相抗争,人们甚至会怀疑:他对于论题的选择与其说是出于信念,不如说是为了展示自己的独创性,并以其悖论来博取读者的欢心。"[2]在把卢梭视为一个善于雄辩的天才以外,休谟也将其视为一个极端的个人主义者。

卢梭与休谟作为18世纪法国与英国启蒙思想家的代表人物,他们的思想理论体系分属于两个不同的传统。通过对卢梭与休谟共和思想的梳理与分析,得出他们思想上存在分歧与差异的这一部分结论也是比较自然的。哈耶克认为,西方政治思想史的传统分为两种:一种是以休谟、斯密、伯克、孟德斯鸠等思想家为代表的英国传统;另一种则是以卢梭、笛卡尔、霍布斯等思想家为代表的法国传统。英国传统的特点是一种以经验主义为基础的自发秩序系统,法国传统则是一种以唯理主义为基础的建构秩序

---

[1] Ernest Campbell Mossner, *The Life of David Hume*, Oxford University Press, 2011, p. 507.

[2] Ernest Campbell Mossner, *The Life of David Hume*, Oxford University Press, 2011, p. 508.

结 语

系统。卢梭与休谟则分别是唯理主义与经验主义的核心代表人物。从一开始,唯理主义与经验主义之间就展开了论争,这种论证很多是由知识的起源这一问题引起的。唯理主义者持先验论立场,认为知识不能源自感官经验,而必然在理性或思想中有其基础;经验主义者则认为一切知识都源自感官经验,不存在所谓的天赋观念。卢梭与休谟共和思想的分歧之处的最主要原因追根溯源,还是它们各自继承了不同的哲学思想资源:以休谟、斯密为代表的英国启蒙哲学家继承了英国传统的经验主义哲学,思路上是洛克和贝克莱的延续,而卢梭则继承了法国本土的思想资源,包括笛卡尔的先验论和帕斯卡尔的理性限度论,并将它们整合到启蒙运动的思想氛围中。

虽然卢梭尝试从法国本土的思想资源中探讨理性主义发展的问题,但在方法论上与法国启蒙哲学家们产生了分歧,他们大都主张经验论立场,力求在经验意义上考察道德伦理及政治制度问题,也就是把价值问题限制在经验可理解的范围以内,放弃了对价值之源的追问。卢梭则要求在批判理性主义的基础之上促进价值论转向。作为18世纪情感主义的代表人物,卢梭在理性与情感的关系上,他的基本价值取向是"情感优于理性"。休谟作为一个最彻底的经验主义哲学家,直接继承和发展了英国的经验主义传统,他的许多基本观点贯彻着经验主义原则。但是休谟还受到了18世纪英国情感主义的影响,他认为"理性是情感的奴隶"。这样看来,在被称为"理性时代"的18世纪,以卢梭与休谟为代表的情感主义者阵营的出现意味着18世纪不仅仅是理性主义的天下,同时也是情感主义的时代、同情的时代。卢梭与休谟都认识到了同情在社会秩序建立上的基础作用,在情感主义的进路上实现了并肩同行的可能。他们为情感主义的发展做出了各自重要的贡献,尽管相较于启蒙理性主义,启蒙情感主义长期以来并没有得到足够重视,但是卢梭与休谟开始让后世的学者认识到情感主义在18世纪思想史中的重要地位。

总的来看,在西方共和主义思想史上,卢梭显然占有一个极其重要的地位,他被视为古典共和主义的集大成者。波考克在其著作《马基雅维利时刻》中也认为卢梭就是18世纪的马基雅维利。[①] 如果翻开一部有关西方共和主义的论著,几乎可以看到卢梭的思想在每本著作里都会被谈及,但是有关休谟共和思想的关注度不及卢梭。单从影响力来讲,休谟的社会影响力不及卢梭,最主要的原因是休谟的观念主张较为均衡适中,也并没有在时代的历史变革中产生巨大的革命性的作用,而卢梭的理论则被很多人视为法国大革命的指导思想。这一点,就决定了卢梭与休谟的共和思想在后世学者研究中被重视的程度和所占有的分量。18世纪以来,在持续几个世纪的社会变革的诉求声中,卢梭的共和思想更能激发人们的革命斗志和激情,具有更大的政治感召力,自然也就能够产生更为深远的影响。

不过我们也知道,苏格兰启蒙运动是人类历史上最早分析人类向现代商业社会转型过程中引发的种种问题的一次大思考。作为这个运动中的核心代表人物,休谟的共和思想理念中体现的现代性与我们目前所处的社会阶段的需求是非常契合的。我们认为,在21世纪这样一个新时代,我国正处于从传统农业文明社会向现代商业社会转型的过程,休谟的共和思想及其共和主义者的身份有必要被我们重新审视,这也是本书写作目的之一。正如

[①] J. G. A. Pocock, *The Machiavellian Moment: Florentine Political Thought and the Atlantic Republican Tradition*. Princeton University Press, 1975, p. 504.

学者内维里谈道:"休谟应当被承认是一个共和主义者,一个批判的共和主义者,某种程度上可能是最后一个伟大的共和主义者,一个至今没有得到广泛承认的共和主义者。"[1]

18世纪的英国与法国代表了那个时代世界上最先进的科学与文化水平,这一时期,这两个国家都开始从传统社会向现代文明社会转型。卢梭与休谟作为启蒙思想家的代表性人物,在法国与英国社会转型的关键时期提出了各自不同的思想观念及理论支撑,也对各自国家最终转型道路的选择产生了深刻的影响。目前中国社会正处于转型升级的历史关口,思想的启蒙也是这个时代进步与发展的客观要求。我们对这两位欧洲启蒙思想家的共和主义思想进行比较研究,希望可以从中获取一些有益的经验与启示。

首先,在共和主义自由观上,卢梭主张政治共同体成员之间的契约是政治体的基础,人民把自己的权利让渡给政治体,服从公意,即服从人们为自己制定的法律,从而获得法律保护下的公民自由。休谟反对契约论思想,认为政府来源于正义,正义规则是人为的,强调基于正义规则的法律对于个人权利和自由的保障,以及个人对于政府的忠顺,虽然休谟反对契约论思想,但是休谟与卢梭都肯定人们服从法律而获得自由。卢梭认为立法的目标和公民最大的幸福是自由与平等,设立公意、制定法律的根本目的在于获得自由,休谟也认为制定法律的唯一目的是增进人类的利益,维护社会的和平。由此我们得到启示:必须重视法律制度的建设,必须坚持立法为民,将人民的自由平等和幸福作为立法的根本目标,引导人民抵制个人意志的偏私与短视,服从公意

---

[1] Robert Charles Neville, *Reason, Virtue and Politics: David Hume and the Classical Republican Tradition*, The University of British Columbia, September, 1984, p. 108.

从而制定出好的法律制度,重视社会不平等现象的抑制、调节和消除,努力增进人民的幸福。

在共和主义政体观方面,卢梭与休谟的思想存在很大差异。卢梭强调人民主权,人民立法,政府执行。卢梭反对议会制,休谟则赞赏君主立宪制,认为君主制和共和制的均衡产生了无与伦比的公共自由,但是我们看到卢梭与休谟都赞同政治体制必须适合国情。卢梭分析了民主制、贵族制和君主制的优势与缺陷,认为民主制适合小国,贵族制适合中等国家,君主制适合大国,并没有一种政治体制适合一切国家。休谟尊重英国君主制传统,又憧憬共和制理想,探究完美的政体。然而,基于现实与传统的思考,基于国情的思考,休谟认为君主立宪制还是当时英国最理想的政体,由此启示我们政治体制必须立足国情。政治制度、法律制度的建设与改革必须从实际出发,一步一个脚印深入推进,必须善于汲取不同政体的长处为我所用,不断完善政体制度,实现民族的伟大复兴。

尽管卢梭与休谟的德性观基于其不同的人性论思想而呈现不同的特征,但对于培养公民美德,卢梭与休谟的德性思想可以互补。卢梭主张发扬人性的内在善,在道德实践、舆论和教育的行动中培养美德,其特征重在"扬善",休谟则以自私和同情为道德原则,主张人为设计并遵守正义规则,人们在外在的正义规则的指导和约束下形成习惯,培养美德,其特征重在"制恶",可见卢梭的"扬善"与休谟的"制恶"可以互补。从不同的人性论思想出发,卢梭的同情感可以缓和自爱心的活跃,约束人们不去为恶而去行善,具有自律作用,然而由自爱派生的同情又具有自利需求,具有情感天性的局限性,因而需要他律,休谟强调的作为经验道德秩序的情感可以成为他律作用的美德,因此,卢梭的"自律"与休谟的"他律"可以互补。由此启示我们,公民美德的培养不仅要注重内在良心的节制作用,还要重视外在的规则、法律对人的行为的规范作用,以荣誉对抗财富,以社会舆论正确引导人的行为,通过教育、公共节庆和公共娱乐主渠道去实现。公民道德、爱国主义是其主要内容,须从孩子抓起,以维护国家统一稳定、团结繁荣,促进世界和平发展为目标,设置公共教育的科目、内容、顺序,精心策划好公共节庆、娱乐活动的内容与形式,培养人的爱国情怀,培养有德行的公民,使共和国事业后继有人。

在本书完结前,我们再回到卢梭与休谟的争论这一历史事件上,不难发现他们两人最终分道扬镳的直接原因是性格不合,实质原因还是他们在共和主义语境下的自由观、政体观以及德性观上的"三观不合"。这种"三观不合"体现了以卢梭与休谟为代表的两种共和主义思想深刻的差异性,这种差异性从根本上讲也就是两种文明体系的差异性。尽管法国与英国都属于西方文明的一员,但是两者的文明本质特征截然不同。法国文明作为欧洲大陆文明的代表,其本质具有典型的理想主义特征,而英国作为海洋文明的一员,更具有鲜明的实用主义倾向。这两种文明的本质特征也在卢梭与休谟的共和思想体系中体现得淋漓尽致,并且始终如一。"仔细观察英国性格的人都会注意到一个双重事实,一方面是切合实际的想法和实干的能力,另一方面是缺乏一般的思想和足以傲人的理论。而在一切科目中,尤其是在政治学方面,纯理论的、哲学性和科学性的探讨在大陆上要比英国更发达,至少才智的发挥更有力,更大胆。我们不能不相信两地文明的不同发展与这一结果有很大关系。"[1]这是文明史学家基佐对英法这两

---

[1] 基佐:《欧洲文明史》,程洪逵、沅芷译,商务印书馆,2005年,第248页。

种文明的差异做出的结论，他认为像法国这样属于大陆文明国家的制度发展规模更大、更彻底，而英国则显得更为保守。诚然，英国至今依然保留着君主制，尽管越来越多的本国民众开始质疑。

卢梭与休谟的共和思想也影响了那个时代英法两国所选择的不同发展道路。回顾历史，1688年光荣革命后的英国建立了代议制政府，走上了基于君主与议会分权平衡体系上的君主立宪共和主义道路，这也为18世纪英国崛起并超越欧洲大陆提供了制度的保障，休谟一系列的共和主义思想理念在这一过程中发挥了重要的作用。1789年，在卢梭基于人民主权论的共和主义思想的引导下，法国人民走上了激进的自下而上的革命道路，彻底摧毁了旧制度，尝试建立一个新的共和国，随后经历了一系列的动荡与革命，直到1870年法兰西第三共和国的建立才最终确立了议会制共和政体。英法两国所选择的不同的共和主义道路，也深刻体现了18世纪以法国为代表的欧洲大陆文明与以英国为代表的盎格鲁-撒克逊海洋文明的激烈冲突和不可调和性，也预示着未来这两种文明行将走向决裂，19世纪初的拿破仑战争便是一个例证。而21世纪以来随着英国脱欧，美英澳三国军事同盟（AUKUS）的成立又让我们看到了这两种文明再次走向决裂的信号。

当前的世界正处于一个充满挑战、剧烈变化的进程中，在这样一种较为无序的状态下，如何实现世界政治健康、稳定且均衡的发展，也是我们面临的一个时代的课题。面临百年未有之大变局，英法两国所选择的不同发展路径以及这背后两种文明体系的较量与博弈或许可以给予我们启发，也将有助于我们更加全面地权衡利弊，深刻思考现代世界所面临的新问题，这也体现了卢梭与休谟共和思想比较研究的当代价值。

附 录
卢梭与休谟通信集
（1762—1766）[①]

[①] 经本人收集整理，将卢梭与休谟所有的通信原文材料（法文与英文）翻译成中文，从1762年7月2日休谟写给卢梭的第一封信起至1766年7月22日休谟最后一封信止，通信时间跨度共计4年，凡22封收录于附录中。通信原文材料出自：*The Lettres of David Hume*, Volume Ⅰ & Ⅱ, edited by J. Y. T. Greig, The Clarendon Press, 1932。相关法文参考材料：Trousson Raymond, *Jean-Jacques Rousseau au jour le jour*, Honoré Champion Editeur, 1998。

1①. 致让-雅克·卢梭②

先生：

　　昨天我很荣幸地收到一位非常伟大的女士——布芙勒伯爵夫人的来信，她对您尤为尊敬。我发现她写这封信时，猜测大概我在伦敦，而且可能会由您带给我。我距离您如此遥远，以至于我失去了我一直梦寐以求的优势——结识您的荣幸，除此之外，我没什么可遗憾的了。而且，我始终相信我迟早会得到让我备感荣幸的——您的友谊。在不影响措辞巧妙的赞美下，我将坦率地告诉您，欧洲所有的文人中，自孟德斯鸠庭长去世后，您是我最崇敬的人，因为您天才的力量和您的思想的伟大。如果我在伦敦，我不会感到绝望，尽管我在那儿于您而言是个陌生人，但我可能对您还是有些小用处的。至少我用我的敬意和关心，来告诉您，您那被迫害的价值在每个知道如何珍惜它的人眼里都是弥足珍贵的。但是我意识到，比起您对隐私和独居的爱好，用您打动人心的著作获得的广泛声誉，将会让更多的人给予您礼貌和服务。我只能希望您能因为那位似乎很想为我们建立友谊和联系的女士来接受我。当我自诩我的举止和品质让我对您的举止和品质可以给予同情时，请允许我对哲学研习的热爱，对粗俗偏见的忽

---

① *The Letters of David Hume*, David Hume, "Letters to Jean-Jacques Rousseau," 2 July 1762, Volume Ⅰ, edited by J. Y. T. Greig, The Clarendon Press, 1932, pp. 364 - 365. 信件手稿收于纳沙泰尔公立图书馆，未在英国出版。

② 休谟以为卢梭已到伦敦，恰恰相反，卢梭当时正赶往纳沙泰尔（Neuchâtel），并于7月10日抵达那里。

视,对所有的依赖的蔑视这些方面自夸一下。如果这些情况很好地证明了我们之间友好联系的基础,我应该陪同您一起感受下世界这个部分对您的尊敬之情,并且让您忽视天气和其他状况的不利因素。这儿有几个优秀的文人,他们以与您略有交情而自豪,您不会觉得他们不值得您尊重。我会审视自己是否和他们一样,以让您认识自己为乐。同时,您会允许我让我在伦敦的几个朋友拜访您吗?而且如果他们用我的名号对您表示敬仰之情,希望您不会见怪。我已经写信给一两个人了,他们目前在这个城市,我希望他们能更好地安排一切,我本该有此荣幸亲自为您做这件事的。您可以相信那些我推荐与您建立友谊的人的美德和正直,这将比他们的社会地位更重要,或甚至比他们的天才头脑和知识更多,尽管他们的头脑和知识也相当出色。

我擅自决定用英语给您写信,因为这是我唯一可以得体地表达自己的语言。尽管我不能确定,在没有翻译的情况下您是否能看懂我的信。我仍然对您表示我最诚挚的敬意,先生。

您最顺从和谦卑的仆人
大卫·休谟[1]
1762年7月2日
爱丁堡詹姆斯府邸

---

[1] 这封信花了很长时间才到达卢梭那里,但最终卢梭还是收到了。他在1763年2月19日于莫蒂埃·特拉维尔通过元帅勋爵发了一封回信。他可能还通过其他渠道发了这封信的抄件。两件手稿都出自卢梭。第二封在杜福尔印刷出版,并附有以下注解:此印刷本1782年由杜·佩鲁抄写,卷二十四,第25—27页。

2[①]. 卢梭的回信[②]

先生，就在不久前，我这里收到了您去年7月2日从伦敦寄过来的信，信中以为我那时到伦敦了。如果我能料到在我的祖国等待我的是这样的遭遇，我可能就会在您的国家，离您最近的地方，去寻找我的退隐之处了；只有我的祖国，我才会爱之更胜于英国。所以那些罚不当罪的偏见，却也情有可原。但是在我希望得到安慰和认可的地方，我却只得到了侮辱。我后悔没能接受您对我哲学上的庇护和款待。然而我的不幸以各种方式接近我。但多亏您杰出高尚的同胞——元帅勋爵（Mylord Mareschal）的保护和仁慈，我觉得苏格兰如同我的故土。在我们的谈话中，他频频提及您的大名，并让我有幸认识到了您的才华与美德，而在此之前，我只是对您的天赋略有耳闻；他激发了我对您最温柔的友情，而且在我还不知道您是否愿意与我结交之前，就让我渴望得到您的友情。不，先生，您应该享有的荣誉难以用我的崇敬之心表达。您高瞻远瞩，不偏不倚，天才绝伦，超群出众。并且您心地善良，人们愿意与您接近。元帅勋爵向我夸奖您友善且崇高，每天告诉我您恰如其分的待人接物的方式，使我产生了希望能陪在您身边了此一生的热情。先生，我多么希望能有一个健康的身体，一个合适的时间，能去我想去的地方。多么希望我们有一天能在元帅勋爵那里见面，希望你们共同的国家，也能成为我的安身之所！

[①] *The Letters of David Hume*, Jean-Jacques Rousseau, "Letter à David Hume," le 19 février 1763, APPENDIXES G, edited by J. Y. T. Greig, The Clarendon Press, 1932, p. 382.

[②] 此信件是卢梭对休谟在1762年7月2日来信的回复（见信件1）。该手稿文本未出版。

我庆幸在我遇到这么多不幸时,还拥有如此有魅力的友情,并且我相信从我们的友情开始的那天我又开始生活了,期待中的幸福日子将会来临。踏上这片曾孕育出休谟和元帅勋爵的土地,我想怀着无与伦比的喜悦大声呼喊!

向这片我命中注定之地致敬!

让-雅克·卢梭

1763年2月19日于莫蒂埃·特拉维尔

3①. 致让-雅克·卢梭②

先生,我们共同的朋友,元帅勋爵(Milord Mareschal)的来信让我又与您联系,这让我如此高兴,以至于我不能不全身心投入其中,但是我也害怕让您觉得我和那些纠缠不休的人一样,以爱慕您为借口,却不停地写信打扰您。最近,我和您要好的朋友凡尔德兰夫人(Madame de Verdelin)③,那位才华横溢的女士,进行了一次交谈,让我重新看到了能缓和一下您现在处境的希望。并且,我有信心您会愿意接受我的效劳:您一直以来所受到的不幸应该是和您那颗熟知人道主义的灵魂有关,而和您的美德、天赋无关。我能够向您保证,您一定能在英国找到一个没有迫害、完全安全的地方,这不仅是因为我们法律上的宽容,也因为这里每个人都会尊重您的人格。在和您谈论这件事之前,为了确保这件事能够实行,我把事情内容写信告诉了我的一个朋友,而他的回答正是我希望的。凡尔德兰夫人已经为您打点好一切。我们都认为您应该尽快开始您的旅行,以防再给您的对手一个可乘之机对您进行羞辱。我本来已经高兴地打算和您在瑞士碰面,陪伴您

---

① *The Letters of David Hume*, David Hume,"Letters to Jean-Jacques Rousseau," 22 octobre 1765, Volume Ⅰ, edited by J. Y. T. Greig, The Clarendon Press, 1932, pp. 525 - 527.

② 法文手稿藏于纳沙泰尔公立图书馆,此信英文手稿草稿由罗斯·休谟(Mr. Ross Hume of Ninewells)先生收藏。

③ 玛丽-露易丝-玛德莱娜·德·布洛蒙·达尔斯(1810年去世)。当休谟写这封信的时候,她刚从莫蒂埃拜访卢梭回来。卢梭说:"她多次催促我利用这种[休谟对卢梭]的热心肠,写信给休谟。因为我本来没有去英国的意向,而且我想一直坚持这项决定,我就拒绝了写信,也没有答应要求。但是我让她做所有她想做的事,来维持休谟的安排。"

附录：卢梭与休谟通信集(1762—1766)

接下来的路程了，但是因为我之前在这里还负责一些英国的事物，不得不立即返回伦敦法庭，和赫特福德公爵（le comte de Hertfort），即从前的法国大使、现在爱尔兰的总督会面。这趟出差剥夺了我在明年夏天之前在英国与您会面的乐趣。就此我希望您能允许我委托一个朋友照顾您，他很想陪伴在您身边，我也认为他会配得上这个资格：他的名字叫埃利奥特（Elliot），现在依然住在伦敦西蒙街，如果您愿意告诉他您到的时间，他马上就会动身与您会合，然后您就可以过上隐居生活了。我希望您能在其中找到平静和幸福。您要是允许我也能参与您生活的一小部分，会让我觉得非常幸福，我将把这件事作为我一生中最珍贵的事件之一讲述给别人听。伦敦书商提供给作者的钱比巴黎书商更多，这样您就能靠作品成果过上一个俭朴的生活了。我跟您说这件事，是因为我知道您从来不想亏欠别人。致您最高的敬意，先生，您最卑微的仆人。

大卫·休谟致瑞士伯尔尼大区圣·皮埃尔岛卢梭先生[①]
1765年10月22日于枫丹白露

[①] 卢梭在10月25日从圣·皮埃尔岛逃离，直到他到达斯特拉斯堡之后才收到这封信。12月4日，卢梭从那里给休谟回信，并接受了休谟的邀请（见信件4）。

4①. 卢梭的回信②

先生，您的善意就如它们带给我的荣耀一样感染着我。我能给您最庄严的回应就是接受他们，并且我也愿意接受他们。我将在五六天之后投向您的怀抱。这也是我的保护者、我的朋友，我的"父亲"元帅勋爵(Mylord Mareschal)的建议，也是凡尔德兰夫人(Madame de Verdelin)善良的建议，对我不仅是开导，也是安慰。最后我斗胆说一声，我的内心比那些善良多于荣耀的同辈人更为本分。我渴望有一个孤独而自由的隐蔽处所让我能够安享晚年。如果善良的您能让我得到这样的地方，我将全身心地享受孤独和您带给我的乐趣。我的内心就是这样渴望的。先生，衷心向您致以最崇高的敬意。

让-雅克·卢梭

1765 年 12 月 4 日于斯特拉斯堡

---

① *The Letters of David Hume*, Jean-Jacques Rousseau, "Letter à David Hume," le 4 décembre 1765, APPENDIXES G, edited by J. Y. T. Greig, The Clarendon Press, 1932, p. 383.

② 此信件是卢梭对休谟在 1765 年 10 月 22 日来信的回复(见信件 3)。

5[①]. 致让-雅克·卢梭[②]

亲爱的先生:

我明天下午两点半会过来叫您,陪您去镇上。我已经询问过了有关维斯科特·达尔[③](Viscount d'Ars)的事情。我发现他还活着并很健康。他是个鳏夫,扯上了官司,似乎是些说不清的事:这很重要但需要一个充分的解释。这件事于我而言很难,但对于凡尔德兰夫人来说并不重要。

我希望您记得您的承诺,给我提供您在《山中来信》里提过的玩那骗人诡计的证据,您在威尼斯的时候也玩过。我已经向爱丽丝博瑞伯爵夫人承诺过对您的忠诚,她迫不及待地想知道这一切。我怀着一片赤诚,永远是您最忠顺的仆人。

大卫·休谟
星期五上午
1766年2月

致卢梭先生　于奇西克普莱恩先生的杂货店

[①] *The Letters of David Hume*, David Hume,"Letters to Jean-Jacques Rousseau," February 1766, Volume Ⅱ, edited by J. Y. T. Greig, The Clarendon Press, 1932, p. 17.
[②] 信件手稿藏于纳沙泰尔公立图书馆,未在英国出版。
[③] 凡尔德兰夫人的一个舅舅。

6[①]. 致让-雅克·卢梭[②]

休谟先生向卢梭先生致以最崇高的敬意。他很荣幸于明天下午等待卢梭先生,并向他介绍伯斯考温[③]小姐(Mrs. Boscowen),她是海军上将的遗孀,也是普莱斯先生[④](Mr. Price)的大嫂。

星期二下午

1766 年 2 月

致卢梭先生,于奇西克普莱恩先生的杂货店

---

① *The Letters of David Hume*, David Hume,"Letters to Jean-Jacques Rousseau," February 1766, Volume Ⅱ, edited by J. Y. T. Greig, The Clarendon Press, 1932, p. 17.
② 信件手稿藏于纳沙泰尔公立图书馆,未在英国出版。
③ 弗朗西斯(Frances,逝于 1805 年),威廉·艾温琳·格朗威尔的女儿,她后来是汉娜·摩尔一个特别的朋友。
④ 理查德·普莱斯(Richard Price,1723—1791),非国教徒,1757 年在其著作《论道德中的主要问题》中批判了休谟的观点,休谟与他相处和睦。

附录：卢梭与休谟通信集(1762—1766)

7①. 致让-雅克·卢梭②

　　休谟先生向卢梭先生表达他的敬意。他将马尔萨斯先生③(Mr. Malthus)的信寄给卢梭。他希望卢梭先生已经向马尔萨斯先生请教过了；但是如果卢梭先生乐于回信，并在星期六将信件捎给休谟先生的话，他会想办法转交给马尔萨斯先生的。

　　达文波特④(Davenport)先生和休谟先生在一起，并且很高兴可以在他乡下的房子接待卢梭先生。他提议星期六在拉姆塞先生⑤(Mr. Ramsay)家等待卢梭。他是个上了年纪的男人，资产可观，人品高尚。他的提议在休谟先生看来很是诱人；并且，他希望这些在卢梭先生看来也是如此。

　　休谟先生有一封来自马勒泽布总监⑥(President Malesherbes)的长信，他和卢梭先生会面的时候将要谈谈这封信。斯特瓦先生

---

① *The Letters of David Hume*, David Hume,"Letters to Jean-Jacques Rousseau," February or March 1766, Volume Ⅱ, edited by J. Y. T. Greig, The Clarendon Press, 1932, pp. 23 - 24.
② 信件手稿藏于纳沙泰尔公立图书馆，未在英国出版。
③ 丹尼尔·马尔萨斯(1730—1800)，1747年进入牛津女王学院，肄业。1759—1768年间在吉尔福德隐居阅读；同时监督并培养他的儿子T.R.马尔萨斯，即《人口论》的作者，据原始记录，作品部分源于卢梭的《爱弥儿》。库尔图瓦印刷了大量马尔萨斯写给卢梭的信；这些信显示，马尔萨斯曾忙于为卢梭在萨里找安居之所。
④ 理查德·达文波特(1705？—1771)，除了当时在休谟和卢梭的信件中有所提及，有关他的情况信息并不多。
⑤ 阿兰·拉姆塞，当时是应休谟的请求为卢梭作肖像画。
⑥ 马勒泽布(1721—1794)，大臣之子。1750—1763年，任法国出版总长。

285

(Mr. Stewart)告诉休谟先生说卢梭先生的行李箱已经到了;虽然他没能从海关那里取走。但是卢梭先生对此并不担心。

星期四晚

1766年2月或3月

致卢梭先生,于奇西克普莱恩先生的杂货店

8[1]. 致让-雅克·卢梭[2]

亲爱的先生：

那个送信人，即高瑟[3]先生(Mr. Gosset)是一个心灵手巧的艺术家，他热切地希望能为您制作一个雕像，应着几位绅士的认真申请，他们希望用此来装饰壁橱。他向我保证，这不会花费您半小时以上的时间。我无法拒绝如此合理的请求；我也希望您能谅解这样的冒失。亲爱的先生，我是您最谦卑顺从的仆人。

大卫·休谟

1766 年 3 月 10—17 日

注：达文波特先生告诉我说有一辆开往阿什本的回程马车，他已经为您和勒瓦瑟小姐(Mlle. Le Vasseur)还过价了。车在星期三早上出发；他会让他的马车夫在星期二晚上去您那里。

致卢梭先生，于奇西克普莱恩先生的杂货店

---

[1] *The Letters of David Hume*, David Hume, "Letters to Jean-Jacques Rousseau," 10 - 17 March 1766, Volume II, edited by J. Y. T. Greig, The Clarendon Press, 1932, p. 25.
[2] 信件手稿藏于纳沙泰尔公立图书馆，未在英国出版。
[3] 伊萨克·高瑟(1713—1799)，蜡像塑者。他曾为哈奇森、威尔士王子、沃尔夫将军等人塑过像。

9[①]. 致让-雅克·卢梭[②]

亲爱的先生:

我受爱丽丝博瑞女士(Lady Ailesbury)和康韦将军之热望,向您提议明天和勒瓦瑟小姐与他们共进晚餐。如果您同意的话,达文波特先生的车夫将会在晚餐前把您和您所有的行李都带到镇上。若您拒绝这一邀请,无论以什么理由,我都将努力替您致歉。您没有必要使自己在这一事件中受约束。

我真诚地忠于您。

大卫·休谟[③]

周一下午

1766 年 3 月 17 日

致卢梭先生,于奇西克普莱恩先生的杂货店

---

① *The Letters of David Hume*, David Hume, "Letters to Jean-Jacques Rousseau," 10 - 17 March 1766, Volume II, edited by J. Y. T. Greig, The Clarendon Press, 1932, p. 26.
② 信件手稿藏于纳沙泰尔公立图书馆,未在英国出版。
③ 卢梭当天就回了信(见信件 10)。

附录:卢梭与休谟通信集(1762—1766)

10[1]. 卢梭的回信[2]

我恳求您能够原谅我不能伴在爱丽丝博瑞女士和康韦将军(M. le General Conway)身边。我病了,无法出席,也无法陪同善良且令人尊敬的勒瓦瑟小姐。我亲爱的先生,您一定觉得我们遵守第一个安排是很不错的,我会等待下午达文波特先生派来的马车。我长途跋涉来到这儿非常劳累,这也是为什么我没有写一封长信。但不用说我是属于您的。用我内心全部的柔情拥抱您。

让-雅克·卢梭

星期一晚上

---

[1] *The Letters of David Hume*, Jean-Jacques Rousseau, "Letter à David Hume," le 17 mars 1765, APPENDIXES G, edited by J. Y. T. Greig, The Clarendon Press, 1932, p. 383.

[2] 卢梭当天回信拒绝了休谟的邀约(见信件 9)。

11[1]. 致让-雅克·卢梭[2]

亲爱的先生：

我对于您安全抵达伍顿感到很焦急。首先，这个地方符合我们的期望。达文波特先生今早和我在一起。他也有同样的焦虑：他仍坚持您的承诺，您可以自由地说任何让您不开心的情况。如果在他的能力范围之内，这些情况会得到补救；如果伍顿在总体上使您不开心，他希望他另一所在柴郡邻近房子的农舍会更合您意。如果这不能达成一致，他将会派他的助手按照您的意愿帮您在其他地方安顿下来；他还说，他永远不会让您脱离于他的视线，直到他看到您开心自在。我也是如此。

在您离开后，斯特瓦先生今早派了他的账单给我。他对前晚没有将它送来表示歉意。他太忙了，没能等到您离开。我付了账单，并收到了达文波特先生的付款。我将它放在里面寄出了。

再见，我亲爱的朋友：愿健康和幸福与您相伴。向勒瓦瑟小姐献上我的赞美。我忠于您。

大卫·休谟

莱斯特郡莱尔大街

1766年3月22日

注：高瑟先生给我带来了您的一个雕像，他说您打算用作一个送人的礼物。希望您能通知我该把它寄给谁。

---

[1] *The Letters of David Hume*, David Hume, "Letters to Jean-Jacques Rousseau," 2 March 1766, Volume II, edited by J. Y. T. Greig, The Clarendon Press, 1932, pp. 27-28.

[2] 信件手稿藏于纳沙泰尔公立图书馆，未在英国出版。

附录:卢梭与休谟通信集(1762—1766)

12①. 卢梭的回信②

我亲爱的庇护人,从我来信的地址上您能看到我已抵达目的地。但是您不能感受到我在这儿体会到的所有魅力;这需要了解这个地方并且去感受我的内心。在我的心里,您至少应该能读懂我对您的重视,这也是您所应得的。如果我在这舒适的避难所里生活得如我期待的那样幸福,那么我生活的乐趣之一将会是思考我所亏欠您的。让一个人幸福,这是生命的意义。您将能发现您为我做的所有事情的价值,或许只有我自己才能够感受到您的热情好客;我从未体会过像您对我这般的友谊。亲爱的庇护人,我会永远保持我们的友谊;为了那个亏欠您这么多的我,为了您自己,也为了您为我所做的善事而爱我吧。我感受到您真挚友谊的全部价值,我强烈渴望这样的友谊。我想要报您以我同样的友谊,有一天,我真诚的心会使您信服:我对您的友谊是真实存在的。出于一些已谈及过的原因,我不想去邮局收任何信件,我请求您,在您要给我写信的时候,完成后把信送交给达文波特先生。关于邮车的事还没有安排好,因为我知道有人想要让我接受他提供的车辆;倘若不会再次发生这样的事情的话,这就是一个小错误并且仅仅是殷勤虚荣心的产物。如果您已置身诡计之中,我建议您能离开这些诡计一次,当它们转变为陷阱,成了单纯的对立

---

① *The Letters of David Hume*, Jean-Jacques Rousseau, "Letter à David Hume," le 22 mars 1766, APPENDIXES G, edited by J. Y. T. Greig, The Clarendon Press, 1932, pp. 383 - 384.
② 这是卢梭在1766年3月22日给休谟的回信(见信件11)。

面的话,它们就不可能拥有好的初衷。我拥抱您,我亲爱的庇护人,期待与您怀着一颗相同的心。

让-雅克·卢梭
1766 年 3 月 22 日于伍顿

附录:卢梭与休谟通信集(1762—1766)

13[1]. 致让-雅克·卢梭[2]

我亲爱的朋友,我向您请求千万次,原谅我差点欺骗您;然而,我从未参与这件事,除了对此隐瞒。达文波特先生对此也很后悔,在我的劝导下决定绝对不再实行此计划,所以您不必为此感到更加不安。[3]

没有比发现您的处境正如您所愿更令我高兴了。我希望接下来也能如此。如果有些情况使您感到不愉快,您可以告诉达文波特先生,他会同意您的请求,竭力为您解决。您可以任意提出您的请求。不管您隐居到世界上任何一个地方,我衷心的祝愿都会陪伴着您。不过有点遗憾的是,我现在离您很远。

我通过邮局给您寄了两封信,信封是一个国会议员给的免邮费信封,不需要付邮费。如果您拒收,请派人去拿它们,因为可能会涉及商业交易。不过我认为,您应该会收下所有的信,它们都是免邮费的,并且都是我或者达文波特先生寄去的。

我属于您,真诚的祝福
大卫·休谟
莱斯特郡莱尔街
1766年3月30日

---

[1] The Letters of David Hume, David Hume, "Letters to Jean-Jacques Rousseau," 30 March 1766, Volume II, edited by J. Y. Greig, The Clarendon Press, 1932, p. 33.
[2] 信件手稿藏于纳沙泰尔公立图书馆,未在英国出版。
[3] 邮车事件,见卢梭3月22日的回信(信件12)。

14①. 致让-雅克·卢梭②

几天以前,康韦将军恢复健康后来到了镇上。在他一到达时,我就告诉了他元帅勋爵的答复,并且告诉他有关国王对他的请求的最新消息。我昨天收到了这封信,我转交给了您。③ 我想您必须写信给康韦将军,告诉他您接受了国王陛下的年金,并感谢他所做的一切。由于您也许不清楚我们的大臣们的性格,我必须告知您,在这个国家没有比康韦先生更道德、更正直和荣誉而闻名的了;所以不需要害怕您给他的任何敬意会让您脸上无光。

我应该告知您,康韦先生在想如何让您接受年金。同时,您也许会考虑选择一些银行或者其他人,来兑付这笔钱。

我亲爱的朋友,听说您很满意现在的状况,我很高兴。我只希望您和勒瓦瑟小姐可以亲自打理家里的一切。这对您来说会是个趣事:由于达文波特先生已为此意图采取些措施,这对他来说不会有不便。但是,因为几天后他会和您在一起,我对此就不

---

① *The Letters of David Hume*, David Hume, "Letters to Jean-Jacques Rousseau," 30 March 1766, Volume Ⅱ, edited by J. Y. T. Greig, The Clarendon Press, 1932, pp. 40 - 42.
② 信件手稿藏于纳沙泰尔公立图书馆,未在英国出版。
③ 这封信内容如下:
    康韦将军对休谟先生致敬并告知他听到的有关那天与国王陛下提及的卢梭先生的事情,国王陛下愿意每年给他一百英镑的年金,并期望仅仅是私人行为。
    康韦将军不知道卢梭的想法,因此请求休谟先生告知他,他如果接受的话,他的天赋与成就为这个国家带来了荣誉,完全配得上皇家的嘉奖这一殊荣。
小瓦威克街
1766 年 5 月 2 日

多说了。

对于您给达文波特先生的一封信里的一段话,请允许我用几句话表达我的懊悔:您猜测在伦敦有关于对您的道德的污蔑在传播,且这些污蔑让大家信以为真了。① 我不能想象是谁对您煽风点火,但请放心,这是没有理由的。确实有一封粗制滥印的伏尔泰的信,您可能看过了②,但是即使是这封信里也没有反对您的品德,除了暗示您喜欢喝酒,这也只能在一封您给达朗贝尔先生的信中找到。但是,我亲爱的朋友,如果您一定要脱离人类,不要立刻放弃社会的消遣和安慰,也不要去感受人们愚蠢的看法和歪曲事实给您带来的痛苦。康韦将军在信中说的话也许会使您信服:全英格兰都对您表示尊敬。我们只愿您会喜欢我们的陪伴,如同我们喜欢您的陪伴那样。

元帅勋爵给我寄了附件,来自普鲁士国王的一种善意的嘲弄,在我看来就是一个无关紧要的表演罢了。

最近,我收到一封来自布芙勒夫人的信,她很好,值得您记在心里。献上我对勒瓦瑟小姐的赞美。

莱斯特郡莱尔大街
1766年5月3日

---

① 在这个时候,卢梭完全信服在伦敦诋毁他荣誉的阴谋,并且休谟也参与其中。他在给迪瓦努瓦、布芙勒夫人、他的堂兄,以及其他人的信里写满了他对此的妄想。

② 也许是4月在伦敦出版的题为《一封伏尔泰给卢梭的信》的小册子(英法文);这根本不是伏尔泰写的,虽然它后来和伏尔泰于1766年10月24日给休谟的信一起在巴黎再版。或者只是署名为"Z.A."——"教友派信徒"之一所作,发表于4月17日至19日的《圣·詹姆斯记事》,这是对伏尔泰的《一个教友派信徒给让·乔治的信》的拙劣模仿。休谟也许有一段时间误以为这是伏尔泰写的。

15[1]. 致让-雅克·卢梭[2]

我亲爱的先生,我寄给您的那封普鲁士国王诏书的抄件,是由您的朋友佩鲁[3]先生(Mr. Peyrou)寄给我的。他告诉我说这一份是伏尔泰印的,然而,他不能忍受一点改动。在第2页第14行,他用"给一个男人"代替"给卢梭先生"。在关乎您的荣誉和利益的任何细节之处,他都是如此勉强来称呼您。

您给康韦将军的信使我很不自在;康韦将军也是同样的感觉。我们看不出有什么理由让您收回同意接受国王陛下对您的恩惠的决定。您在给元帅勋爵的信里说,对您而言更适宜的情况是对这份年金保密而不公开,因为这样它完全显示出国王的敬意,展现出对文人的鼓励,而不是虚荣心。康韦将军希望您能回到之前那样的想法,并且写信告诉他您同意接受年金。

但是,您的信中还有另一个细节之处使我更不自在:您提到您遇到的某种巨大灾难或苦难,让您陷于深深的忧愁中。康韦将

---

[1] *The Letters of David Hume*, David Hume, "Letters to Jean-Jacques Rousseau," 30 March 1766, Volume Ⅱ, edited by J. Y. T. Greig, The Clarendon Press, 1932, pp. 48-49.

[2] 信件手稿藏于纳沙泰尔公立图书馆,未在英国出版。

[3] 皮埃尔-亚历山大·佩鲁(1729—1794),卢梭在纳沙泰尔著名的朋友,参见《忏悔录》。他于1766年5月4日在纳沙泰尔写给休谟的信中有这样一段话:"我寄给您一个内附的文件。这是普鲁士国王给他在纳沙泰尔亲爱的教士的回复,信中抱怨国民议会对于卢梭先生的逮捕令。先生,您要明白不是我们的教士发表了这份回信。有人将这封信的复印件交给了他最可怕的敌人伏尔泰先生的手中。该复印件文本与原件相符,除了第2页第14行,不是'给一个男人',而是'给卢梭先生'。我寄一份样本附在里面给您。"

军和爱丽丝博瑞夫人认为这是沃波尔先生杜撰的信。如果是这样的话,他们希望我告知您,沃波尔先生对于带给您如此大的冒犯感到非常抱歉;这一无谓的玩笑本是完全秘密的,它的出版是个意外,与他的打算相左。沃波尔先生对我也是这么说的。我日前收到了一封来自元帅勋爵的信,他身体似乎还算健康。我忠于您。

大卫·休谟

莱斯特郡莱尔大街

1766 年 5 月 17 日

致卢梭先生

16[①]. 致让-雅克·卢梭[②]

休谟先生向卢梭先生表达他的敬意。他已经在都灵法庭[③]收到了英国公使的信。他请求向达文波特先生提起他。

莱斯特郡莱尔街

1766 年 5 月 26 日

[①] *The Letters of David Hume*, David Hume, "Letters to Jean-Jacques Rousseau," 26 May 1766, Volume Ⅱ, edited by J. Y. T. Greig, The Clarendon Press, 1932, p. 49.
[②] 信件手稿藏于纳沙泰尔公立图书馆,未在英国出版。
[③] 这里指 1766 年时任英国驻都灵使馆的秘书参赞路易·杜腾(1730—1812),一个法国胡格诺派教徒,受命于英国教廷,他是 1805 年出版的《一位休憩的旅者回忆录》一书的作者。

17[1]. 致让-雅克·卢梭[2]

因为我没有从您那里收到任何回复,所以我做出这样的结论,那就是您依然拒绝任何国王陛下的恩惠,虽然它们是保密的。因此,我回复康韦将军让他撤销这一条件;我很幸运得到了他的允诺,他会和国王说这一提议的。他说,只需我们提前从卢梭先生那里知道他是否接受公开授予他年金,国王陛下应该不会同意再次的拒绝。他给予我就这一主题给您写信的权利;我请求尽快得知您的意见。如果您同意的话,正如我之前恳求您也这么做,我知道我可以依靠里士满公爵的办事机构来支持康韦将军的提议;所以我毫不怀疑这事会办成。我忠于您,亲爱的先生。

大卫·休谟
莱斯特郡莱尔大街
1766 年 6 月 19 日
致卢梭先生

---

[1] *The Letters of David Hume*, David Hume, "Letters to Jean-Jacques Rousseau," 19 June 1766, Volume Ⅱ, edited by J. Y. T. Geig, The Clarendon Press, 1932, pp. 51 - 52.

[2] 信件手稿藏于纳沙泰尔公立图书馆。

18[①]. 致让-雅克·卢梭[②]

休谟先生向卢梭先生问好。他寄给卢梭一封来自布芙勒夫人的信。[③] 请卢梭先生方便时尽快回复休谟先生的上一封信。因为他很快就要离开伦敦,届时,休谟先生将再也无法替卢梭先生效劳了。

莱斯特郡莱尔街

1766 年 6 月 21 日

---

① *The Letters of David Hume*, David Hume,"Letters to Jean-Jacques Rousseau," 21 June 1766, Volume Ⅱ, edited by J. Y. T. Greig, The Clarendon Press, 1932, pp. 53 - 54.
② 信件手稿藏于纳沙泰尔公立图书馆,未在英国出版。
③ 布芙勒夫人写信日期为 1766 年 5 月 4 日,信的开头如下:"休谟先生告诉我有关您的消息,先生,我对此有一种难以表达的担忧。他说您在隐居之处正被一种最强烈的忧郁所笼罩着。我无法想象这究竟是为何……"

附录：卢梭与休谟通信集(1762—1766)

19[1]. 卢梭的回信[2]

先生，我原以为您的良知能理解我沉默的意义，但是既然它进入了您的视线并未能被您所理解，那么我将不再沉默。您隐藏得不好，被我识破，对此您也是知道的。先前，我们之间并没有往来，也没有口角，没有纠葛，我们相识仅仅是因为彼此的文学名声，您急于把我介绍给您的朋友并殷勤地关心我。我被您慷慨的行为所感动而投入您的怀抱，您把我带到英国，表面上是为我谋得一处庇护所，实际上是想让我在英国身败名裂。您专注于这"崇高"的使命，满怀热忱，并运用与您的成功相应的才智。不需要如此多的才能您就能达到目的；您活在世俗世界里，而我活在我的隐居庐里，公众热衷于受欺骗，而您生来就是为了欺骗他们的。然而我认识一个人，您欺骗不了他；那就是您自己。第一次怀疑您所作所为的时候，您知道当我的心摒弃这一想法的时候是以何种厌恶之情啊。在我写这封信时，满含泪水，我想拥抱您，如果您不是最高尚的人，那您就是最卑劣的那一个。当您想到您私下做的那些事的时候，您时不时会觉得自己不是最高尚的人，由此我怀疑您从来不是最幸福的人。您及您朋友们的阴谋诡计，我并没有放在心上，我有点后悔把我一生的荣誉交付给您，当然，某一天，人们会对我们做出公正的评判。至于您用来伪装自己而给

---

[1] *The Letters of David Hume*, Jean-Jacques Rousseau, "Letter à David Hume," le 23 juin 1766, APPENDIXES G, edited by J. Y. T. Greig, The Clarendon Press, 1932, pp. 384 - 385.

[2] 该信件是卢梭在1766年6月21日给休谟的回信(见信件18)。

我谋取的有利可图的官职，我向您表示感谢，但是还是免了吧。我应该断绝与您的来往，只要是由您作为媒介而促成的任何事，哪怕是对我有利，我也不该接受。永别了先生，祝愿您能拥有真正的幸福，因为我们之间已经没有什么要说的了，这将是您最后一次收到我的来信。

让-雅克·卢梭
1766 年 6 月 23 日于伍顿

附录:卢梭与休谟通信集(1762—1766)

20[1]. 致让-雅克·卢梭[2]

先生:

我一直以来认为,我是以最友好的方式与您共处,给予您最多的照料,最真挚的关爱。您也许可以从您浏览的信笺上发现我的极度震惊,没有半点情面的苛责,这完全无法接受。但是事情不应该从这个层面理解。我可以假设,一些声名狼藉的诽谤者向您污蔑我。但是如果那样的话,那是您的责任,我相信那是您的想法,让我揭穿那些诽谤者,并给我一个机会自我辩白,而这一切与您所提及的我被指责之处息息相关。您说,只有我自己知道,我是如何虚伪地面对您,但是我可以坚决地对世人说,事实并非这样!我向您保证,无论是在法国还是英格兰,我对您的友谊都是毫无保留的、从未间断的。这友谊的其中很小一部分至今才为他人所知。我请求您,让我成为站在"对您虚伪"的人的对立立场上吧!最重要的是,我对您有非分之想这些话都是假的。(您要相信我)为了我,为了您自己,为了真理、荣耀与公正,以及所有拥有信仰之人的美好品性。我是一个清白的人,作为您的朋友,我不该这么说;作为您的捐助者,我不该这么说。但是我重申,我是如此清白无辜!我有证明我清白的权利,我有驳斥关于我的流言蜚语的权利。在寄出信件之前,我向达文波特先生传送了您给我

---

[1] *The Letters of David Hume*, David Hume, "Letters to Jean-Jacques Rousseau," 26 June 1766, Volume II, edited by J. Y. T. Greig, The Clarendon Press, 1932, pp. 55 - 57.

[2] 信件手稿藏于纳沙泰尔公立图书馆。未在英国出版。

信件的副本，请他阅读，我的愉悦已然排在了我的要求之后。我还想告诉您，世界上没有比这更公平的事情了。开心的是，我已经将您在达到伍顿以后的信件收藏好了。在那些信件中，您强烈地表达，事实上是过于强烈地表达，您对我尽心照顾的满意之情。而之后，我们俩之间小小的书信交流，都被我珍视为友谊的结晶。告诉我，到底是什么冒犯了您；告诉我，我到底哪儿做错了；告诉我，到底是谁诬陷了我。甚至当您把这一切告诉我和达文波特先生以后，也要劳驾您想一想，您是如此粗暴地指责了和您曾经如此亲密的人，如此正直正派的人。

达文波特先生知道所有关于您受资助账目的情况，我认为这也是必要的。毕竟，对于帮助您的人，他们必须了解您的状况，以免产生误会；他们这样对您会显得不够大方，如果他们来调查，可能会冒犯到您。

您最谦卑的仆人
大卫·休谟
莱斯特郡莱尔街
1766年6月26日
致卢梭先生

附录:卢梭与休谟通信集(1762—1766)

21①. 卢梭的长文决绝信②

我病了,先生,几乎无法再给您写信;可您要我一个解释,那我必须给您一个。这么长时间才有这个解释都是因为您的关系;您那时不需要,我就一言不发;您如今想要了,那我就寄给您。这封信将会很长,我对此很遗憾;但我有很多话要说,我也不想再说上两遍。

在这个圈子里我什么都看不到,我不知道发生了什么事,我没有拉帮结派,没有同伙,没有使计谋;人们什么都不和我说,我只知道我所感觉到的;但是有人做的让我感觉到了,我就知道了。那些策划阴谋的人首先关注的就是公开法庭的证据;对他们提起诉讼并不合适。内心的信念承认另一种证据,这可以调整一个诚实的人的感情:您将会了解到我的感情建立在何种基础上。

您自信满满地要求指出您的控诉人。这位控诉人,先生,就是这世上那唯一一个可以做不利于您的证明的人,那个可以倾听我的人;这个人就是您自己。我将毫无保留、无所畏惧、敞开心扉,作为所有诡计的敌人;我将会怀着同样的坦诚与您交谈,如果您是另外一个我可以完全信任的坦诚的人,虽然这信任现在已不再:我将会描述我整个灵魂的活动历程以及引起这些活动的一切,尤其是以第三人称称呼休谟先生,我将会让您自己来判断我

---

① *The Letters of David Hume*, Jean-Jacques Rousseau, "Letter à David Hume," le 10 juillet 1766, APPENDIXES G, edited by J. Y. T. Greig, The Clarendon Press, 1932, pp. 385 - 401.

② 这是卢梭写给休谟的最后一封信,可以说是卢梭的一篇自传体文章。

应该对这个他怎么想。由于我的信会很长,我将只是顺着我的思绪,从迹象开始,以论证结束。

我离开了瑞士,因为被粗暴的对待而感到疲倦,但是至少只是让我个人身处危难,我的荣誉处于安全的状态。我听从我内心的活动追随元帅勋爵,那时我在斯特拉斯堡收到了休谟先生最亲切的邀请,与他一起共赴英格兰,在那里他给了我最热烈的迎接,还有我所找到的最多的安宁。我在老朋友和新朋友之间摇摆不定;我错了,因我更喜欢新朋友;我更加错了,但是要了解一个众说纷纭的闻名国度的愿望占了上风。我确信不会失去乔治·吉斯(George Keith),我很高兴遇上了休谟。他的功绩、他罕见的天赋、诚实的性格,使我渴望将他的友谊与他的优秀同胞给予我的友谊连在一起,我也产生了一种荣誉感,这可以给文人们树立一个典范,两个准则如此不同的人之间可以真诚地和睦一致。

在普鲁士国王和元帅勋爵的邀请之前,由于对于隐居之地的不确定,我通过我的朋友们获得了一张法国法院的护照,用它我可以去巴黎见休谟先生。他见到了,并且可能目睹了很多我受到的公众的欢迎,我敢说,这欢迎的场面如同王公贵族一般。尽管反感这种场面,出于义务我依然勉强接受,因为我预料到我的敌人们将为此而被激怒。对于我来说这是一个非常甜美的场景,对于休谟先生来说,他即将展现的成果也会增加整个巴黎对他的善意。他应该和我一样感动,我不知道是不是同一种感动。

我们带着我的一个朋友出发了,他几乎就是为了我而赴英国之行。在多弗尔下船后,我们在这个著名人物带领下终于踏上了这块自由之土,我一跃而起勾住他的脖子,紧紧地搂住他,说不出话来,以意味深长的吻和热泪盖满他的脸。这不是唯一的一次,也不是最引人注目的一次,他可以看到我内心的激动。我不知道,假如他回忆起来的话,这些回忆会造成什么后果:我感觉,他必定会有被这些回忆纠缠的时候。

到了伦敦,我们开始庆祝;人们以各种心态蜂拥过来向我表示亲善和敬意。休谟先生高兴地把我介绍给大家:我把这种善意的迎接大部分归功于他,这是很自然的;我的心里全是他,我对每个人都谈到他,我给我的朋友写信谈到他;我对他的依赖每天都迸发出新的力量:他对我的友善显得最温情,他有时给我的一些表示让我非常感动。让人为我画巨幅肖像的建议还不算在内;他这个偏好显得过分夸张,我发现一种说不出的炫耀,我并不非常喜欢。这是我所有可以给休谟先生的,假如他是挥金如土的人,而且他在画廊里有朋友们的全部肖像。况且,我毫无困难地承认在这方面我可能犯错。

但我觉得最真实、最值得尊敬、最有价值的一种友谊和宽宏大量的行为,用休谟先生的话来说,就是他以自己的名义为我申请国王的年金,对此我肯定无权奢望:作为他在此事上所表现的热情的见证人,我完全被感染了。再没有什么比这种类型的服务更能给我恭维了,这显然不是出于利益;因为我也许太依恋我所拥有的东西,根本不善于渴望我所没有的东西,既然我有我的朋友和我谋生的工作足以使我活下去,我就不奢望更多的东西,但是,善意的证明显然使我感动,它不是来自一个那么伟大的君王,而是来自一个那么好的父亲,一个那么好的丈夫,一个那么好的主人,一个那么好的朋友,尤其是一个那么正直的人。我还认为获得过这种荣誉的部长先生是清廉的化身,这种廉洁如此有益于人民,在他那样的职位是如此罕见,他便是在这世界上我最想交朋友的那三个人之一,能和这样良善的人为友,我感到无尚光荣。因此,我没有拒绝人家提供的年金,为了接受它,我只讲了一个必要条件,即一个允诺,如果没有违反我的职责,我就不能抛弃它。

大家的热情给我带来了荣誉,我努力做适当的回报。然而,我糟糕的身体和在乡村生活的习惯使我发现自己不适合在城市里居住;乡村房屋很快成群出现了;大家建议我可以在各个省份选择。休谟先生负责提出建议,他向我推荐了几处,他甚至带我到附近的两三个村庄。选择让我犹豫了很久;它加重了这种不确定性,最后我决定待在原来的省份;休谟先生安排了一切,麻烦消除了;我动身出发;我来到这个僻静、舒适、宜人的住处:房子的主人什么都预备了,提供了一切;什么都不缺;我安静,独居。这是如此令人向往的时刻,我的所有梦魇应该就此结束了吧。不,正是在那里我所有的不幸开始了,比我曾经受过的不幸更为悲惨。

我谈到这里都是心灵的富足,而且十分喜悦地对休谟先生的帮助给予了公正的评价。但愿,我还要说的话具有同样的特点,没有什么配得上能给他带来荣誉的东西。只有在人们指责我们忘恩负义时,才允许就善行的价值讨价还价。休谟先生如今指责我,因此我敢做必要的观察。我很感激他为了照料我所花费的气力和时间,这些的确是不可估量的。但是除了本能的善意,这些善举更多是出于现实考量,并且其外在形式大于实际内容。我并不像是来英国乞讨的乞丐。我带着我自己的食粮,我来这里完全是为了寻找一个庇护所,而且它对所有外国人敞开。况且,我并不是等闲之辈,虽然孤身一人而来,缺少帮助和服侍。假如说有人为了休谟先生而研究我,那么也有其他人会为了我而研究我。例如,达文波特为了提供一个庇护所让我居住,这并不是为了休谟,他并不认识休谟,只是为了请他提出并支持他殷勤的建议。因此,当休谟先生今天试图使我失去这个正直的人,他试图使我失去他没有给我的东西。要是没有他,一切好事差不多会同样做成,可能还会做得更好,而坏事却不会做出。因为,我为什么在英国有敌人呢?为什么说这些敌人正是休谟先生的朋友呢?谁能够把我从他们的敌视中拽出来呢?这当然不是我,因为我平生并未见过他们,也不认识他们;我要是独自来到这里,就不会有任何敌人了。

基于事情的本原和我的认知,我到目前为止所谈到的公开的、众所周知的事实,引起了巨大反响。我剩下来说的,不仅独特而隐秘,至少有它们的原因,而且人们采取了一切可能的措施,以便仍然对公众隐瞒;但是它们深为当事人所了解,对他的信念并没有多少影响。

我们到伦敦不久,我注意到有关于我的评论有一种悄无声息的变化,但很快变得非常明显。在我到英国之前,它是我心中最有声望,我差不多敢说最受尊重的欧洲国家之一,公众的报刊充满了对我的颂词。这种口吻在我到达时还继续着;报刊用胜利的口吻宣告我的到来;英国以做我的避难国为荣,它公正地歌颂它的法律和政府。突然,这种调子变了,没有任何可以确定的原因,那么强烈,那么迅速,以至于在公众的各种反复无常的行为中,看不到比这更惊人的变化。某份杂志上发出了信号,同样充满了蠢话和谎言,作者很清楚或者装得很清楚,在文章中把我说成音乐家之子。从这时起,书报界总是以挑衅或者欺骗的方式来谈到我;一切与我不幸遭遇有关的东西都被窜改、伪装,在一个完全捏造的日子发生,总是尽可能地向着不利于我的方面。人们闭口不谈我在巴黎受到的影响很大的礼遇。人们甚至没有想到,我竟敢在这个城市出现。休谟的一个朋友,我告诉他说我在英国住过,他竟然感到十分惊奇。

我对公众的无定见太习惯了,因此不会感到不安。并且对如此突然的变化,我也不会太惊讶。这场面是如此罕见的一致,以至于那些曾经赞美过我的人中，没有一个人好像还记得我的存在，尽管我还在场。我发现奇怪的是就在休谟先生回来之后，他在伦敦威望那么高，对文人和出版业影响那么大，与他们的交往那么密切，他的在场所引起的反响与人可能期待的那么不同，在那么多各式各样的作家、朋友中竟然没有一个显露出我的影响。人们看得很清楚，那些谈论我的人并不是他的敌人，既然在大肆吹嘘他的坦率性格时，他们说，多亏他从法院为我谋得一份护照，在他的保护下穿越法国，他们差一点就说我跟在他后面，用他的钱做了这次旅行。

对此我还不说什么，只是奇怪而已，但更特别的是，他的朋友的口气和公众的口气同样改变了。我也一直想要说出这一点，他们的关心以及他们的帮助对我来说，也是同样发生了巨大的变化；这是我尤其要说的，我们到达后就在他家中下榻的这个人不是向我表示同样的尊敬，而是说了那么强硬，有时那么令人不快的话语，因此简直可以说，他努力给我恩惠，只是为了有权对我表示轻蔑。他的兄弟起初很殷勤好客，很正直，很快那么轻而易举地变了，他甚至在他屋里不屑于和我说话，也不跟我打招呼，连任何人应该在自己家中对外来人的义务也不尽。然而除了让-雅克·卢梭和大卫·休谟的到达，并没有突如其来发生什么事。显然这些变化的原因肯定不在我身上，如果说过多的单纯、低调、谦逊，是一种使英国人不高兴的方式的话。

至于休谟先生，他对我并没有采取令人愤慨的口吻，而是用了另一种方式。阿谀奉承对我总是可疑的：他用各种方式奉承我[1]，

---

[1] 我仅举一个让我觉得好笑的例子；这是努力想向我表示的做法，当我去看他时，我总是看到他的书桌上放着《爱洛伊丝》的一卷本；我可能不大了解休谟先生的阅读爱好，但我确信在所有书籍中，《爱洛伊丝》应该是让他觉得最无聊的一本书。（原注）

附录：卢梭与休谟通信集（1762—1766）

在不能够进一步坚持的时候，迫使我对他说我的感情。他的行为使他不善言辞，然而，既然他想说，我本希望他有时候用一个朋友的口吻代替所有这些肃然无味的吹捧；但我在他的吹捧中从未发现什么迹象使人感到真正的友谊；他当着我的面对别人谈论我的方式也没有使我感到这种友谊。简直可以说，他在想做我的主人时，努力从这里夺去了他们的善行，他更愿意我被帮助，而不是被爱。我有时很震惊他这种令人作呕的手法，他会让我的行为冒犯到周围的人。有一个例证使之明了，博物馆的培奈克先生（Mr. Penneck），是元帅大人的朋友，也是想为我安排住处的牧师来看我们。休谟先生当着我的面，请牧师原谅我没有提前通知他。他对他说："马蒂博士（Docteur Maly）请我们星期四到博物馆去，卢梭先生应该去那里看看，但他更喜欢和卡里克夫人（Madame Garrick）去看喜剧：人不能一天内干这么多的事。"先生，您会向我承认，那是把培奈克先生的好意从我这里截取的一种奇特的方式。

我不知道休谟先生私下里对他的熟人会说些什么，但是更奇特的莫过于他们看待我的方式，是由于他的行动，甚至经常由于他的救济。虽然我的钱袋并不是空荡荡的，我也不需要任何人的钱，他也知道得很清楚，但可以说，我在那里只靠公众养活，而且问题只在于给我施舍，以便稍微将我从困境中挽救出来。我可以说，这种持续的、令人不快的矫揉造作是我在伦敦逗留期间最憎恶的一件事。在英国要推介一位赢得一些尊敬的人肯定不应该按这一尺度，但这种慈悲可能得到善意的解释，我也同意这种解释。继续往前推进。

在巴黎，人们传阅一封普鲁士国王写给我的假信，其中充满了最冷酷的诡计。我吃惊地听说是沃波尔先生，休谟先生的朋友散发这封信，我问他此事是不是真的，可是作为回答，他反问我，我从什么人那里得到此消息的。片刻之前,他给了我一张名片,就是这个沃波尔先生,让他管理我关系重大的文稿,我想让它们安全地从巴黎运过来。

我听说,我那不共戴天的死敌——特龙香(Jongleur Tronchin)的儿子不仅是休谟的朋友、保护人,而且他们还住在一起;当休谟先生发现我知道这一事实时,他对我说了真实情况,并向我保证说,儿子与父亲并不相像,我与我的女管家在休谟先生家的房子里住了几夜;从他的女仆们(也是他的相好)接待我们时的神态和欢迎,我做出了判断:他,或者他认为不像父亲的人,可能与她们谈过她和我。

这些复杂的事实,他们之间是存在关联的,并且有明显的外在表现,不知不觉给我带来一种我所讨厌的不安。然而,我写的信函没有寄到;我收到几封已被打开的信,全都经过休谟先生之手。假如某一封信逃过他的手,他就无法掩饰想看一看的强烈渴望。一天晚上,我目睹了他想偷看信件的把戏,这让我深受震动。①晚餐后,我们二人都在壁炉角落上默不作声。我瞥见他,正

---

① 应该说一下这是怎样的手段。休谟不在时我伏在他的桌子上写信,答复我刚刚收到的一封信,他来了,对我写的东西很好奇,几乎止不住要看,我合上信没有给他看;我把信放在口袋里时,他贪婪地想看,说第二天邮局开门他去寄。信放在了桌上,纽内姆勋爵来了,休谟先生出去了一会儿;我又重新拿起信,说我第二天有时间去寄。纽内姆勋爵建议我通过法国大使先生的邮包寄出,我同意了。当纽内姆先生封信封时休谟先生回来了,他拿起他的印章;休谟先生大概出于偏爱拿出他的印章。有人敲门了。纽内姆勋爵把信交给休谟先生的仆人,让他转交给自己的仆人,后者正在楼下马车里等,然后会把信带到大使那里。休谟先生的仆人一出门,我就想,我敢说,主人会跟他走。他果然跟在后面。我不知道如何让纽内姆一个人留下,我犹豫了一会儿,然后也跟在休谟后面。我什么也没看见,但他可清楚地看出我的不安。因此,尽管我没有收到对我的信的任何回复,我也不怀疑它没有送到;但是我承认,我有点怀疑信已经被人先看过了。

如他经常以一种很难揣测的目光注视着我。这一次,他呆滞、灼热、嘲讽、持续的目光变得十分不安。为了摆脱这一局面,我也试图注意他,可是我的眼睛盯着他的眼镜时,我感到一种不可名状的战栗,我很快被迫低下头,善良的大卫的表情和语调是一个老好人的表情和语调。可是,我的上帝,这位好人是从哪儿借来的目光来注视他的朋友呢?

我对这道目光所保留的印象至今犹存,使我动摇,我的不安增加了心的紧缩程度:如果不能继续倾吐内心,我会喘不过气来。很快,一阵强烈的内疚向我袭来;我感到气愤。最后,我一阵激动,一跃而起,勾住他的脖子,紧紧抱住他,呜咽着喘不过气来,热泪盈眶,我以一种断断续续的声音叫道:"不,不,大卫·休谟不是叛徒;他若不是世间最好的人,难道必定是最卑鄙的人?"我至今还能极其愉悦地想起当时的激动之情。大卫·休谟礼貌地回报我的拥抱,轻轻地拍打我的背,三番五次地以平静的语调反复说道:"怎么了,我亲爱的先生?我亲爱的先生!怎么了,我亲爱的先生?"除此以外,他就没说别的话。我感到,我的心揪得很紧;随后,我们去就寝,第二天我动身去那个省。

我从那么远来寻求安宁的宜人的庇护所,来到这里,我应该在一个舒适、惹人喜欢的僻静屋子里找到片刻宁静,其主人风趣、有功德,能让我喜爱在这里逗留,他什么也不吝啬,但是,当内心动荡不安时,在生活中能品尝什么平和呢?我被最冷酷的、不能预料的事物搅得不安宁,不懂得如何思考我理应喜欢的人,在将信任给予我的恩人时,努力摆脱这种可怕的怀疑;为什么,通过何种不可思议的一时念头,他对我的安逸有过如此的外部热情,以密谋来反对我的荣誉呢?在曾经使我不安的观察中,每件事实算不了什么,只有他们的惊人的合作,或许,听到我知道的其他事实，休谟先生可以在一份说明中给我一个满意的回答。唯一不可解释的事就是他拒绝了这一让我的荣誉和他对我的友谊都必不可少的澄清，我看到，其中有我所不理解又急切渴望了解的东西。在我决意判定他的诡计之前，我愿做最后一次努力并给他写信，使他回心转意，假如他听任我的敌人引诱，或者以其他方式让他解释。我给他写过一封信①，如果他有罪，他会觉得十分自然，但是如果他没有罪，他就会觉得非比寻常；因为一封信充满了对他的效劳的感激和对他的感情的不安，在信中，可以说从一个角度说，将他的行动搁在一边，将他的意图搁在另一边，我不是谈他给过我的友谊的证明，而是因为他为我做过的好事而请求他热爱我，还有什么比这更非同寻常的呢？我没有比较有远见地采取措施来保存这封信的抄件；但他既然采取了措施，就让他拿出来吧；无论谁读到这封信，如果在信中看到一个被隐秘痛苦折磨的人想让人听到，却又不敢说，我确信他一定非常好奇想知道回信会如何进行澄清解释，尤其是在上述事实发生之后。可是没有解释，什么也没有：作为回答，休谟先生只是对我谈达文波特先生主动对我的殷切关心；此外，对我的信的主要论题没有一个字眼，也没有谈及我内心中他应该读懂的痛苦折磨的状态。我被这种沉默打击到了，这个打击比之前我们最后一次交谈中的冷淡还要厉害。我错了，这种一次又一次的沉默必定是自然的，我本该料到。因为要是有人敢于当面对一个人说，我差一点以为您是一个背叛者，而且他没有好奇地问为什么，可以相信他一生没有这样的好奇心；只要有一丝的迹象，便可判定这个人。

---

① 从他最后一次给我写的信中，我感觉他似乎很高兴收到我这封信，并且觉得这封信写得很好。（原注）

在收到他姗姗来迟的信之后，我最终打定主意，决定不再给他写信。一切使我加快了与他断绝一切往来的决定。他对我微不足道事务的最后一点细节感到好奇，而且并不只限于在我们的谈话中了解我的情况。但是在开始让我的女管家承认她被询问过时，他没有放过哪怕和她唯一一次面对面说话的机会而刨根到底，他询问我的事业，我的生活来源，我的朋友，我的熟人，他们的名字，他们的处境，他们的住处；而且，他以诡谲的狡诈分别向她和我询问同样的事。人们理应对朋友的事感兴趣；但是人们应该满足于他愿意向我们说的东西，尤其当他和我同样坦率、同样信任的时候，可这位哲学家却如同一个闲言碎语的长舌妇一般，还有比这更糟糕的么？

与此同时，我还收到两封被拆开的信：一封是鲍斯维尔（M.Boswell）先生写的，封蜡邮戳那么糟，达文波特先生收到信时，提醒休谟先生的仆从注意。另一封是狄维尔诺瓦写的，在休谟先生的包裹里，它被用烙铁重新封上，烙铁使用得很不熟练，烧坏了烙印周围的信纸。我写信给达文波特，请他为我保存所有交到他手上的信，不要把任何一封信给别的什么人，无论以何种借口，我不知道是否达文波特先生远远没有想到这种小心会与休谟先生有关，向他交出我的信；但我知道，这一切向休谟先生表明了他失去我的信任，他不可能这样继续下去而不为恢复信任而操心。

但是，当我在公众文件中看到所谓的普鲁士国王来信时，我还未曾看见，这封用法文和英文印刷的假信被视为真的，甚至还有国王的签名，我认出了达朗贝尔的笔迹，就跟我见过的他所写的同样清楚。

此刻，一道光芒让我一下子弄清楚英国公众突然和迅速地改变了对我的态度的隐秘原因,而且我发现巴黎成了在伦敦实施的阴谋的策源地。

达朗贝尔先生,休谟先生的另一个十分亲密的朋友,长期以来是我的暗藏的敌人,只寻找机会伤害我而不连累自己;他在有某种名声的文人和我的旧相识中是独一无二的,他根本不来看我,不说我最近一次的巴黎之行。我知道他背后的秘密布局,但我并不怎么为之不安,仅仅满足于警告在此场合的朋友。我想起有一天,休谟先生询问他的为人,他还接着问我女管家同样的问题,我对他说达朗贝尔是个机智、狡猾的人。他以一种令我吃惊的热情反驳了我,而我当时并不知道他们其实是同一阵营,这是他在捍卫自己的利益。

读这封信使我落了很多泪,我感到按照一项开始执行的计划,但我不知道其目的,我被带到了英国,我感到危险,而不知道危险可能在何处,也不知道要使自己免除什么危险;于是我想到休谟先生可怕的四个字眼,我下面将写出来。如何看待这样一份文本,人们在其中对我的不幸加以指责,它试图在我的痛苦中使我失去大家的怜悯;甚至用保护过我的亲王本人的名义,以便让痛苦变得更加残酷?我应该如何推测这样一种目标的后果?英国民众通过报刊读到了,对一个外国人来说已不是太有利。一件不属于自己的衣服足以使他的脾气变坏;一个可怜的外国人,在他所满足的唯一生活乐趣中,即在他的乡间散步中应该期待什么呢?当有人会让这善良的人相信这个人喜欢有人诋毁他时,他们将会直接为他提供娱乐。但是,我的痛苦深切而惨烈,我曾感到的最心酸的辛苦,并不是来自我面对的危险;我冒了太多的别的危险,已不能为之激动;一个把我作为猎物的伪善的朋友的背叛,给我如此敏感的心灵带来了痛苦、悲哀和死亡,最初活动的狂热冲动,我从来不是它的主宰,我那些机智的敌人善于引起这种冲动加以利用,在这种冲动中,我写了几封充满混乱的信,在信中,我既不掩饰我的慌乱,也不掩饰我的义愤。

先生,我有那么多话要对您说,结果在行进中忘掉一半。例如,一部有关我在蒙莫朗西逗留的书信体纪行,被书商带给休谟先生。他把它交给我了,我同意把它印刷出来,他负责照管;这本书从未出版。我曾带来一册《佩鲁先生书简》,其中记载了在纳沙泰尔发生的一些事件的叙述,这些事件与我有关;在他们的恳求下我把它们交给了同样的书商,以便翻译和重印;休谟先生负责照管;它们从未出版。自从普鲁士国王的假信及其译本刊行,我就明白为什么我的其他作品仍在删减,于是写信给书商,我写的另外几封可能在伦敦流传;开了最后我利用了一个有功绩和德行的人的声望,在文稿中做一个冒名顶替的声明:在这个声明中,我倾诉了我所有的痛苦,也没有隐瞒其原因。

到这里为止,休谟先生似乎在黑暗中行进;从今以后,您会看见他在光明中,并毫无遮掩地前进。只有直截了当与搞阴谋的人斗争;他们迟早会因为他们的诡计本身而暴露出来。

当这封伪造的普鲁士国王来信在伦敦出版时,休谟先生肯定知道它是伪造的,因为我已对他说过。他什么也没有说,什么也没有写,沉默不语,甚至不想对我,对他的不在场的朋友宣布任何真实的情况。为了达到目的,他放任人们议论,自己一言不发,这就是他所做的。

休谟先生,是带我到英国的领路人,在那里可以说是我的保护人、我的主人。如果他替我说话是自然的,那么我为此对他进行公开地抗议,也是自然的。我已停止写信给他,我绝对不会重新开始。我是给另一个人写信。这是打在我的主人嘴巴上的第一个耳光,他没有感觉到。

说到此信在巴黎印发,无论是出自达朗贝尔之手还是他的顶替者沃波尔先生,对我来说究竟是谁不重要;可是要加上一句:这一刺伤并撕碎我的心的,是这个招摇撞骗的家伙在英国有合谋,在这个时候,我非常明确地对他们那些在伦敦并愿意与我成为朋友的朋友解释;在英国,肯定只有他自己一个人的仇恨会撕碎、伤害我的心。这是打在我的主人嘴巴上的第二个耳光;他没有感觉到。

与此相反,他阴险地装出,我的痛苦只是这封信的出版所造成的,以便让人把我看作一个无用的人,受一个讽刺极大的伤害。不管无效还是有效,我都受到致命的伤害;他知道这一点,没有给我写一个字。这位仁厚的朋友,心里想的只是让我的钱袋满满的,而很少担忧我的心受了伤。

另一部作品很快在同样的版面中出现,出自与先前同一人之手,可能更冷酷,使我感到痛苦;他没有给我带来一点新的东西;诽谤性短文可以继续下去,并不使我感到冲动;公众的见异思迁对长期被同一主题所占据而感到厌烦,这并不是阴谋家的计策,他们要破坏一个正直的人的名誉,想千方百计达到目的,必须改变策略。

年金的事尚未结束,休谟先生不难获得大臣的仁慈和亲王的豁达:他受人之托,提醒我注意这件事,他做了。这一时刻,我承认,是我一生最重要的时刻。为了尽我的义务,多么值得!我先前的承诺,怀着敬意与国王的恩宠相符的职责,成为他和他的大臣的注意对象的荣誉,还有想表明我是多么易受感动的强烈愿望,在我这充满烦恼和不幸的幕年时光,居然还能得到些不菲的实惠,可是最终却要为逃避接受这份善举找一个真诚的理由;对我来说，这一切使拒绝的必要性变得困难和残酷，因为这样做是肯定需要的，不然的话，在乐意成为背叛我的人的受惠者时，我会成为天下人中最卑劣的人。

我尽了我的义务，这不是没有痛苦的。我直接写信给了康韦将军，怀着我所能有的尊敬和诚意，没有提到拒绝的字眼，但是我表示目前不接受的立场。休谟先生曾是这件事的经手人，被谈到的唯一的那个人。尽管是他给我写了信，而我不仅没有给他回信，并且这封信中没有写到和他有关的一个字。这是打在我主人脸上的第三个耳光，对他来说，假如他没有感觉到，这必定是他的错误。他没有感觉到。

我的信不够明了，对康韦将军而言不可能清楚，他不知道这个拒绝与什么有关；但此信对休谟先生来说十分清楚，他清楚地知道；然而，他假装对我的痛苦以及拒绝年金的问题上不知情，而且在他写给我的一份短笺中，他告诉我，如果我在年金上改变主意，有人为我准备延续国王的善行。一句话，他竭尽全力声称，不管发生什么事，不管我是否愿意，他仍然是我的主人，您想想看，先生，他不期待什么回复，因此他没有得到任何回复。

差不多与此同时，因为我不知道日期，而且这种精确在这里不是必需的，德·伏尔泰先生写给我的信出版了，还有一个比原版走得更远的英译本，这个精神作品的宏大目标，就是引起我受其保护的那些人对我的轻蔑和憎恨。我并不怀疑我亲爱的主人是这次出版中的一件工具，尤其当我看到，那些能在这个国家使我的生活愉快的人，人们在努力引起他们对我的反感的同时，已经忘了说出这个带领过我的人的名字。人们无疑知道这是一种过度的谨慎，在这方面没有什么可做。这个名字在这封信中那样笨拙得被遗忘，使我想起塔西佗在葬礼上谈起布鲁图斯（Brutus）

被忘掉的肖像时说旁观者清,正是因为他不在场。

所以,人们没有说出休谟先生,但他和人们说出名字的人一起生活;他与所有我的敌人为友,我们知道,尤其是特龙香父子、达朗贝尔一家、伏尔泰一家,而在伦敦情况甚坏,我只与他的朋友为敌。为什么我会有别的敌人呢?为什么我甚至与那些人为敌呢?我对我甚至不认识的里特通勋爵(Lord Littleton)做了什么呢?我对我更不了解的瓦尔波先生做了什么呢?他们还知道我什么呢?只知道我不幸,我是他们的休谟的朋友。既然他们只是通过他才认识我的,那么他对他们说了什么呢?我确信,以他扮演的角色,他在世人面前没有掩饰;也不会被掩饰起来。我确信,他跟康韦将军和里西蒙公爵(Duc de Richemond)先生谈起我,并不像与沃波尔先生的秘密交谈中那样,与达朗贝尔的秘密通信中那样;但是,相信人们发现了从我到达后伦敦策划的阴谋,人们会看到是否休谟先生抓住了它的主要线索。

最后,他们以为适合给予最大一击的时刻来到了。他借助于让别人写在纸上的新的讽刺作品,准备了后果。假如在这以前我有最小的怀疑,既然它包含一些仅仅为休谟先生所了解的事实,及确定用来使它们在公众面前变得可恨的事实,那么在这个作品前如何能坚持住呢?

人家在这篇作品中说我向大人物敞开大门,向小人物关闭大门。天晓得我究竟向谁敞开或关闭大门,只有休谟先生,我和他住在一起,我见过的那些人都是通过他来的。应该不包括一个我好心接待却不认识的大人物。我要是认识他,我就会更加善意地接待他了。是休谟先生动身时对我说起他的名字。听说之后我有一种真正的悲伤,他在屈尊登上三楼的时候,他没到二楼。

说到小人物,我没有什么话要说。我宁愿见到为数不多的人;但是,我不愿意使人不愉快,我任凭休谟先生带领,我尽可能接受他向我介绍的那些人,而不分大人物、小人物。

这部作品还说,我冷漠地接待我的亲戚,"为了不说更多的话"。这种概括指的是有一次,我相当冷漠地接待了我在日内瓦以外的唯一亲戚,这件事当了休谟先生的面。必定是休谟先生或这个亲戚提供了这篇文章。然而,我的表兄,我一直把他作为好亲戚和正直的人,并不能提供材料对我公开地讽刺;再说,由于他的处境而陷于生意人的圈子,他与文人和在文件中提供文章的那些人都不打交道,与那些忙于讽刺挖苦的人更没有交情,因此文章不是他写的。我最多会想到,休谟先生会努力让它招来闲言碎语,这不是非常困难的,他将会以他觉得最有利的方式改变他对他说的话。补充说一句,在我和休谟先生绝交以后,我给这位表兄写过信,这是对的。

最后,在这同一作品中有人说我容易换朋友。用不着那么敏感来理解这预示着什么。

让我们辨析一下。二十五至三十年以来我有很固定的朋友,我也有一些新结识的朋友,但并不如之前的那样确定,只要我活着,我也会保持更长时间的友谊。一般来说,我没有发现其他文人有和我一样稳固的友谊。我有时换朋友,只要我觉得,他们将是靠不住的,我就会换掉;因为我决定不以礼貌来保持朋友;我需要礼貌只是为了爱他们。

如果说我曾有内心的、肯定的信念,我确信休谟先生提供了这个作品的原材料。不仅我有这种坚定的信念,而且,我很清楚他希望我有这种信念;因为如何假设一个如此精明的人,竟笨拙得在这一点上暴露思想,情愿掩饰自己呢?

他的目的是什么?这再清楚不过了。就是使我的愤怒到了它的最后极限,以便给我带来早已准备好的更多打击。我知道,要想让我做不少傻事,使我发怒就足够了。我们正处在指明他的推理好坏的关键时刻。

在已发生的一切之后,应该像休谟先生所做的那样克制自己,应该用他的冷静和全部精神力量来采取他的决定。在我身处其中的窘迫中,在给康韦将军写信时,我只能用休谟先生写的隐晦句子充实我的信,作为我的朋友,休谟先生做了他乐意的解释。设想一下吧,尽管他很了解相反的东西。这是他使我费心的秘密条款,他从元帅先生处得知他很愿意努力将它解除。于是,这个坚韧的、真正冷漠的人给我写了最亲切友好的信,在信中他向我表明,他做了努力来揭开原因,但是,首先应该知道我是否想接受这种条件,以便不让陛下收到我的第二次拒绝。

此刻是事关重大的时刻,所有他的辛劳的终结、目的,他需要一个答复,他想得到。因为我不能避而不做回答,他就给达文波特先生寄他的信函副本,他不满意这种谨慎,在另一份短笺上给我写道,他不会在伦敦停留更长时间来为我服务。读到这一短笺,我几乎晕头转向。在一生中,我没有发现任何比这个更不可思议的东西。

他终于有了这么日夜思盼的答复,连忙庆祝胜利,他已写信给达文波特,把我看作凶残的假货和忘恩负义的怪物;但是,他要更多的东西;他的办法已按所想的那样确定下来:没有任何针对他的证据会遗漏。他需要一个解释,他会有的,接下来就是。

再没有比引出解释的最后一笔能更好地对这一解释下结论了。只有它证明一切,且无法反驳。

我情愿设想,万一休谟先生没有想起我对他的埋怨,他什么也不知道,他完全不知道他是否与得知此事的人在一起,也完全不会知道他在这期间是否生活在中国。可是,对他的直接举动,我在伦敦对他说的最后几句感人的话语,随后还有充满不安和惧怕的信,比话语更有力的执拗地沉默,对达朗贝尔先生来信发出的辛酸和坦率的抱怨,作为他本人写给我的信的回复,我给并没有给我写过信的大臣写信,在这一封信中我一个字也没有说到他;最后拒绝接受他为我做的这件事情,我知道,我并不反对;这一切以我最强烈的语调说出来,我不会对心中有某种感情的人这样说,却会对所有并非愚笨的人这样说。

在我跟他断绝一切来往近三个月以来,没有给他写一封信之后,不管主题多么重要,被他的不忠在我身上所引起的痛苦的公开的特殊标记所包围,这个明智的人,这个优秀天才,显得那么明智,又故意那么愚蠢,什么也看不见,什么也听不到,什么也感觉不到,对什么也不会有情绪,没有哪怕一个抱怨、辩解、说明的字眼,他不管我是否愿意,为我而继续给予最大的、最热切的关注;他热情地给我写信说,他不能在伦敦待更长的时间来为我效劳,仿佛我们已约定过非要这样不可。这种盲目,这种冷漠,这种固执,不是正常的;理应通过别的动机来解释,我们将这一行为置于光天化日之下,因为这是一个关键点。

在这一事件中,休谟先生如果不是人间最高贵的人,那必定就是最卑鄙的人;不存在中间道路,我们还要看看他是二者之中的哪种人。

我这方面有许多蔑视的表示,休谟先生是否具有惊人的宽宏大量,想真诚为我效劳呢?他知道,如果我没有在他那里获得设想的情感,我不可能接受他的善意帮助。他自己回避过解释。因此,他在不做自我辩解为我服务的时候,这一切都是无用的;因此他并不是宽宏大量的人。

假如他设想在这种状态下我会接受他的照顾,那么他就是觉得我是个病残者。因此正是为了一个他认为病残的人,他才怀着极大的热忱申请来国王的年金。我们难道可以一点都不想荒诞不经的事吗?

但是,休谟先生一直按照他的计划行动,对自己说:"行动的时刻到了:因为,要促使卢梭接受年金,他要么接受,要么拒绝。如果他接受了,我手中就有了证据,我就彻底诋毁他。假如他接受了又拒绝它,就可以撕去他的伪装,他应该说出为什么,那正是我期待的!假如他指责我,那么他就失败了。"

他和我共处的那个关键时刻,使我十分强烈地想起我上面说过的四个字眼,我听见他说出来并且以一种不断深入的音量重复着。那是我们从巴黎动身后的第一夜。我们睡在同一房间里,夜里有好几次,我听他以极其猛烈的语调用法语喊叫:"我掌控卢梭!"我不知道他是醒着还是睡着。对于一个精通法语,不会在措辞的力度和用词选择上出错的人口中说出的语言,这种表达非常出色。然而我不能用善意的含义去体会这几个词,从这个语调我不能得出任何想法,它与我提到的目光配合默契。每一次他说这几个词,我都感到一阵可怕的战栗,我无法控制它,但是我过一会儿就恢复了,并且自嘲我的恐惧。第二天,一切全都被抛诸脑后,我甚至在伦敦及其近郊的整个逗留期间都没有想到。只有在这里我想起的许多事情使我想起这些话,可以说每时每刻都使我想起它们。

这些话,其语调响彻我的心头,好像它们刚刚说出来。多次向我投来的意味深长、可怕的目光,轻轻拍打我的背,口中说着"我亲爱的先生"几个字眼,作为怀疑我是背叛者的回答,这使我在逗留后如此不安,因此这些回忆虽然绝无仅有,也使人不再信任。没有哪一夜,"我掌控卢梭"的字眼不在我耳边震响,我仿佛又一次听到它们。

是的,休谟先生,您掌控我,我知道,但是只是通过外部,您通过舆论,通过人们的评论来掌控我,您以我的名誉,许以我的安全来掌控我,一切成见都是为了您。您轻而易举地让人们把我视为妖魔,既然您已开始,我已经看到那些不可替代的敌人的野蛮狂热。公众一般不会再给我恩惠。在没有其他考量的情况下,人总是会接受提供的服务,因为每个人很容易让人为他服务,以表明他善于理解他人。我轻易地预见这一切的后果,尤其在您把我带到的国家,在这里我没有朋友,是一个陌生人,我几乎一切都顺从您,这样明智的人会理解,我并不能去寻求这件事,在我所处的位置,这是最怕发生的事。他们会感到,剩下的只是对一切表示敬意。当那么多兴趣使之成为一种规则的时候,这两种情况会阻止我掩饰,但明白事理的人很少,引起巨大反响的不是他们。

是的,休谟先生,您用这一生的所有关系掌控我;但您掌控不了我的德行,我的勇气,他不受您和人们的束缚,我的勇气将会永远坚守,这正是因为您。别想以等待着我命运的恐惧来恐吓我。我了解人们的评判,我习惯于他们的不公正,我学会不怎么怀疑他们。如果您已下定决心,如同我曾相信的那样,请确信我同样下定了决心。我身体虚弱,但我的心灵更坚定了。人们将会做他们想做的事,说他们想说的话,这对我算不了什么;对我重要的是,像开始那样,不管发生什么,最终也会正直和真实到底,并且也不指责我发迹时的傲慢,也不再指责我在不幸中的怯懦。不管什么耻辱在等待着我,不管什么不幸威胁着我,我都准备好了。尽管应该抱怨,但我不会比您更抱怨。我会把您强压给我的所有折磨痛苦全部还给您,这是您的报应。

在结束这封信时,我惊讶于自己写信时的力量。假如有谁因痛苦而死,那么我写每一行都会痛苦而死。在这所有发生的事情中,一切都是不可思议的。您那般非比寻常的行为举止充满矛盾,却对我上演。两边都是无底深渊!我不是死于这边就是死于那边。如果您有罪,我就是人类之中最不幸的那个人;如果您是无辜的,我就是最卑贱的那个人。您让我想成为这个令人鄙视的人,是的,我所处的一种状态,拜倒在您的脚前请求您宽恕,并尽一切力量来获得宽恕,大声宣布我的可耻行为并对您的德行致以最显著的敬意,这种状态在您将我的心置于窒息和死亡状态之后,对我来说是一种喜悦和欢乐的状态。我只剩下一句话要对您说。如果您是有罪的,别再给我写信;因为那没有用处,您肯定不会骗我。如果您是无辜的,就请屈尊为您辩护。我了解我的义务,我热爱并且永远热爱,尽管它可能很艰辛。一颗卑劣的心不是天生的,没有哪种卑劣行为不能挽回。我再说一次,如果您是无辜的,请屈尊为您辩护;假如您不是,那么就此永别吧。

让-雅克·卢梭
1766 年 7 月 10 日于伍顿

附录:卢梭与休谟通信集(1762—1766)

22[1]. 致让-雅克·卢梭[2]

先生:

我只对您的长信回复一条,那就是关于您离开前那个晚上我们之间的谈话。达文波特先生想到了一个善意的诡计让您相信回程的马车,并且我相信他还写成文字来诱导您。他只是想帮您的旅途节省点花销,我认为那是个值得赞赏的计划,我也没法设计并且实现它。您在我们的炉边谈话时对他的设计感到怀疑,而您赞成这个计划的同时却责备我。我竭力安慰您,转移话题,但是没有任何企图。您生气了,沉默了,并且给了一个让我愤怒的回复。最后,您站起来,在房间里转了一两圈后,突然跪在我膝前拍着自己,我大感惊讶,您伸出双臂环抱着我的脖子,热烈地吻着我,您的泪水沾湿了我的脸。您解释道:"我亲爱的朋友,您会原谅我的荒唐吗?在为我服务所受的所有痛苦之后,在您给予我的无数友谊之举后,我在这里却用坏脾气和坏心情报答您。但是,您对我的原谅,将获得新的友谊,我希望您最终能发现我的内心是值得您这样做的。"我承认,我受到了很大的触动,而且我相信,我们之间的场景非常温情。您继续赞美我说,虽然我有很多其他的头衔来光耀我的子孙后代,但是也许我和一个可怜的、不开心

---

[1] *The Letters of David Hume*, David Hume,"Letters to Jean-Jacques Rousseau," 22 July 1766, Volume Ⅱ, edited by J. Y. T. Greig, The Clarendon Press, 1932, pp. 66-68.
[2] 信件手稿藏于纳沙泰尔公立图书馆。该信是休谟写给卢梭的最后一封信,也是对1766年7月10日卢梭那封长信的回复(见信件21)。

的、受着迫害的人之间不同寻常的关系及友谊,也不会被他们忽视。

先生,这件事引起了很多关注。而且不论我还是您都无法在短时间内将它忘掉。您把这件事向我说了两次,两次的方式完全不同或者说着实相反。这件事上,我坚持我所做的,但必须要说明您和我都说了谎。您想象一下,也许是因为这事很隐蔽,没有目击者。这个问题在于您和我的诚实;但是不论您怎么说,您也并不占优势。我应该提供其他反对您的证据,让这事儿远离争论。

(1) 您没有意识到我有一封出自您手的信,它与您的解释完全自相矛盾,并且证实了我的想法。①

(2) 第二天或者后一天我向达文波特友好地谈了这件事,以防止未来再发生类似善意的小诡计。他一定记得。

(3) 我认为这件事关乎您的荣誉,我已经和好几个朋友讲过了,甚至写信告知了在巴黎的布芙勒夫人,我相信没人能想象我在那时已事先准备好了道歉,以防您与我决裂;我认为这是所有人类事件中最令人难以置信的,因为我们几乎从未在一起生活,我会继续为您提供最必要的服务。

(4) 这件事,与我说的一致并且合理,但在您的解释中并没有同样的理智。什么?因为我有时心不在焉、面部僵硬或凝视前方,您就怀疑我是叛徒,并且您信誓旦旦地告诉我这黑暗而又可笑的怀疑!有没有最热心的一群人(当中很多人比我热心),他们喜欢沉思并时常发呆,却不遭受如此怀疑?在您离开伦敦之前,您甚至都没假装还有别的猜疑来攻击我。

---

① 指卢梭 1766 年 3 月 22 日的信(见信件 12)。

我不想追究您信件里的任何细节。我只能说几个月前,我还很享受那些不平常的愉悦。这其中的痛苦、勤勉都超出了我最残暴的经历,我有幸将其诉诸您。但是当我知晓您任性地抛去这些优势,我马上感受到了其中的艰涩。您已经成为您言辞的敌人。从这以后我不会再感到惊讶了,您是我的敌人,永别了。

大卫·休谟

1766 年 7 月 22 日

于莱斯特郡莱尔街

注:

我随函寄给您三周前鲍斯维尔先生写给我的信,他对我抱怨了您的沉默。

参考文献

（一）中文译著

卢梭：

[1] 卢梭.论政治经济学.王运成译.北京:商务印书馆,1962.

[2] 卢梭.卢梭论戏剧. 王子野译.北京:生活·读书·新知三联书店,1991.

[3] 卢梭.卢梭散文选.李平沤译.天津:百花文艺出版社,1995.

[4] 卢梭.新爱洛伊丝.何三雅、李平沤译.南京:译林出版社,1999.

[5] 卢梭.爱弥儿. 李平沤译.北京:商务印书馆,2014.

[6] 卢梭.卢梭审判让-雅克:对话录. 袁树仁译.上海:上海人民出版社,2007.

[7] 卢梭.卢梭全集(第5卷).李平沤译.北京:商务印书馆,2013.

[8] 卢梭.社会契约论. 何兆武译.北京:商务印书馆,2013.

[9] 卢梭.一个孤独的散步者的梦.李平沤译.北京:商务印书馆,2013.

[10] 卢梭.政治制度论.刘小枫编,崇明等译.北京:华夏出版社,2013.

[11] 卢梭.波兰政府论.载田飞龙编.卢梭立宪学文选.北京:中国政法大学出版社,2013.

[12] 卢梭.爱弥儿——论教育.李平沤译.北京:商务印书馆,2014.

[13] 卢梭.论人与人之间不平等的起因和基础. 李平沤译.北京:商务印书

馆,2015.

[14]卢梭.论科学与艺术的复兴是否有助于使风俗日趋纯朴.李平沤译.北京:商务印书馆,2016.

[15]卢梭.忏悔录.李平沤译.北京:商务印书馆,2016.

休谟:

[16]休谟.人类理解研究.关文运译.北京:商务印书馆,1957.

[17]休谟.休谟经济论文选.陈炜译.北京:商务印书馆,1984.

[18]休谟.休谟政治论文选.张若衡译.北京:商务印书馆,1993.

[19]休谟.人类理智研究·道德原则研究.周晓亮译.沈阳:沈阳出版社,2001.

[20]休谟.论政治与经济.张正萍译.杭州:浙江大学出版社,2011.

[21]休谟.道德原则研究.曾晓平译.北京:商务印书馆,2011.

[22]休谟.论道德与文学.马万利、张正萍译.杭州:浙江大学出版社,2011.

[23]休谟.人性论.关文运译,郑之骧校.北京:商务印书馆,2016.

（二）中文论著

卢梭:

[1]爱弥儿·涂尔干.孟德斯鸠与卢梭.李鲁宁、赵立玮、付德根译.上海:上海人民出版社,2006.

[2]陈乐民.启蒙札记.北京:生活·读书·新知三联书店,2009.

[3]大卫·埃德蒙兹、英约翰·艾丁诺.卢梭与休谟:他们的时代恩怨.周保巍、杨杰译.上海:上海人民出版社.2013.

[4]恩斯特·卡西勒.卢梭问题.王春华译.南京:译林出版社,2009.

[5]伏尔泰.哲学辞典.王燕生译.北京:商务印书馆,2005.

[6]黑格尔.哲学史讲演录(第4卷).北京:商务印书馆,1978.

[7]亨利·古耶.卢梭与伏尔泰:两面镜子里的肖像.裴程译.上海:华东师范大学出版社,2008.

[8]胡兴建.立法者的远航——卢梭政治哲学研究.北京:中国政法大学出

版社,2012.

[9]克里斯托弗·凯利.卢梭的榜样人生——作为政治哲学的忏悔录.黄群译.北京:华夏出版社,2009.

[10]李平沤.主权在民 Vs"朕即国家":解读卢梭《社会契约论》.济南:山东人民出版社,2001.

[11]林国华.古典的"立法师"——政治哲学主题研究.上海:华东师范大学出版社,2006.

[12]刘小枫编.卢梭的苏格拉底主义.北京:华夏出版社,2006.

[13]刘小枫.设计共和:施特劳斯《论卢梭的意图》绎读.北京:华夏出版社,2013.

[14]刘训练.共和主义—从古典到当代.北京:人民出版社,2013.

[15]罗伯斯庇尔.革命法制和审判.北京:商务印书馆,1979.

[16]罗曼·罗兰.卢梭的生平和著作.王子野译.北京:生活·读书·新知三联书店,1993.

[17]马斯特.卢梭的政治哲学.尚新建、黄涛译.上海:华东师范大学出版社,2013.

[18]孟德斯鸠.论法的精神.许明龙译.北京:商务印书馆,2015.

[19]佩蒂特.共和主义——一种关于自由与政府的理论.刘训练译.南京:江苏人民出版社,2009.

[20]普拉特纳.卢梭的自然状态——《论不平等的起源》释义.尚建新译.北京:华夏出版社,2008.

[21]任军锋主编.共和主义:古典与现代——思想史研究第二辑.上海:上海人民出版社,2006.

[22]孙中山.孙中山全集(第1卷).北京:中华书局,1981.

[23]威廉·H.布兰查德.卢梭与反叛精神.王英译.北京:中央编译出版社,2012.

[24]吴大英、任允正、李林.比较立法制度.北京:群众出版社,1992.

[25]吴珊珊.追问幸福——卢梭人性思想研究.上海:上海人民出版社,2017.

[26] 于枫吾.卢梭思想研究.北京:北京师范大学出版社,2016.

[27] 应奇、刘训练主编.共和的黄昏——自由主义、社群主义和共和主义.长春:吉林出版集团有限责任公司,2007.

[28] 斯金纳.共和主义的政治自由理想.载应奇、刘训练编.公民共和主义.北京:东方出版社,2006.

[29] 约翰·罗尔斯.政治哲学史讲义.杨通进等译.北京:中国社会科学出版社,2011.

[30] 赵立坤.卢梭浪漫主义思想研究.北京:中国社会科学出版社,2008.

[31] 郑大华、邹小站主编.西方思想在近代中国.北京:社会科学文献出版社,2005.

休谟：

[32] 道格拉斯·诺斯.经济史上的结构和变革.厉以平译.北京:商务印书馆,1992.

[33] 弗里德里希·冯·哈耶克.哈耶克文选.冯克利译.南京:江苏人民出版社,2007.

[34] 弗里德里希·冯·哈耶克.自由秩序原理(上).邓正来译.北京:生活·读书·新知三联书店,1997.

[35] 哈耶克.个人主义与经济秩序.贾湛等译.北京:北京经济学院出版社,1989.

[36] 高全喜.休谟的政治哲学.北京:北京大学出版社,2004.

[37] 霍布斯.利维坦.黎思复、黎廷弼译.北京:商务印书馆,1985.

[38] 坎南编.亚当·斯密关于法律、警察、岁入及军备的演讲.陈福生等译.北京:商务印书馆,1997.

[39] 洛克.政府论(下篇).叶启芳、瞿菊农译.北京:商务印书馆,1964.

[40] 罗中枢.人性的探究:休谟哲学述评.成都:四川大学出版社,1995.

[41] 冒从虎、王勤田、张庆荣.欧洲哲学通史(上卷).天津:南开大学出版社,1985.

[42] 全增嘏.西方哲学史.上海:上海人民出版社,1985.

[43] 塞缪尔·普芬道夫.人和公民的自然法义务.鞠成伟译.北京:商务印书

馆,2009.

[44] 斯金纳.近代政治思想的基础上卷.奚瑞森、亚方译.北京:商务印书馆,2002.

[45] 斯金纳.自由主义之前的自由.李宏图译.北京:生活·读书·新知三联书店,2003.

[46] 斯密.道德情操论.蒋自强等译.北京:商务印书馆,1999.

[47] 伊丽莎白·S. 拉德克利夫.休谟. 胡自信译.北京:中华书局,2016.

[48] 于文杰.英国文明与世界历史.北京:生活·读书·新知三联书店,2013.

[49] 赵敦华.西方哲学简史.北京:北京大学出版社,2006.

[50] 周晓亮.《休谟哲学研究》.人民出版社,1999.

(三) 外文专著

卢梭：

[1] Jean-Jacques Rousseau, *Discours sur l'origine et les fondements de l'inégalité parmi les hommes*, *Ouvrages de politique*, in *Collection complète des oeuvres*, Edition du Peyrou et Moultou, 1780-1789, vol. 1.

[2] Jean-Jacques Rousseau, *Du Contrat Social*, *Ouvrages de politique*, in *Collection complète des oeuvres*, Edition du Peyrou et Moultou, 1780-1789, vol. 1.

[3] Jean-Jacques Rousseau, *Considérations sur le gouvernement de Pologne et sa réforme projetée*, *Ouvrages de politique*, in *Collection complète des oeuvres*, Edition du Peyrou et Moultou, 1780-1789, vol. 1.

[4] Jean-Jacques Rousseau, *Emile ou de l'éducation*, tome 1&2, in *Collection complète des oeuvres*, Edition du Peyrou et Moultou, 1780-1789, vol. 4&5.

[5] Jean-Jacques Rousseau, *Les confessions*, in *Collection complète des oeuvres*, Edition du Peyrou et Moultou, 1780-1789, vol.10.

[6] *Oeuvre Complètes*. Edition published under the direction of Bernard Gagnebin and Marcel Raymond. Bibliothèque de la pléiade, Gallimard, 1959-present.

[7] *Correspondance Complète de Jean-Jacques Rousseau*, edited by, R. A. Leigh, Institut et Musée Voltaire, 1965-present.

[8] Jean-Jacques Rousseau, *Projet de Constitution pour la Corse*, in *Textes Politiques*, Editions l'Age d'Homme, 2007.

[9] *The Lettres of David Hume*, Volume I & II, edited by J. Y. T. Greig, The Clarendon Press, 1932.

[10] *The Political Writings of Jean Jacques Rousseau*, edited by C. E. Vaughan, 2 vols, Cambridge University Press, 1915. Reprinted, Basil Blackwell, 1962.

[11] Jean-Jacques Rousseau, *The Social Contract and Other Later Political Writings*, edited by V. Gourevitch, Cambridge University Press, 1997.

[12] Jean-Jacques Rousseau, *Letters from the Mountain*, in *The Collected Writings of Rousseau*, Vol. 9, edited by Christopher Kelly and Eve Grace, Dartmouth College Press, 2001.

休谟：

[13] David Hume, *Of National Characters*, *Three Essays*, *Moral and Political*, A. Kincaid, 1748.

[14] David Hume, *A concise and genuine account of the dispute between M. Hume and M. Rousseau*, London, 1766.

[15] David Hume, *The History of England*, Volume III, Liberty classics, 1782.

[16] David Hume, *A Dissertation on the Passions*, in *Philosophical Works*, edited by T. H. Green and T. H. Grose, The Clarendon Press, 1882.

[17] David Hume, *A Treatise of Human Nature*, edited by L. A. Selby-Bigge, The Clarendon Press, 1896.

[18] *The Letters of Hume* (2 volumes), edited by J. Y. T. Greig The Clar-

endon Press, 1932.

[19] David Hume, *Writings on Economics*, edited by Rotwein, Edinburgh University Press, 1955.

[20] David Hume, *Essays, Moral, Political and Literary*, edited by T. H. Green and T.H.Grose, Volume Ⅰ, Oxford University Press, 1963.

[21] David Hume, *The history of England, from the invasion of Julius Caesar to The Revolution in 1688* (1672), edited by Willam Todd, Liberty Classics, 1983.

[22] David Hume, *My Own Life, Essays: Moral, Political and Literary*, edited by Eugene Miller, Liberty Classics, 1985.

[23] David Hume, *Of the Original Contract, Political Essays*, edited by K. Haakonssen, Cambridge University Press, 1994.

[24] David Hume, *Political Essays*, edited by K. Haakonssen, Cambridge University Press, 1994.

[25] David Hume, *The Philosophical Works of David Hume*, Vol.3: *Essays, Moral, Political, and Literary*, Thoemmes Press, 1996.

[26] David Hume and D'Alembert, *Exposé succint de la contestation qui s'est élevée entre M. Hume et M. Rousseau*, Litograf, Tanger(Maroc), 2009.

[27] David Hume, *Discours politiques*, traduit par l'Abbé Le Blanc, 2 vols, J. Schreuder and P. Mortier, 1754.

（四）外文论著

卢梭：

[1] Robert Derathé, *Le rationalisme de Jean-Jacques Rousseau*, Presses Universitaires de France, 1948.

[2] Robert Derathé, *Jean-Jacques Rousseau et la Science Politique de son Temps*, Librairie philosophique J.Vrin, 2009.

[3] Émile Durkheim, *Montesqieu et Rousseau, Precurseurs de la Sociolo-*

gie, Marcel Rivière, 1953. English Translation, Ann Arbor: University of Michigan Press, 1960.

[4] Eliane Martin-Haag, *Rousseau ou la conscience social des Lumières*, Honoré champion éditeur, 2009.

[5] Géraldine Lepan, *Jean-Jacques Rousseau et le patriotisme*, Honoré champion éditeur, 2007.

[6] Guéhenno Jean, *Jean Jacques Rousseau*, 3 vols., Grasset, 1948. [vol. Ⅰ: En marge des Confessions (1712—1759)] Grasset, 1950. [vol. Ⅱ: Roman et vérité (1750—1758)] Gallimard, 1952.[vol. Ⅲ: Grandeur et misère 'un esprit (1758—1778)] English translation, 2 vols., Columbia University Press, 1966.

[7] Franz Haymann, " La Loi naturelle dans la philosophie politique de J.-J. Rousseau," in *Annales*, XXX(1943—1945), 65 - 109.

[8] Henry Gouhier, *Rousseau et Voltaire: Portraits dans deux miroirs*, J. Vrin, 1983.

[9] Henri Guillemin, *Les philosophes contre Jean-Jacques Rousseau*, « Cette affaire infernale », Plon, 1942.

[10] Peter D. Jimack, *La Genèse et la Rédaction de l'Émile de J.- J. Rousseau*, Institut et Musée Voltaire, 1960 [*Studies on Voltaire and the 18th century*, vol ⅩⅢ].

[11] Bertrand de Jouvenel, " Essai sur la Politique de Rousseau," in J.-J. Rousseau, *Du Contrat Social*, Éditions du Cheval Ailé, 1947.

[12] Bertrand de Jouvenel, "Théorie des Formes de Gouvernement chez Rousseau," in *Le Contrat social*, VI(Nov-Dec. 1962), 343 - 51.

[13] Krafft, Olivier, *La Politique de Jean-Jacques Rousseau: Aspects Méconnus*, Librairie Générale de Droit et de Jurisprudence, 1958.

[14] Montesquieu, *De l'Esprit des Lois*, edited by V. Goldschmidt, 2 vols, 1748, Garnier-Flammarion, 1979.

[15] Jean Morel, "Recherches sur les sources du *Discours de J.- J. Rous-*

seau sur l'Origine et les Fondements de l'inégalité parmi les hommes," Annales, V(1909), 119-98.

[16] Daniel Mornet, *Rousseau, l'homme et l'oeuvre*, Armand Colin, 1962.

[17] N. J. H.Dent, *A Rousseau Dictionary*, Blackwell publishers, 1992.

[18] R. Polin, *La politique de la solitude, Essai sur J.J.Rousseau*, Sirey, Paris, 1971.

[19] Jean Starobinski, " Tout le mal vient de l'inégalité," in *Europe* (Nov-Dec, 1961), pp. 135-49.

[20] Jean Starobinski, *Jean - Jacque Rousseau: le transparence et l'obstacle*, Plon, 1957.

[21] Thomas Jacques-François, *Le Pélagianisme de J.J. Rousseau*, Nizet, 1956.

[22] Trousson Raymond, *Jean-Jacques Rousseau au jour le jour*, Honoré Champion Editeur, 1998.

[23] Voltaire, *Lettres philosophiques*, E. Lucas, 1734.

[24] Voltaire, *Le siècle de Louis XIV, Oeuvres complètes*, edited by L. Morland, 52 vols, Garnier Frères, 1877—85, XIV.

[25] Eric Weil, "*J.- J. Rousseau et sa Politique*," *Critique* LVI(January 1953), pp. 3-28.

[26] Anna Stilz, *Liberal Loyalty: Freedom, Obligation, and the State*, Princeton University Press, 2009.

[27] Ernest Cassirer, *The Question of Jean Jacques Rousseau*, translated and edited by Peter Gay, Columbia University Press, 1954.

[28] Daniel E. Cullen, *Freedom in Rousseau's political philosophy*, Nothern Illinois University press, 1993.

[29] F. M. Bernard, *Self-direction and Political Legitimacy: Rousseau and Herder*, Clarendon Press, 1988.

[30] Judith N. Shklar, *Men and citizens: A study of Rousseau's social theory*, Cambridge University press, 2009.

[31] *Rousseau and freedom*, edited by Christie McDonald and Stanley Hoffmann, Cambridge University Press, 2010.

[32] Mark Goldie and Robert Wokler, *The Cambridge History of Eighteenth-Century Political Thought*, Cambridge University press, 2006.

[33] Matthew Simpson, *Rousseau's Theory of Freedom*, Continuum, 2006.

[34] Maurice Cranston, *Rousseau on Equality*, in *Journal of Social Philosophy and Policy*, No.2, 1984.

[35] Maurizio Viroli, "The concept of ordre and the Language of Classical Republicanism in Jean-Jacques Rousseau," in *The Language of Political Theory in Early Modern Europe*, edited by A. Pagden, Cambridge University press, 1986.

[36] Peter Gay, *The Enlightenment: An Interpretation: The Rise of Modern Paganism*, Knopf, 1995.

[37] Riley, «The General Will Before Rousseau», in *Journal of Political Theory*, Vol.6, No.4, *Special Issue: Jean-Jacques Rousseau* (Nov, 1978).

[38] Strauss, Leo, "On the Intention of Rousseau," in *Social Research* XIV (Dec 1947), 455–87.

[39] Leo Strauss, *Natural Right and History*, University of Chicago press, 1953.

[40] Z. M. Trachtenberg, *Making Citizens, Rousseau's political theory of culture*, Routlege, 1993.

休谟：

[41] A. S. Skinner, *The Cambridge Companion to Hume*, Cambridge University Press, 1992.

[42] Brian Barry, *Political argument*, Routledge & Kegan Paul, 1965.

[43] Bentham, *A Fragment on Government*, Cambridge University press, 1988.

[44] Christopher J. Berry, *The Idea of Luxury*, Cambridge University

Press,1994.

[45] McGill, *Hume Studies*, edited by David Fate Norton, Austin Hills Press,1985.

[46] *The Cambridge Companion to Hume*, edited by David Fate Norton, Cambridge University Press,1993.

[47] David Miller, *Philosophy and Ideology in Hume's Political Philosophy*, Oxford University Press, 1981.

[48] David Wootton, *Republicanism, Liberty, and Commercial Society*, 1664—1776,Stanford University Press,1994.

[49] *Hume As Philosopher of Society, Politics and History*, edited by Donald W. Livingston and Marie Martin, University of Rochester Press,1991.

[50] Donald W. Livingston, *Hume's Philosophy of Common Life*, Chicago University Press, 1984.

[51] Donald W. Livingston, *Philosophical Melancholy and Delirium: Hume's Pathology of Philosophy*, Chicago University Press, 1998.

[52] Donald Winch, *Adam Smith's Politics*, Cambridge University Press, 1978.

[53] Douglass Adair, "'That Politics May Be Reduced to a Science': David Hume, James Madison, and the Tenth Federalist," in *The Huntington Library Quarterly*, Vol.20, No.4, Early American History Number (Aug 1957).

[54] Duncan Forbes, *Hume's Philosophical Politics*, Cambridge University Press, 1975.

[55] Duncan Forbes,"Hume'sScience of Politics," in *David Hume Bicentenary Papers*, edited by P. Morice Edinburgh University Press,1977.

[56] Duncan Forbes, "The European or Cosmopolitan Dimension in Hume's Science of Politics," in *British Journal for Eighteenth-Century Studies*, 1978,1.

[57] Duncan Forbes, "Hume and the Scottish Enligntenment," in *Philosophers of the Enligntement*, edited by S.C.Brown Chapter 5, Harvester Press

for the Royal Institute of Philosophy, 1979.

[58] Ernest Campbell Mossner, *The Life of David Hume*, Nelson, 1954.

[59] Ernest Campbell Mossner, *The Forgotten Hume*, Columbia University Press, 1990.

[60] F. L. Lucas, *The Art of Living: Four Eighteen-Century Minds*, New York, 1960.

[61] Hayek, *Studies in Philosophy, Politics and Economics*, Routledge and Kegan, 1967.

[62] Albert O. Hirschman, *The Passions and the Interests*, Princeton University Press, 1977.

[63] Hobbes, *Leviathan*, edited by R. Tuck, Cambridge University Press, 1991.

[64] J. G. A. Pocock, *The Machiavellian Moment: Florentine Political Thought and the Atlantic Republic Tradition*, Princeton University Press, 1975.

[65] J. G. A. Pocock, *Virtue, Commerce and History*, Cambridge University Press, 1985.

[66] J. Waldron, *The Right to Private Property*, Oxford University Press, 1988.

[67] James Moor, "Hume's Political Science and the Classical Tradition of Republican," in *Canadian Journal of Political Science*, X(4), December.

[68] John B. Stewart, *Opinion and Reform in Hume's Political Philosophy*, Princeton University Press, 1992.

[69] John B. Stewart, *The Moral and Political Philosophy of David Hume*, Columbia University Press, 1963.

[70] John B. Stewart, "The Public Interest vs. Old Rights," *in Hume Studies*, Volume XXI, Number 2(November), 1995.

[71] John Locke, *Two Treaties of Government*, Cambridge University Press, 1988.

[72] John Pocock, "States, Republics and Empires: The American Foun-

ding in Early Modern Perspective," in *Political Innovation and the Constitution*, edited by Ball et al., University Press of Kansas, 1988.

［73］John Robertson, *The Scottish Enlignement and the Militia Issue*, Edinburgh University Press, 1985.

［74］K. Haakonssen, *The Science of a legislator*, Cambridge University Press, 1981.

［75］Mark G. Spencer, "Hume and Madison on Faction," in *William and Mary Quarterly*, 3d Series, Vol.LIX, Number 4(October 2002).

［76］Michael L.Frazer, *The Enlightenment of Sympathy: Justice and the Moral Sentiments in the Eighteenth Century and Today*, Oxford University Press, 2010.

［77］Neil McArthur, *David Hume's Political Theory: Law, Commerce, and the Constitution of Government*, University of Toronto Press, 2007.

［78］Norman Kemp Smith, *The Philosophy of David Hume*, Macmillan, 1941.

［79］Oakeshott, M. *Hobbes on Civil Association*, Berkeley University Press, 1975.

［80］Roger B. Oake, "Momtesquieu and Hume," in *Modern Language Quarterly*, Ⅱ(1941) pp. 25 - 41.

［81］Roger Scruton, *The Palgrave Macmillan Dictionary of Political Thought*, Palgrave Macmillan, 2007.

［82］Patten Simon, *The Development of English Thought*, Garland Publishing, 1910.

［83］Tara Smith, *Moral Rights and Political Freedom and Viable Values*, Rowman & Littlefield publishers Group, 1995.

［84］Terence Penelhum, *Hume's Moral Psychology*, *The Cambridge Companion to Hume*, edited by David Fate Norton, Cambridge University Press, 1992.

后　记

这本书是由我的博士论文改写而成,它既是我读博以来学习与探索的总结,也是一次重要的学术积累与尝试,其中也凝聚了很多人的辛勤劳作。

我要感谢我的博士论文导师于文杰教授。这篇论文是在他的悉心指导下完成的。鉴于我在硕士研究阶段对法国启蒙运动有较大的兴趣,对启蒙思想家关注颇多,并有相关研究积累,在于老师的肯定下,我决定以"启蒙时代卢梭与休谟的共和思想比较研究"作为我的博士论文选题。在攻读博士期间,于老师和我保持着很好的互动交流,他严谨的治学态度、深厚的学术功底以及宽和的性情深深打动了我,激励着我在学术科研的道路上精益求精,更上一层楼。

我要感谢历史学院指导和关心我写作本文的陈晓律老师、陈仲丹老师、洪邮生老师、刘金源老师、刘成老师、祝宏俊老师以及全体教辅人员。

我也要感谢我的父母和家人。他们在我攻读博士期间,无论在学习上还生活上都给予了我无私的帮助,他们一如既往的鼓励与支持是我前行的动力。

我还要感谢外国语学院黄成凤院长以及法语系主任张新木老师,本书的出版得到了他们的大力支持。

最后,真诚地感谢所有支持关心过我的师长和同学们,一路有你们同行,很幸运。

陆一歌

2022 年 10 月 10 日